采动区框架结构抗变形原理及关键技术

夏军武 著

图书在版编目(CIP)数据

采动区框架结构抗变形原理及关键技术/夏军武著.—武汉:武汉大学出版社,2021.8

ISBN 978-7-307-21631-0

Ⅰ.采…　Ⅱ.夏…　Ⅲ.采动区—框架结构—抗变形　Ⅳ.TD212

中国版本图书馆 CIP 数据核字(2020)第 117215 号

责任编辑:邓　瑶　　责任校对:杜筱娜　　装帧设计:吴　极

出版发行: **武汉大学出版社**　(430072　武昌　珞珈山)

(电子邮箱: whu_publish@163.com　网址:www.stmpress.cn)

印刷: 广东虎彩云印刷有限公司

开本:720×1000　1/16　印张:15.25　字数:298 千字

版次:2021 年 8 月第 1 版　2021 年 8 月第 1 次印刷

ISBN 978-7-307-21631-0　定价:98.00 元

版权所有,不得翻印;凡购我社的图书,如有质量问题,请与当地图书销售部门联系调换。

前　　言

伴随着地下煤炭、地下水等资源的开采，大量的采动区形成，造成地面建筑物及构筑物受到损坏，其正常使用受到影响。我们在教育部新世纪优秀人才支持计划和国家自然科学基金等项目的资助下，开展了采动区框架结构的抗变形理论及关键技术研究，包含以下三个方面：采动区结构抗变形模拟试验技术及装置、框架结构抗变形理论及地基-基础-框架结构共同作用的力学模型、框架结构抗变形技术及自适应变形技术。经过我们的努力，《采动区框架结构抗变形原理及关键技术》终于如愿完成了。这本专著集聚了我们近 20 年的部分研究成果，也显示了我们在采动区框架结构抗变形研究方面近 20 年的探索历程。

采动区框架结构抗变形的研究工作，始于 2001 年，即从本人攻读博士学位的时候开始。我在攻读博士学位期间，选修了吴侃教授的课。吴侃教授在为我们上课时，讲到淮南矿业集团遇到一个技术难题——跨越济河的框架结构铁路桥下面压煤量非常大，如果采用留设保护煤柱的方法开采，将压煤 2690 万吨，淮南矿业集团希望在保证铁路正常运输的情况下将铁路桥下面的压煤全部开采出来。吴侃教授预计开采三个煤层后，桥址处地表最大下沉量会达到 8.248m。我们克服了各种困难，成功地解决了安全开采铁路桥下煤炭同时保证铁路桥在下沉过程中正常通车运行的技术难题，开创了框架铁路桥原址加固和加高技术。弹指一挥间，已过去近 20 年了，铁路桥虽然已经下沉了 10 多米，但依然在发挥作用。该项目对我开展“采动区框架结构抗变形原理及技术”的科学研究产生了重要影响，也影响了我博士论文的研究方向。至此，“采动区框架结构抗变形原理及技术”的研究体系已初步形成，该研究体系的科学问题也得以提炼。

本书重点介绍了采动区地表变形对建筑结构的作用机理、地表变形引起建筑物整体失稳的破坏机理及建筑物承受地表变形的极限能力等基础理论问题。本书首先介绍了自主研发的采动区框架结构抗变形试验装置和试验技术，接着介绍了采动区框架结构抗变形基本理论、力学模型和计算方法，最后介绍了框架结构自适应变形技术，以及将该技术应用于老采空区框架结构住宅的抗变形设计。

本书主要是本课题组对框架结构建筑物抗变形研究的总结，该研究成果获得了教育部科技进步成果二等奖。本书主要内容是本人的研究成果，还包括本人指导的博士研究生常虹及硕士研究生郑玉莹、朱丽娟和刘晓蔚的部分研究成果，在此向他们表示衷心的感谢。特别感谢我的博士研究生常鸿飞、常虹、韩有明和硕士研究生郑玉莹参与完成本书的文字整理工作，同时感谢所有本书参考文献的作者。

本书献给曾与本人一起奋斗过的历届研究生，并希望他们从中得到一些启发，创造出更加辉煌的成绩。本书可以作为从事框架结构抗变形设计工程的技术人员和学生的参考书。

本书配有大量彩图，读者可扫描文中二维码查看详图。

夏军武

2021 年 2 月

目　　录

1 绪　　论

1.1 研究意义

我国幅员辽阔，物产丰富。在已发现的多种矿物中，煤炭占有特别重要的地位。我国煤炭资源丰富，分布广泛，煤田面积约 55 万平方千米，居世界产煤国家前列。中国煤炭储量分布如图 1-1 所示。

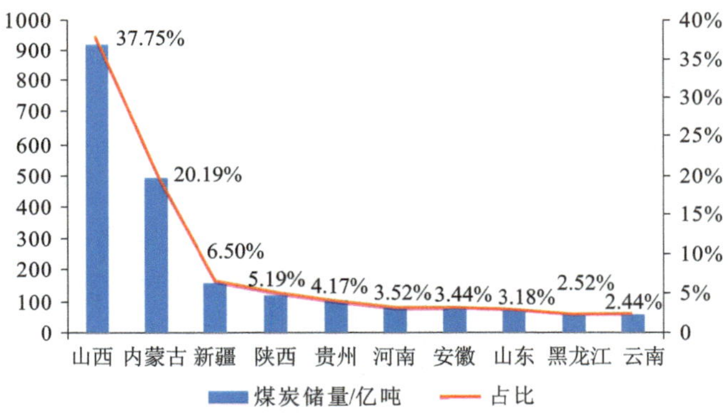

图 1-1　中国煤炭储量分布图

据 2017 年的相关研究，我国共有 23 个省(区、市)151 个县(市、区)分布有采煤沉陷区。截至 2017 年，我国采煤沉陷区面积已达 20000km^2，同时还以每年 700km^2 的速度增加。伴随着地表沉陷区的出现，沉陷区范围内的大量建筑物(构筑物)受到损坏，其正常使用受到影响。目前我国大多数矿区主要采用留设煤柱或充填开采等技术措施保护采动区上方建筑物以控制地表变形；部分矿区通过对建筑物采用采前加固和采后维修等技术措施和途径，实现建筑物下压煤的开采和建筑物的保护。随着沉陷区范围的不断扩大，土地资源的日益紧张，搬迁费用的不断高涨，异地搬迁和就地维修、加固建筑物的工作量和难度越来越大，如何合理地保护采动区建筑物，采取有效的结构措施提高建筑物自身的抗变形能力，以及如何开发、利用采动区，建造新型抗变形建筑结构，将是煤矿绿色发展面临的主要问题。

关于采动区框架结构的抗变形理论和关键技术的研究，是基于地下开采引起的地表位移变形机理，首先揭示地下开采引起地表位移变形规律，并自主研发结构抗变形试验系统，建立了采动区地基-基础-框架结构共同作用的模型，揭示了采动区地基-基础-框架结构共同作用机理，提出了采动区建筑结构自适应变形的技术，开发了框架结构自适应不均匀沉降变形的支座装置。该研究促进了采动区框架结构抗变形技术的发展，也为我国今后大规模开发、利用采动沉陷区提供了有力的技术支撑和示范，具有广阔的应用前景。

1.2 采动区地表变形预测理论研究现状

当地下开采范围足够大时，岩层移动发展到地表，在地表形成一个下沉盆地。在盆地范围内出现各种移动和变形，根据具体地质条件计算下沉盆地内的各种移动和变形值是开采沉陷预计的任务。常用的预计地表移动和变形值的方法有如下几种。

1.2.1 基于实测资料的经验方法

经验方法是以实测资料为基础，通过对大量的实际观测资料进行总结和分析，找出地表移动变形与地下开采条件的关系，确定预计各种移动和变形值的函数形式，包括解析公式、曲线或者表格及计算预计经验公式。目前，应用比较广泛而且具有代表性的经验计算和预计方法主要有剖面函数法和典型曲线法。

(1)剖面函数法

根据不同开采条件下地表下沉盆地剖面形状，确定描述下沉盆地剖面形状的剖面函数，作为预计地表移动和变形值的公式，这种方法统称剖面函数法。

在开采沉陷研究初期，人们主要通过观测的手段认识地表开采沉陷现象。随着观测资料的积累，以及对地表移动和变形规律的认识不断加深，人们逐渐总结出适合不同开采条件的预计地表移动和变形值的经验方法，即剖面函数法。由于实地观测资料及对地表移动和变形规律的认识程度不同，总结出的剖面函数有多种形式，比如，苏联采用如下剖面函数预计地表下沉值：

$$\begin{cases} W(x) = W_{\max}\left(1 - \dfrac{x}{L} + \dfrac{1}{2\pi}\sin\dfrac{2\pi x}{L}\right) \\ W_{\max} = qm\cos\alpha \end{cases} \tag{1-1}$$

式中 x——地表下沉盆地中心距预计点的距离，m；

L——半盆地长，m；

α——煤层倾角，(°)；

q——下沉系数；

m——采出煤层厚度，mm。

波兰上西里西亚煤田使用的剖面函数：

$$W(x) = \frac{W_{\max}}{B}\int_{\pi}^{\infty} e^{-\pi\left(\frac{\xi}{B}\right)^2} d\xi \tag{1-2}$$

式中 B——预计参数。

ξ——开采范围，半无限开采时，从零积分到正无穷。

匈牙利煤田曾用的剖面函数：

$$W(x) = W_{\max} e^{-\frac{1}{2}\left(\frac{x+B}{B}\right)^2} \tag{1-3}$$

式中 B——预计参数。

我国许多矿区使用过多种剖面函数法，应用最多或有代表性的主要是负指数函数法。负指数函数法是用负指数来表示下沉剖面函数的方法，其走向方向主断面盆地下沉计算公式为

$$W(x) = W_0 e^{-a\left(c-\frac{x}{H}\right)^n} \tag{1-4}$$

式中 $W(x)$——地表移动盆地主断面上任意点的下沉值，mm；

x——地表下沉盆地主断面上任意点到开采边界的距离，m；

W_0——地表最大沉降值，mm；

a,c,n——预计参数，可以根据矿区实测资料求得；

H——采深，m。

有了下沉曲线函数公式，根据下沉与其他移动和变形的关系式，可以得到相应移动和变形值的计算公式。由于剖面函数不可能考虑更多的地质采矿因素，因此大多数剖面函数仅适用于近似矩形工作面开采时的地表移动和变形值的预计。

(2)典型曲线法

典型曲线法的基本原理与剖面函数法完全相同，只是剖面函数法是通过解析函数的形式来表述地表的下沉值和预计点位置的函数关系，而典型曲线法是以表格或诺谟图的形式来表示地表的下沉值与预计点位置的函数关系。

在国外，如苏联、英国等曾采用典型曲线法进行开采沉陷的预计，特别是英国，其编制的《地面沉陷工程师手册》就是以典型曲线法为基础，指导开采沉陷的预计。我国具有代表性的典型曲线法主要有峰峰矿区和平顶山矿区的典型曲线法。

无论是剖面函数法还是典型曲线法，都是建立在实测资料的基础上的，对由地下开采引起的地表沉陷机理研究较少。由于建立剖面函数或典型曲线需要大量的实测资料，并且所建立的剖面函数和典型曲线仅仅适用于与观测资料相似条件下的地表移动和变形值的预计，因而这种方法在实践应用中受到很大的制约。但是，由于典型曲线法和剖面函数法的数据均来源于实测资料，并应用到相似条件下地表移动和变形值的预计中，因此，在目前所有预计方法中，这两种方法的预计精度最高。

1.2.2 基于随机介质理论

(1)波兰 J. Litwiniszyn 理论

将岩层移动视作随机过程是波兰 J. Litwiniszyn 在 1954 年提出的，他从开采影响传播算子的传递性出发，证明此算子满足 Smoluchowski 偏微分方程。在二维情况下，描述岩层在开采影响下的下沉规律：

$$\frac{\partial w}{\partial z} = k(z)\frac{\partial^2 w}{\partial x^2} + M(z)\frac{\partial w}{\partial y} + N(z)w \tag{1-5}$$

函数系数 $k(z)$、$M(z)$、$N(z)$是表示介质特征的参数。在半无限开采的时候，地表下沉值表示为

$$w(x,z) = \frac{w_{\max}}{\sqrt{\pi}}\int_{-\frac{1}{2}f(z)}^{\infty} - \frac{1}{2}e^{-\lambda^2}\,d\lambda \tag{1-6}$$

$$f(z) = \int_0^z k(z)\,dz \tag{1-7}$$

(2)概率积分法

离散随机介质理论认为上覆岩层是被大大小小的裂隙和断裂所切割的碎块体，地下开采引起的岩层与地表位移规律和随机介质模型中碎块体的位移规律在宏观上相似。在这一基本假设的基础上，首先由波兰学者 J. Litwiniszyn 提出了预计地表位移和变形值的方法。1965 年，我国学者刘宝琛、廖国华将这一理论进一步改进、完善，形成比较系统的预计地表位移和变形值的方法，我国将这种方法称为概率积分法。用概率积分法计算走向主断面内地表下沉值的公式如下：

$$W(x) = W_0\int_0^D \frac{1}{r}e^{-\pi\frac{(x-s)^2}{r^2}}\,ds \tag{1-8}$$

式中 W_0——充分采动条件下地表的最大下沉值，$W_0 = qm\cos\alpha$，mm；

q——下沉系数；

m——开采厚度，m；

α——煤层倾角，(°)；

D——开采长度，m；

r——主要影响半径，$r=\frac{H}{\tan\beta}$，m；

H——开采深度，m。

刘天泉、仲惟林、焦传武等系统总结了概率积分法在我国煤矿开采实践中的应用，特别分析了概率积分法预计参数与上覆岩层力学性质的关系。由于概率积分法具有一定的理论基础，预计参数完全可以通过实测资料求得，而且对于一个矿区，参数相对稳定，参数变化遵循一定的规律。同时概率积分法适用于预计任何形状工作面、地表任意点的位移值和变形值。因此，概率积分法在我国得到了广泛的应用。

1.3 地表变形对建筑结构的影响规律研究现状

地下开采导致上部岩层塌陷，使地表出现下沉、水平变形、倾斜变形、曲率变形等，随着地表产生的位移和变形作用于建筑物的基础，地基与上部建筑结构原有的平衡状态被打破，建筑结构产生附加作用力，由此产生结构变形，导致建筑结构出现裂缝，最终可能导致建筑结构损坏。

1.3.1 地表下沉对建筑结构的影响

由开采引起的地表下沉，如果是地表均匀下沉，一般对建（构）筑物不产生附加作用力，不会造成结构上的破坏。如果下沉量较大，造成基础低于地下水位，长期的积水将会降低地基强度，从而影响建（构）筑物的强度，严重时引起建（构）筑物倒塌。如果是水利工程，很可能出现建（构）筑物高于设计水位而无法正常工作。

段敬民认为，处于地表移动稳定后均匀下沉区的建筑结构，在开采过程中，还将受到地表“动态”变形的影响，即建筑结构先受正曲率区域内地表拉伸变形的影响（图 1-2 中的位置 1）；随着工作面的推进，建筑结构受到负曲率区域内地表压缩变形的影响（图 1-2 中的位置 2）；当工作面推离建筑结构的距离大于 0.6H 时，建筑结构又恢复原状（图 1-2 中的位置 3），最终结果只是产生整体垂直位移。因此，只要建筑结构可承受开采过程中的地表“动态”变形，则最终均匀下沉的建筑结构能够保证结构安全，不影响继续使用。

通过大量的现场观测，我国统计出采动区地表下沉值与建筑结构下沉值的基本关系：

$$W_{房}=a_1W_{地}+b_1 \tag{1-9}$$

式中　$W_{房}$，$W_{地}$——建筑结构下沉值和地表下沉值，mm。

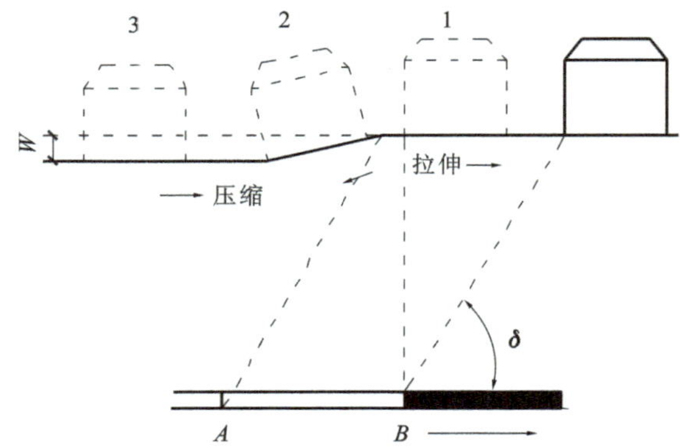

图 1-2　地下开采时建筑结构的移动过程

a_1,b_1——与建筑结构刚度及所处地质开采有关的系数。系数 a_1 为0.87～1.03,主要体现了建筑结构地基、刚度及其与工作面相对位置的影响。

邓喀中认为建筑结构下沉与地表下沉的变化过程为:当地表变形波及建筑物时,首先使靠近开采工作面的建筑地基下沉、引起地基的卸载,从而使建筑荷载中心向远离工作面一侧的地基转移,引起应力重分布,使受压部分的地基加载。当建筑结构刚度较大、地基较软时,应力重分布引起的建筑下沉值较大,使得建筑下沉值大于地表下沉值,导致地基的切入;当建筑结构刚度较小、地基较硬时,应力重分布引起的建筑物下沉值较小,使得建筑物下沉值小于地表下沉值,引起部分基础的悬空。

1.3.2　地表水平变形对建筑结构的影响

地表水平变形对建筑结构的破坏较大,它包括拉伸变形和压缩变形,其中拉伸变形对建筑结构的破坏更大,主要是由于建筑结构抵抗拉伸变形的能力比抵抗压缩变形的能力小得多。位于水平变形区域的建筑结构的破坏特征如图 1-3 所示。

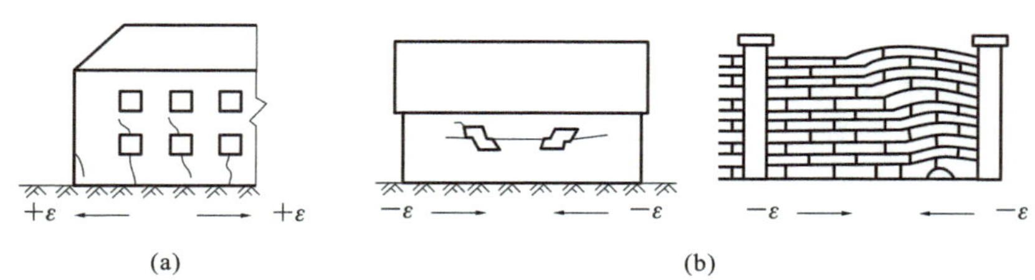

图 1-3　地表水平变形对建筑结构的影响

(a)拉伸变形对建筑结构的影响;(b)压缩变形对建筑结构的影响

在较小拉伸变形的作用下，建筑结构将产生裂缝，对于砌体结构，裂缝主要发生在门窗洞口等薄弱部位，如图 1-4 所示；在压缩变形作用下，建筑结构的破坏主要表现为砖墙产生水平裂缝，门窗洞口被挤成菱形，纵墙产生褶曲或屋顶鼓起，如图 1-5 所示。

图 1-4 拉伸变形对建筑物的影响

图 1-5 压缩变形对建筑物的影响

根据大量的现场观测资料，统计分析出采动区地表水平变形与建筑结构水平变形的基本关系：

$$\varepsilon_{房} = a_2 \varepsilon_{地} + b_2 \tag{1-10}$$

式中 $\varepsilon_{房}$，$\varepsilon_{地}$——建筑结构水平变形和地表水平变形，mm/m；

a_2，b_2——相关的统计系数。

建筑结构水平变形与地表水平变形的关系主要与地表水平变形大小和类型、建筑结构与地基的刚度比、地基物理性质等因素有关。

建筑结构与地基的刚度比对它们的关系的影响很大。建筑结构刚度越大，地基刚度越小，建筑结构抵抗水平变形的能力越强，建筑结构水平变形与地表水平变形的差别越大。现场实测显示：加固后的建筑结构，其水平变形为地表水平变形的 1%～30%；未加固的建筑结构，其水平变形为地表水平变形的 24%～94%，大部分在 80%以上。由此可见，加固增大了建筑结构的刚度，增强了结构抵抗变形的能力，从而使结构变形减小，减轻了地表变形对结构的危害。

地表水平变形类型对建筑结构水平变形与地表水平变形的关系也有很大的影响。现场实测表明：未加固的建筑结构，其压缩变形仅为地表压缩变形的 24%～57%，而拉伸变形为地表拉伸变形的 71%～84%；加固后的建筑结构，其压缩变形仅为地表压缩变形的 1%，而拉伸变形为地表拉伸变形的 17%。

1.3.3 地表倾斜变形对建筑结构的影响

地表倾斜变形在下沉盆地的拐点处最大。受采动影响，地表产生倾斜变形，从而引起上部建筑结构发生倾斜变形，使得建筑结构的重心发生偏离，在建筑结构自重的作用下，产生附加倾覆力矩。当建筑倾斜变形较大，由结构自重产生的附加倾覆力矩大于抗倾覆力矩时，建筑结构将发生倾覆破坏。地表倾斜变形对基础底部面积小、高度大的高压输电线铁塔、烟囱等高耸构筑物影响较大，对铁路、公路也有较大的危害，尤其是对铁路，铁路线坡度的增加将导致列车运行阻力增加，因此受倾斜变形影响的铁路线必须考虑阻力增加后是否超过该线路的允许阻力的问题，即严格控制该线路坡度不超过相关规范要求。

根据大量的现场观测资料，统计分析出采动区地表倾斜变形与建筑结构倾斜变形的基本关系：

$$i_{房} = a_3 i_{地} + b_3 \tag{1-11}$$

式中 $i_{房}$，$i_{地}$——建筑结构倾斜变形和地表倾斜变形，mm/m；

a_3，b_3——开采相关系数。

统计资料表明，大多数建筑结构的倾斜变形小于地表倾斜变形，建筑结构的倾斜变形为地表倾斜变形的66.5%～107%。这是由于煤炭开采首先引起地表发生倾斜变形，导致基础作用于地基上的面积减小，基底应力发生重分布，使部分基础受压切入地基，由此导致建筑结构的倾斜变形减小。刚度大的建筑结构由于自身变形小，抵抗变形能力强，导致基础切入量更大，建筑结构倾斜变形相比地表倾斜变形更小。在采动影响初期，靠近开采工作面一侧建筑结构倾斜变形小于地表倾斜变形，而远离开采工作面一侧建筑结构倾斜变形则大于地表倾斜变形，这是基底应力重分布导致的基础切入的结果；开采稳定后，随着地基固结的完成，建筑结构倾斜变形与地表倾斜变形趋于一致。

1.3.4 地表曲率变形对建筑结构的影响

由采动引起的地表曲率变形表示地表变形形成曲面形状，即建筑物基础和地基之间的初始平衡状态遭到破坏。采动区地表正(负)曲率变形对建筑结构的影响规律如图1-6所示。当建筑物位于下沉盆地的边缘时，建筑物将受到地表正曲率

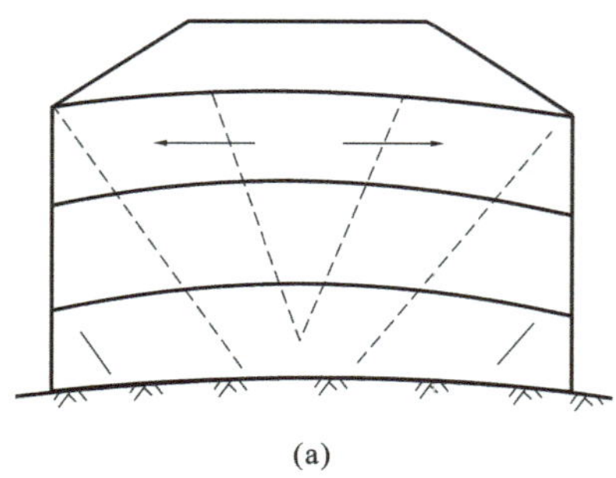

(a)

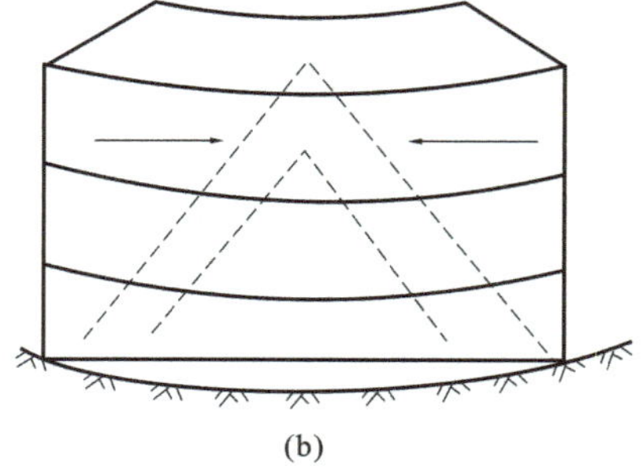

(b)

图1-6 地表曲率变形对建筑结构的影响

(a)正曲率变形对建筑结构的影响；(b)负曲率变形对建筑结构的影响

变形作用；当建筑物位于下沉盆地的压缩区时，建筑物将受到地表负曲率变形作用，如图 1-7 所示。在地表正曲率变形作用下，建筑结构主要通过基础中部与地基接触，而两端则悬空，导致墙体产生倒八字形的裂缝；在地表负曲率变形作用下，建筑结构的基础主要通过两端与地基接触，中间部分悬空，导致墙体产生八字形的裂缝。

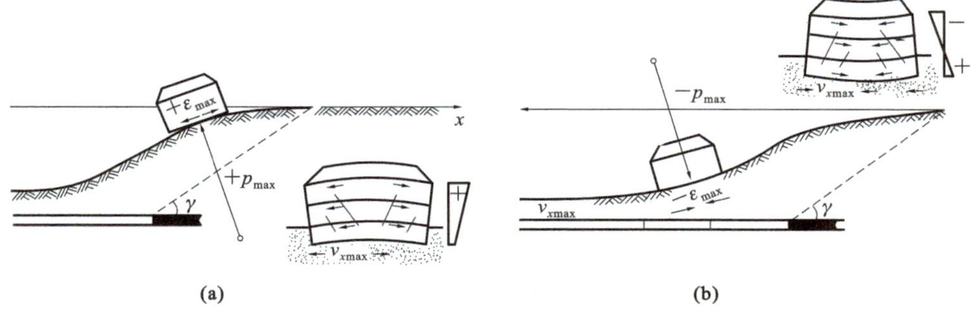

图 1-7 位于下沉盆地的建筑结构破坏特征

(a)受地表正曲率变形作用；(b)受地表负曲率变形作用

建筑结构曲率变形与地表曲率变形的关系主要与地表曲率变形的性质、建筑结构刚度、地基的性质等因素有关。大量的实测数据表明：建筑结构曲率变形是地表曲率变形的 21.3%～78.4%。不同的地表曲率变形性质对二者的关系有较大的影响。处于负曲率变形区域的建筑结构，传递到建筑结构上的曲率变形要小些；而处于正曲率变形区域的建筑结构，传递到建筑结构上的曲率变形要大些。处于负曲率变形区域的建筑结构，在地表变形过程中基础与地基间为两点接触，不易随地表变形而变形；而处于正曲率变形区域的建筑结构，在地表变形过程中基础与地基间为一点接触，易随地表变形而变形。建筑结构刚度对二者的关系有明显的影响，结构刚度越大，地表曲率变形与建筑结构曲率变形的差别越大。由于建筑结构刚度越大，其抵抗曲率变形的能力就越强，同时，刚度大的基础更易切入地基，降低了基础的曲率变形，因此两者的差值增大。

1.4 采动区地基与结构共同作用理论研究

地下开采首先引起采动区内地表下沉盆地的形成。在下沉盆地形成过程中，位于下沉盆地不同位置的建筑物基础将受到不同地表变形的影响，由此引起建筑上部结构产生附加变形和附加内力，同时建筑结构的变形又反作用于地基，引起地基的二次变形和位移，地基与基础及框架结构的相互作用随着地表变形的稳定逐渐消失。在整个变形过程中，地表变形是导致共同作用的主导因素，因此采动区地基-基础-框架结构的共同作用机理是非常复杂的。

只有正确认识和掌握采动区建筑物地基-基础-框架结构共同作用机理和规律，才能正确计算建筑物的附加变形和附加内力，合理评价采动区地表变形对建筑物的影响程度，从而提出经济合理、技术可行的抗变形技术措施。

采动引起的地表变形通过地基与结构的界面传递给上部结构，因此对界面的研究非常重要。本人以移动地表土体与基础接触界面的剪切变形试验为基础，研究了土体移动对基础底面的作用机理，明确了土体移动对基础底面的作用包括剪切与滑动；提出了土体与基础底面的联结单元的数学与力学模型。通过比较土体和上部结构共同作用的有限元分析与相应的模型试验结果，验证了所建立的单元模型的可靠性。Deck 认为地表变形不能完全传递给结构的原因是土体与结构之间存在的强相互作用，其通过有限元软件建立了结构与土体的模型，并采用六节点的界面单元，模拟土体与结构之间可能产生的滑移和脱离情况。在有限元模型中，土体是弹塑性体，符合莫尔-库仑失效准则；结构是弹性体，分别模拟了曲率和水平变形两种情况下的应力-应变关系。

采动区地基-基础-框架结构的共同作用力学模型的研究也取得了一定的成果。本人根据采动区地表变形的规律与独立基础(条形基础)框架结构受力和变形特点，采用合理的地基、基础与框架结构共同作用模型和开采沉陷模型，综合应用矿山开采沉陷学、土力学、结构力学、材料力学等相关理论，建立了采动区地基-独立基础-框架结构共同作用的理论计算模型和采动区地基-条形基础-框架结构共同作用的理论计算模型。该模型综合考虑了开采盆地形成过程中地表变形对建筑物的动态影响，从理论上揭示了建筑物位于下沉盆地不同位置时，地表变形与建筑物附加变形和附加内力的关系，并推导出计算采动区建筑物附加变形和附加内力的计算公式，通过计算实例对计算公式进行了验证，为采动区上部框架结构建筑物的保护、加固和设计提供了理论计算依据。谭志祥建立了采动区砖混结构建筑物地基、基础与结构协同作用的力学模型，该模型可以计算采动区砖混结构建筑物移动变形和各种附加内力，并采用可视化 VB 语言编制了相应的计算程序，通过计算示例对计算程序进行了验证，为采动区砖混结构建筑物的保护和设计提供了理论基础和计算工具。

随着有限元技术的发展，该技术在采动区建筑物的研究方面提供了强大的技术支持，许多学者分别利用有限元技术对采动区地基-基础-上部结构共同作用进行了研究。仲继寿采用有限元法对采动区建筑物的附加应力进行了分析；马全明将地基简化为弹性支座，也采用有限元法研究了采动区建筑物附加应力的分布规律，获得了一些有益的结论；刘长文等通过对地基与基础共同作用的公式的推导，建立了地基与基础共同作用的三维有限元计算模型，将该模型的计算结果与不考虑共同作用的材料力学的计算结果进行对比，结果表明，考虑共同作用比不考虑共同作用计算的内力减少约 20%；Deck 利用有限元软件建立了一系列整体模型研究采动区土结构的相互作用，研究结果表明采动区土-结构相互作用与水平应变的大小、建筑物的长度、建筑物的刚度以及土的物理性质有关，而且分析了自由场的地表变形与传递给建筑物的应力和变形之间的关系。

1.5 采动区建筑结构加固、抗变形技术研究

目前我国建筑物下压煤开采，对于采动区上方建筑物的保护主要采用搬迁新建、原地重建抗变形结构和建筑物改造加固三种方法，其中建筑物改造加固是费用相对最低、容易实现的好方法。通过对原有建筑物的改造加固，既避免了采动区建筑物的拆迁和重建，又避免了质量好、造价高、仍有使用价值的建筑拆建造成的经济浪费。同时，建筑物改造加固具有施工费用低、周期短等优点。

1.5.1 采动区原有建筑结构加固技术研究

采动区原有建筑结构的加固保护措施分为刚性加固措施和柔性加固措施两种。刚性加固措施是通过增强建筑结构的刚度来提高抵抗变形的能力；柔性加固措施是通过降低建筑结构的刚度提高结构适应或吸收变形的能力，从而减小由地表变形引起的附加应力，最终减轻对建筑结构的损害。

波兰对于采动沉陷区原有建筑结构采取的刚性加固措施主要有采取锚固拉杆加固及修补和粉刷墙壁裂缝等措施，为形成强度较高的整体基础设置钢筋混凝土锚固板(一般用于 12～15mm/m 的地表水平变形)，为提高建筑结构整体刚度设置钢筋混凝土锚固拉杆或钢锚固拉杆。苏联对于采动沉陷区的原有建筑结构主要采用在房屋顶层和底层加设钢筋混凝土圈梁和构造柱等刚性加固措施。

我国对原有砖混结构建筑物的刚性加固措施主要有设置顶底圈梁、设置窗下加强带和构造柱等。针对建筑物基础的刚性加固措施主要有设置基础-连系梁，增加基础的埋深、强度和刚度等。

对采动区现有建筑结构的柔性加固措施主要有设置建筑结构变形缝、变形补偿沟、基础水平滑动层，设置千斤顶调整基础等。

德国在采动区建筑结构设置变形缝的基本要求：变形缝的宽度为 10～20cm；基本单元长度，砖木结构房屋为 10～12m，钢筋混凝土房屋为 20～25m。英国最早采用设置变形补偿沟技术将建筑物与四周一定范围内的地基分开，在位于地表压

缩变形区域内的建筑物基础外侧一定范围的四周挖沟，并在沟中填满可压缩的材料，从而减轻建筑物受地表压缩变形而产生的侧向水平力的影响。德国鲁尔矿区的一幢两层楼房，受采动影响后倾斜值为 40mm/m，为了对其纠偏加固，在地下室顶部沿纵横墙体设置了 50 台千斤顶，通过计算机控制各个千斤顶的顶升高度，每次抬高 3mm，最终抬高达到 1.3m。

我国煤炭科学研究总院唐山分院在原铁法矿务局（现为“铁法煤业集团”）原有建筑结构上设置水平滑动层吸收地表变形，取得了很好的效果。秦杰和袁迎曙等提出的抗地表变形的柔性加固措施为：在基础与基础圈梁之间设置水平滑动层，滑动层材料为两层油毡，中间铺滑石粉。为了防止地表变形对“百团大战”纪念碑的损坏，基础设计采用了千斤顶可调基础。千斤顶可调基础对变形后的建筑结构有加固作用。

1.5.2 采动区新建建筑结构抗变形技术研究

对于采动区新建建筑结构的抗变形措施：根据煤矿开采计划，合理地选择采动区内建筑结构的位置；设置基础及上部圈梁、横向连系梁，以及斜向连系梁；设置变形缝以提高建筑结构适应地表变形的能力；设置变形补偿沟；当地表曲率变形较大时，采用整体性能好的箱形及筏板基础，在墙体内设钢筋混凝土构造柱，并于基础下增设滑动层。

波兰在矿山开采塌陷区内新建建筑结构采取的抗变形措施：加强建筑结构整体结构的刚度，采用钢筋混凝土整体式基础，地下墙体为钢筋混凝土整体浇筑，墙体采用大板结构，每层设圈梁；沿房屋长度方向，每隔 20～25m 设置变形缝，缝宽为 25～30cm；对大型的重要建筑结构，基础为整体的半球形结构采用独立柱的伞形结构，建筑结构上部为悬索和悬吊结构。

联邦德国针对矿山开采塌陷区新建建筑结构的保护措施：设置钢筋混凝土圈梁；设置变形缝；基础采用箱形基础；房屋基础下增设滑动层；当地表变形值比较大时，地下室顶板可采用现浇钢筋混凝土板（10～20cm 厚），为了提高建筑结构的抗变形能力，地下室的钢筋混凝土板可采用 20～30cm 厚；当建筑物所处位置可能出现地表沉陷台阶时，基础悬臂长度一般不宜超过 3m，并在预计出现较大沉陷台阶落差的地方，在基础下设置弹簧垫用以支撑沉陷后可能出现的悬臂区。

我国徐州庞庄矿在开采沉陷区回填煤矸石，并在回填区就地重建抗变形农村住宅，对开采沉陷区的重新利用不但释放了大量的煤炭资源，延长了矿井服务年限，而且避免了征地和搬迁带来的社会经济问题，改善了农民居住条件，取得了显著的社会效益和经济效益。永城矿区采用就地回填建造抗变形住房方案，解决村庄的搬迁问题。采用基础圈梁、檐口圈梁、构造柱、水平滑动层等抗变形措施，结构抗变形措施由变形值与户型决定，不但解决了异地搬迁难的问题，而且产生了十分可观的经济效益。1988 年，澄合矿务局与煤炭科学研究总院唐山分院合作，在该局董家河矿工作面上方建造了四栋抗变形试验房屋，经过三个工作面的回采，抗变形建筑没有发生破坏，试验取得了成功，并提出了湿陷性厚黄土的抗变形设计技术措施。

第二次世界大战后，德国在矿区的新建建筑物均采用抗变形结构措施。为了减小水平变形的影响，英国对采动区新建建筑物采用带滑缝的双板基础。我国煤炭科学研究总院与兖州东滩矿合作，通过现场试验研制了可搬迁抗采动变形的盒子房屋。该盒子房屋由预制的单元式房间现场组装而成，工业化程度较高。盒子结构的房屋整体强度和空间刚度高，具有很强的抗变形能力，而且可以方便地搬卸和组装。

针对矿山塌陷区的条形基础建筑物，段敬民提出了“可移动及升降点式基础房屋抗采动设计理论”。研究表明：“可移动及升降点式基础房屋抗采动设计理论”技术可行，该房屋的基础结构属柔性基础，可升可降，且房屋基础的顶部安装了调节水平变形的装置，不但可以有效地吸收水平变形，而且能非常好地吸收竖向变形。房屋主体结构则采用刚性措施，这种“柔”和“刚”的结合，有效地保护了开采塌陷区的建筑结构。

2 采动区结构抗变形物理模拟试验系统研发

地下煤炭开采导致上部岩层断裂，造成地表沉陷，使地表出现下沉、倾斜、曲率变形、水平移动和水平变形等变形。目前，这些地表变形对建筑结构的影响规律大多通过现场实测的方式获得，而且主要针对砌体结构，因此对于建筑结构不具有普适性。物理试验是科学研究的重要手段，但是目前还没有一套既可实现上部加载又可模拟下部地表变形的试验装置。鉴于此，本人有针对性地研制了平面结构沉陷模拟试验系统和空间结构沉陷模拟试验系统，用于研究上部建筑结构在采动区地表变形作用下附加内力和附加变形的分布规律及破坏模式等。

2.1 采动区地表变形的物理描述

2.1.1 采动区地表下沉盆地的特征

当地下开采的工作面推进一定距离，地下开采便会影响地表，使采动区地表从原有标高向下沉降，在采动区上方地表形成一个比采动区大得多的沉陷区域，即下沉盆地。从地表移动的力学过程及工程技术问题的角度出发，地表移动的状态可用垂直移动和水平移动进行描述。常用的定量指标有下沉值、斜率、曲率、水平位移值及水平应变值。其主断面上典型的位移变形分布规律如图 2-1 所示。下沉盆地中最大下沉点 O 位于采动区中央正上方；下沉盆地边界点 B 的下沉值为零；拐点 A 为下沉盆地主断面上下沉曲线凹凸的分界点，即曲率为零的点。拐点的位置一般位于开采煤层边界的正上方，如图 2-1 所示。充分采动时下沉盆地的特征如下：

第 2 章彩图

(1)下沉曲线

下沉曲线表示下沉盆地内地表下沉的分布规律。下沉曲线以盆地为中心呈对称分布,在下沉盆地中心 O 处的下沉值最大,从盆地中心 O 到盆地边缘,下沉值逐渐减小,在盆地边界点 B 处下沉值为零。拐点 A 处的下沉值为最大下沉值的一半。

(2)倾斜曲线

倾斜曲线表示地表下沉盆地斜率的变化规律,为下沉曲线的一阶导数。倾斜曲线以盆地中心呈反对称分布,在下沉盆地中心 O 处的斜率为零,由盆地中心至拐点 A,斜率逐渐增加,拐点 A 至盆地边缘间斜率逐渐减小到零。在拐点 A 处的斜率最大。

(3)曲率曲线

曲率曲线表示地表下沉盆地内曲率的变化规律。它是倾斜曲线的一阶导数、下沉曲线的二阶导数。曲率曲线以拐点 A 呈反对称分布,下沉盆地中心 O 处、拐点 A 处及边界点 B 处的曲率为零;盆地中心 O 至拐点 A 为负曲率区,存在最大负曲率值;拐点 A 至边界点 B 为正曲率区,存在最大正曲率值。

(4)水平位移曲线

水平位移曲线表示地表下沉盆地内水平位移的变化规律。其变化规律与斜率曲线的规律相似,也是以盆地中心 O 呈反对称分布,下沉盆地中心 O 处的水平位移为零,由盆地中心至拐点 A 水平位移逐渐增加,拐点 A 至盆地边缘间水平位移逐渐减小到零。拐点 A 处的水平位移值最大。

(5)水平应变曲线

水平应变曲线表示地表下沉盆地内水平变形的变化规律。其变化规律与曲率曲线的变形规律相似,也是以拐点 A 呈反对称分布,下沉盆地中心 O 处、拐点 A 处及边界点 B 处的水平变形值为零,盆地中心 O 至拐点 A 为压缩区,存在最大压缩变形值,拐点 A 至边界点 B 为拉伸区,存在最大拉伸变形值。

2.1.2 采动区地表下沉盆地的平面曲线表达

常用剖面函数来描述地表下沉盆地的地表移动和变形值。常用的函数有负指数函数、双曲正切函数、三角函数、误差函数等。剖面函数法以实测数据为基础,预计精度较高,而且一般采用的函数形式较为简单、使用方便,在许多国家得到广泛应用。

俄罗斯矿山测量研究院的柯尔宾柯夫在地表移动观测资料分析基础上,提出了下沉盆地的三角函数预计方法,其三角函数下沉曲线如图 2-2 所示。

由图 2-2 可知,充分采动时下沉曲线具有如下特点:最大下沉点和边界点的地

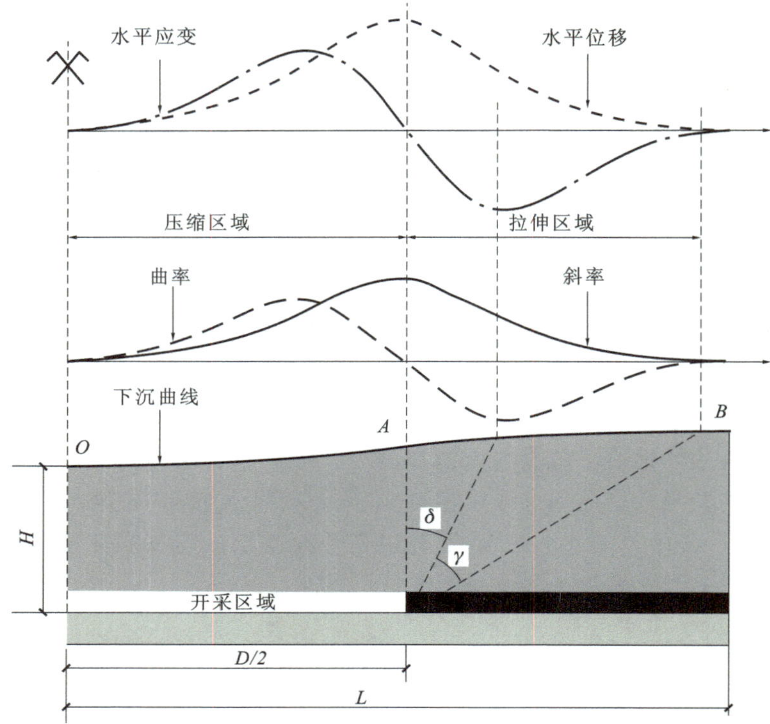

图 2-1 开采沉陷引起的主要地表变形的描述

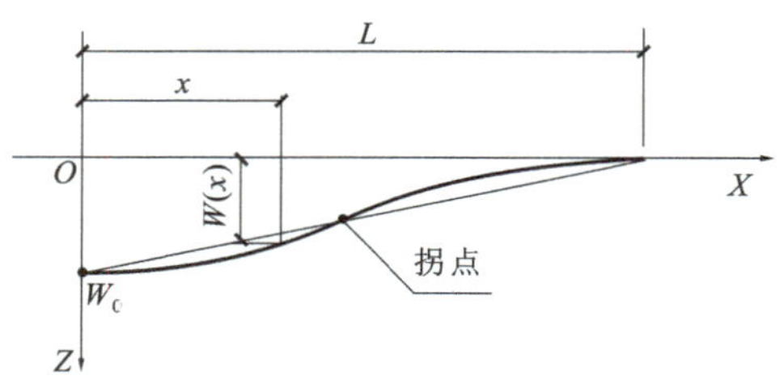

图 2-2 三角函数下沉曲线

表水平变形、曲率变形和不平均沉降变形为零；下沉曲线的拐点大致位于最大下沉点和盆地边界点之间的中央位置处；拐点处的地表曲率变形为零，地表倾斜变形最大，下沉值近似为最大下沉值的一半。

地下开采根据是否达到临界开采分为充分采动和非充分采动，三角函数的公式有所区别。

(1)充分采动

地表下沉曲线采用的三角函数为

$$\left.\begin{aligned} W(x) &= W_0 \cdot S(z) = W_0\left(1 - z + \frac{1}{2\pi}\sin 2\pi z\right) \\ i(x) &= \frac{W_0}{L}S'(z) = \frac{W_0}{L}(-2\sin^2 \pi z) \\ k(x) &= \frac{W_0}{L^2}S''(z) = \frac{W_0}{L^2}(-2\pi\sin 2\pi z) \\ U(x) &= \frac{b}{2}W_0 S'(z) = -bW_0\sin^2 \pi z \\ \varepsilon(x) &= \frac{b}{2}\frac{W_0}{L}S''(z) = -b\frac{W_0}{L}\sin 2\pi z \\ W_0 &= qm\cos\alpha \end{aligned}\right\} \tag{2-1}$$

式中 z——无因次横坐标，$z=x/L$；

x——从盆地中心到预计地表下沉点的水平距离；

L——从盆地中心到下沉盆地边界的距离；

W_0——盆地中心的最大下沉值；

b——水平移动系数，其值为 0.2～0.4；

q——充分采动条件下的下沉系数；

m——煤层的开采厚度；

α——煤层的倾角。

(2)非充分采动

①$n \leqslant 0.25$。

$$W(x) = W_m \cdot S(z) = \frac{W_m}{4}(1 + \cos \pi z^2) \tag{2-2}$$

②$0.25 < n < 1$。

当 $0.25 < n < 1$ 时，其地表移动变形的计算取充分采动与非充分采动($n \leqslant 0.25$)计算结果的加权平均值。

$$W(x) = W_m S(z) = W_m\left[n^2\left(1 - z + \frac{1}{2\pi}\sin 2\pi z\right) + \frac{1-n^2}{4}(1 + \cos \pi z)^2\right] \tag{2-3}$$

式中 W_m——非充分采动下的最大下沉值；

n——充分采动程度系数，$n=0.9D_1/H_0$；

D_1——开采区域沿走向的长度；

H_0——平均采深。

2.1.3 采动区地表下沉盆地的空间曲面表达

下面以采动区地表下沉曲线采用的三角函数为例进行空间曲面函数的推导，

将下沉曲线扩展为空间曲面形式。假定下沉盆地的最外边界为椭圆，其长轴沿着 X 轴，长轴长为 L_X；其短轴沿着 Y 轴，短轴长为 L_Y，如图 2-3 所示。

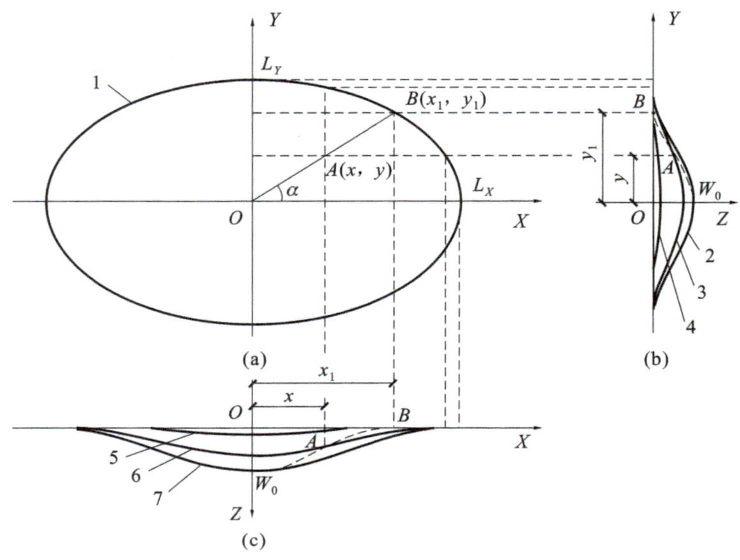

图 2-3 空间下沉盆地示意图

(a)下沉盆地的平面；(b)下沉盆地沿 Y 轴的下沉曲线；(c)下沉盆地沿 X 轴的下沉曲线；
1—下沉盆地的最外边界；2—沿 Y 轴的最大下沉曲线；3—沿 Y 轴经过 A 点的下沉曲线；
4—沿 Y 轴经过 B 点的下沉曲线；5—沿 X 轴经过 B 点的下沉曲线；
6—沿 X 轴经过 A 点的下沉曲线；7—沿 X 轴的最大下沉曲线

取下沉盆地内任意一点 A(图 2-3)，计算其对应的下沉量。连接 OA 并将其延长，与下沉盆地的最外边界交于 B 点，B 点同时满足式(2-4)、式(2-5)。

$$\frac{x_1^2}{L_X^2}+\frac{y_1^2}{L_Y^2}=1 \tag{2-4}$$

$$\tan\alpha=\frac{y}{x}=\frac{y_1}{x_1} \tag{2-5}$$

式中　α——OAB 连线与 X 轴的夹角，如图 2-3 所示。

将式(2-4)、式(2-5)联立，可解得

$$x_1=\frac{L_X L_Y}{\sqrt{L_Y^2+L_X^2\tan^2\alpha}} \tag{2-6}$$

$$y_1=\frac{L_X L_Y\tan\alpha}{\sqrt{L_Y^2+L_X^2\tan^2\alpha}} \tag{2-7}$$

由式(2-6)、式(2-7)可计算 OB 的长度为

$$OB=\sqrt{x_1^2+y_1^2}=\sqrt{\frac{L_X^2L_Y^2+L_X^2L_Y^2\tan^2\alpha}{L_Y^2+L_X^2\tan^2\alpha}}=L_XL_Y\sqrt{\frac{1+\tan^2\alpha}{L_Y^2+L_X^2\tan^2\alpha}} \tag{2-8}$$

由图 2-3 可知：

$$OA = \sqrt{x^2 + y^2} = x\sqrt{1+\tan^2\alpha} \tag{2-9}$$

将式(2-8)、式(2-9)代入 $z=x/L$ 中，

$$z = \frac{OA}{OB} = \frac{x\sqrt{1+\tan^2\alpha}}{L_X L_Y\sqrt{\dfrac{1+\tan^2\alpha}{L_Y^2+L_X^2\tan^2\alpha}}} = \frac{\sqrt{L_Y^2x^2+L_X^2y^2}}{L_XL_Y} \tag{2-10}$$

将式(2-10)代入式(2-1)～式(2-3)可得下沉盆地的空间曲面公式：

(1)充分采动

$$W(x,y) = W_0\left(1-\frac{\sqrt{L_Y^2x^2+L_X^2y^2}}{L_XL_Y}+\frac{1}{2\pi}\sin 2\pi\frac{\sqrt{L_Y^2x^2+L_X^2y^2}}{L_XL_Y}\right) \tag{2-11}$$

(2)非充分采动

①$n\leqslant 0.25$。

$$W(x,y) = \frac{W_m}{4}\left(1+\cos\pi\frac{\sqrt{L_Y^2x^2+L_X^2y^2}}{L_XL_Y}\right)^2 \tag{2-12}$$

②$0.25<n<1$。

$$W(x,y) = W_m\left[n^2\left(1-\frac{\sqrt{L_Y^2x^2+L_X^2y^2}}{L_XL_Y}+\frac{1}{2\pi}\sin 2\pi\frac{\sqrt{L_Y^2x^2+L_X^2y^2}}{L_XL_Y}\right)+\frac{1-n^2}{4}\left(1+\cos\pi\frac{\sqrt{L_Y^2x^2+L_X^2y^2}}{L_XL_Y}\right)^2\right] \tag{2-13}$$

2.2 采动区平面结构抗变形物理模拟试验系统研发

为了更好地研究采动引起的地表变形对其上部建筑结构的影响规律，我们研制了平面结构沉陷模拟试验系统。该系统可用于研究平面内二维荷载作用下上部结构抗地表变形，即可以针对平面结构基础施加竖向变形和水平变形，实现平面结构在上部荷载和基础地表变形共同作用下的物理试验。所研发的试验装置在实验室可以方便实施，构造简单，操作便捷。

2.2.1 平面模拟试验系统的组成

该平面模拟试验架如图 2-4 所示，其由门架顶梁、门架柱、门架底梁组成。门架底梁通过地锚与地面连接固定，加载装置可固定于门架顶梁实现竖向加载，实现自平衡平面模拟试验架。

将加载装置固定于门架柱，可实现水平方向加载；将加载装置同时固定于门架顶梁和门架柱，可实现平面内双向加载。该模拟试验系统的上、下门架底梁与立柱采用刚性节点设计。当荷载不大于 500kN 时，可不加腋；当荷载大于 500kN 且不大于 1000kN 时，在梁柱节点处要加腋。

为了实现对地表变形的模拟，特别设计了封闭式自平衡门架底梁，使其通过下部空间的升降模拟地表不均匀沉降；将门架底梁上翼缘局部开槽，下翼缘对应上翼缘开槽位置预留竖向变形装置孔，同时采用双腹板设计实现上翼缘局部开槽与下翼缘千斤顶预留孔的竖向空间。

首先，门架底梁腹板采用加劲肋加强，门架底梁腹板设置 2 道，便于在上翼缘中部开槽；然后，在门架底梁上翼缘局部开孔（图 2-5），孔内放置多个液压千斤顶，利用千斤顶的升降实现地表不均匀沉降，可完成上部结构抗地表变形的试验。在门架底梁下翼缘预留锚杆孔洞，便于与受力地板进行固定。在门架底梁上翼缘中部开槽处制作梁盖板，当不进行抗变形试验时，可将梁盖板翼缘覆盖于门架底梁上翼缘中部开槽处，使门架底梁可直接承受上部荷载。

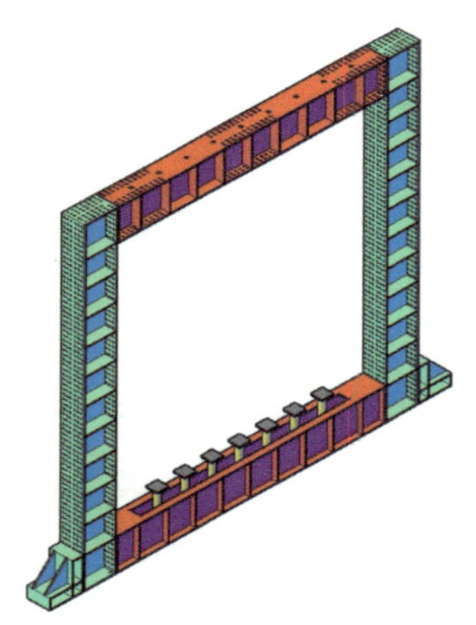

图 2-4 平面结构抗变形物理模拟试验架

图 2-5 底梁设计示意图

2.2.2 平面框架结构抗变形试验流程

按照地表变形的类型，设计千斤顶的升降过程以模拟地表变形的过程。将平面框架结构固定于模拟试验架内，将底部基础部分与千斤顶有效连接。布置水平或竖向加载系统，与平面框架构件连接并固定（图 2-6）。

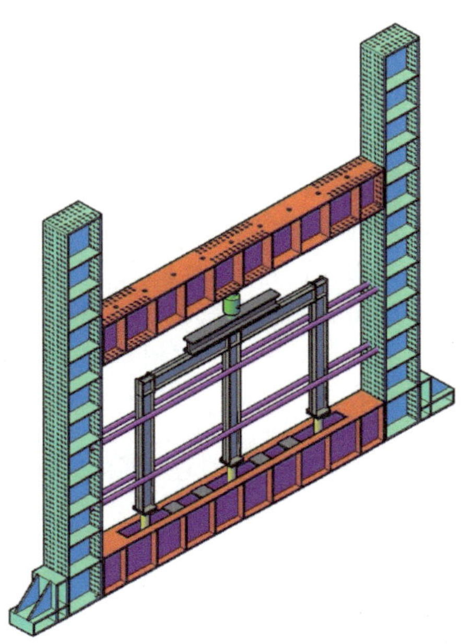

图 2-6 双跨框架抗变形试验示意图

在试验过程中，按照研究设计，先施加模拟物理试验需要的竖向荷载或水平荷载，再通过控制不同千斤顶的升降来模拟不同地表变形。在这个过程中，通过数据采集仪采集相关数据，根据数据分析地表变形对平面框架内力和变形的影响规律。控制中间的千斤顶向下移动一定的距离，模拟框架在凹曲率变形作用下的加载状态，如图 2-7 所示。控制两边的千斤顶同时向下移动一定距离，模拟框架在凸曲率变形作用下的加载状态，如图 2-8 所示。

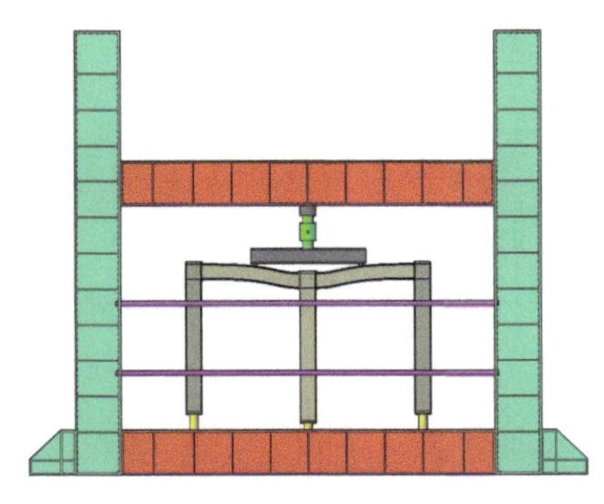

图 2-7 凹曲率作用下框架加载示意图

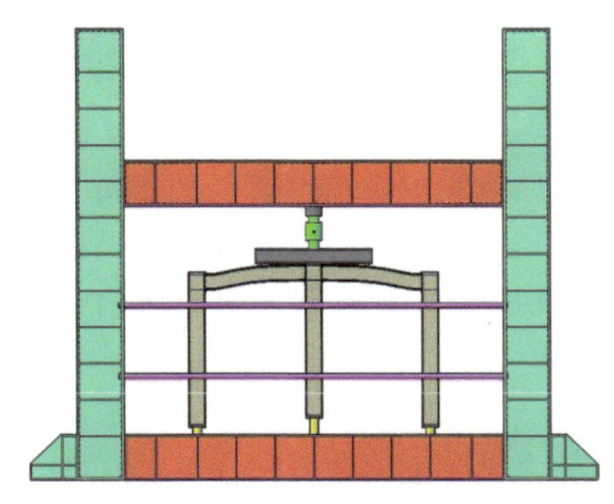

图 2-8 凸曲率作用下框架加载示意图

2.3 采动区空间结构抗变形物理模拟试验系统研发

由于采动区是一个空间沉陷区域，简化的二维变形作用不能真实地反映建筑结构的实际变形作用，因此，我们针对空间框架结构研发了空间结构抗变形物理模拟试验系统。该系统可实现对建筑结构在地表变形作用下的三维立体仿真模拟，可用于以下研究领域：空间结构的抗变形试验，地表变形下地基-基础-上部结构共同作用试验，地基与基础在地表变形作用下的相互作用试验，地基土体的地表变形性能试验。

2.3.1 空间结构抗变形物理模拟试验系统的组成

本试验系统包括反力支承系统、地基围护系统和地表变形施加系统，涉及多个应用领域的相关技术和设备，如图 2-9 所示。

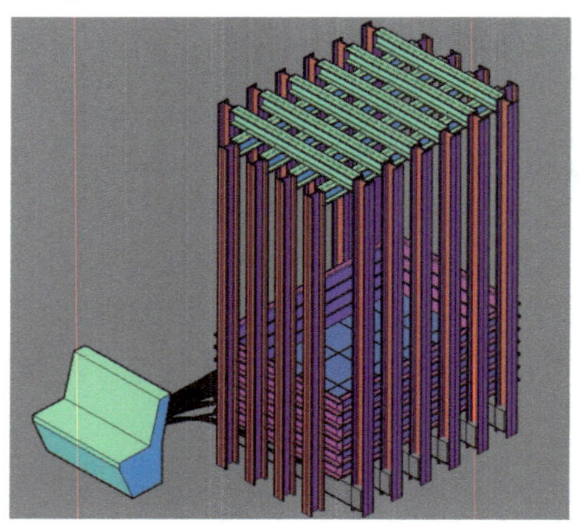

图 2-9 空间结构抗变形物理模拟试验系统示意图

反力支承系统包括混凝土底座和反力钢框架，其中反力钢框架由立柱、主次反力梁、纵横边梁、斜向支撑、纵横底梁构成。地基围护系统由侧向挡土梁和柔性挡土布构成。地表变形施加系统由自动控制位移的设备和活动底板构成，自动控制位移的设备又分为操作台和顶升装置两部分。

三大系统各部分合理布置并相互连接，形成有机整体。其中，顶升装置固定在混凝土底座中的套筒内，活动底板固定于顶升装置上，柔性挡土布平铺于活动底板上并与之贴合后用螺栓连接，同时挡土布侧面与侧向挡土梁贴合后用螺栓连接，挡土梁则通过螺栓固定于立柱上。这种合理布置和连接能充分发挥各大系统的作用，反力支承系统为地基围护系统和地表变形施加系统提供可靠边界和支承，地基围护系统与地表变形施加系统相协调以实现地表变形试验的加载。

(1)反力支承系统

反力支承系统包括混凝土底座和反力钢框架，其设计考虑了试验构件尺寸、自动控制位移的设备及千斤顶的布置。

混凝土底座用于支承自动控制位移设备中的顶升装置，并为试验台提供必要的操作和检修空间。混凝土底座设计内容包括底座方向的布置、底座宽度和高度的设置、底座内钢筋的设置及与反力钢框架的连接，在设计中考虑了顶升装置的安装位置、检修空间的控制高度等。

反力钢框架的设计包括合理加载传力路径的确定、构件的布置、截面设计和连接设计等。反力钢框架整体要满足强度、刚度及稳定性要求，而且要求安装简便，便于改装。纵横底梁形成钢框架底座，深入混凝土底座与其中的钢筋相连并浇筑成一体，从而形成加载自平衡体系，避免立柱对底部基础产生拉拔作用。钢框架构件的布置考虑了试件加载的可操作性，且主要钢构件的连接均采用端板螺栓连接方式。这种布置和连接方式不仅安装简便，受力可靠，而且便于调整构件位置以满足不同类型试验的实际需要。例如，通过调整挡土梁位置可实现空间结构试验与平面结构试验的切换；调整主次梁垂直方向的位置，可满足不同尺寸试件试验的需要。

(2)地基围护系统

地基围护系统中，侧向挡土梁与钢框架的立柱可靠连接，将承担的土体侧压力传递给框架结构。柔性挡土布侧向与侧向挡土梁贴合，底部与加载系统贴合，柔性挡土布底部能支承土体自重，同时其柔性特征又能满足土体变形，与实际情况相符，达到对地表变形仿真模拟的目的。

(3)地表变形施加系统

地表变形施加系统由自动控制位移的设备和活动底板构成，地表变形施加系统的安装包括对活动底板的设计与安装，自动控制位移的设备的安装、固定和调试等。设计内容包括：①自动控制位移的设备的安装方式和灵敏度需要满足地表变形的要求，且操作方便；②自动控制位移的设备中顶升装置安装的数量、位移量程、间距和布置位置，需要满足地表变形量、变形特征、连续性等要求，要与实际情况相似；③自动控制位移的设备中的顶升装置与活动底板的连接及活动底板与挡土布的贴合固定必须保证底部变形能有效地传递至试验的土体。综合考虑上述因素，才能实现对地表变形的物理相似模拟。

2.3.2 空间框架结构抗变形试验流程

带基础的二层框架结构如图 2-10 所示。试验流程如下：①将按照试验要求设计的模型土填于试验箱中，分层夯实；②在对应框架基础位置进行基坑开挖，浇筑框架结构的基础；③将上部框架与基础可靠连接，完成框架结构的安装。按照设计要求通过上部的反力钢框架加载。在抗变形试验中，土体填于试验箱后需要静置一段时间，以便让土体充分固结。

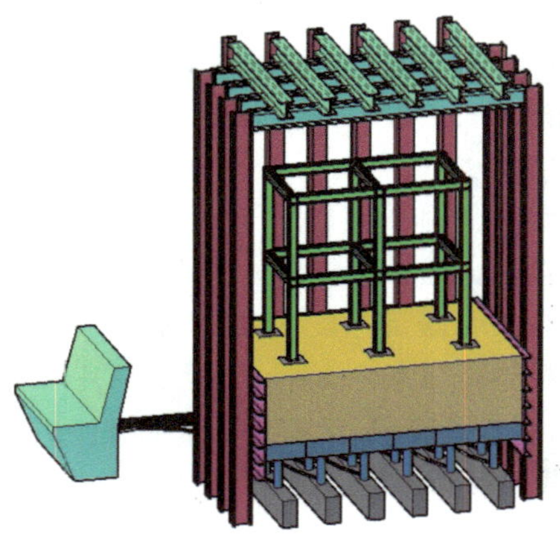

图 2-10　带基础的二层框架结构

通过控制台控制液压千斤顶不同的下降距离，可以有效实现地表变形的施加，如图 2-11～图 2-13 所示。地表变形加载使得土体形成下沉盆地，地表变形通过地基与基础的共同作用传递到上部框架结构。通过框架结构上贴的应变片以及构件上架设的位移计，我们可以测得地表变形作用于上部框架结构时产生的附加内力及附加变形量。

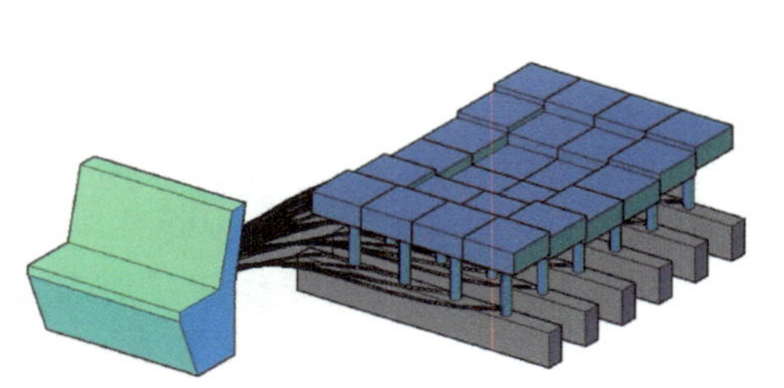

图 2-11　地表变形加载

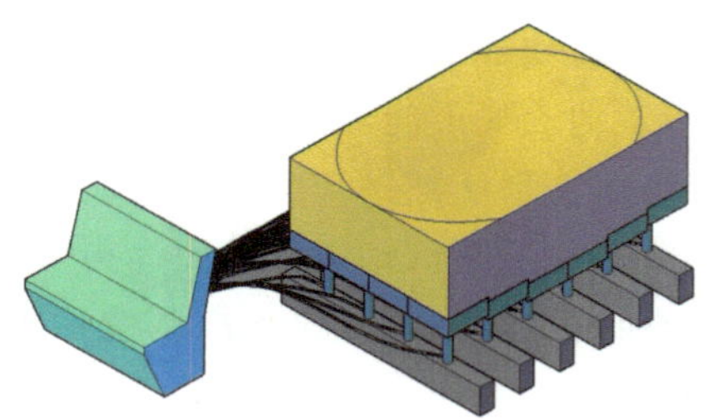

图 2-12　地表变形加载系统形成的下沉盆地

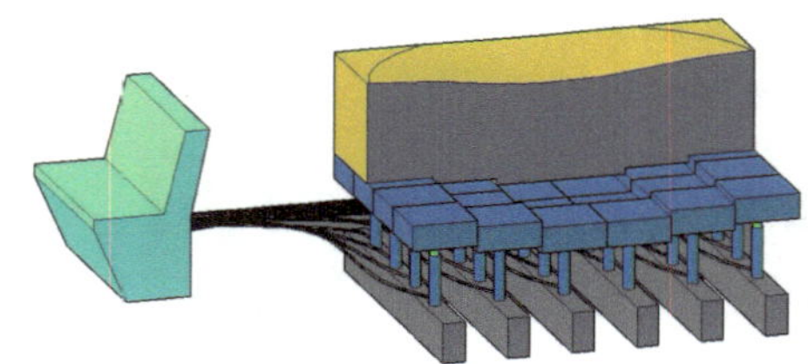

图 2-13　地表变形加载系统形成的下沉盆地长轴断面

2.4 土体与结构界面剪切试验系统

2.4.1 界面剪切试验系统的组成

(1)电液伺服动静万能试验机

本试验系统将PWS-500电液伺服动静万能试验机(图2-14)作为安装加载平台和试验系统的框架,并作为加载系统的反力架。PWS-500电液伺服动静万能试验机主机框架由底座、立柱、升降油缸、横梁、作动器、伺服阀块等部分组成,如图2-15所示。试验机横梁和底座的高度均为300mm,顶梁与底座间的高度最大可达3000mm,提供了足够的空间以安装界面剪切试验装置。

(2)界面剪切试验装置

界面剪切试验装置主要由支撑装置、水平滚动装置、土料盒、竖向加载系统、水平加载系统及数据测量系统组成,如图2-16所示。加工组装后的试验装置如图2-17、图2-18所示。

图2-14 PWS-500电液伺服动静万能试验机示意图

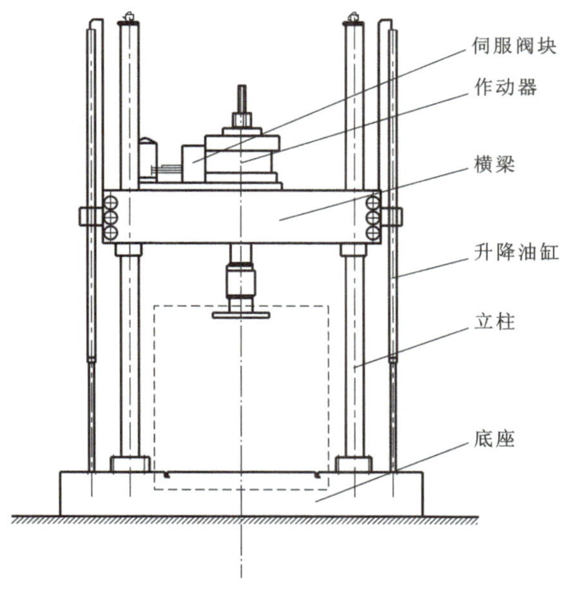

图2-15 PWS-500电液伺服动静万能试验机主机框架结构示意图

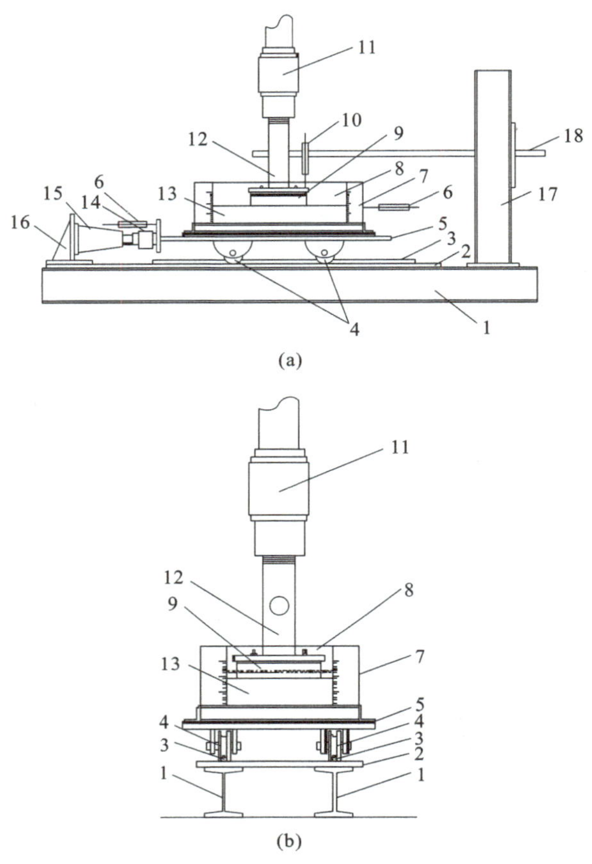

图 2-16　界面剪切试验装置示意图

(a)正面图;(b)侧面图

1—竖向支撑工字钢;2—支撑底板;3—导轨;4—滚轮;5—水平滚动底板;6—水平位移传感器;7—角钢外框架;8—有机玻璃盒子;9—结构试块;10—竖向位移传感器;11—竖向荷载传感器(电液伺服试验机);12—连接构件;13—土料;14—水平荷载传感器;15—水平千斤顶;16—支座;17—侧向支撑工字钢;18—水平支撑杆

图 2-17　剪切试验装置

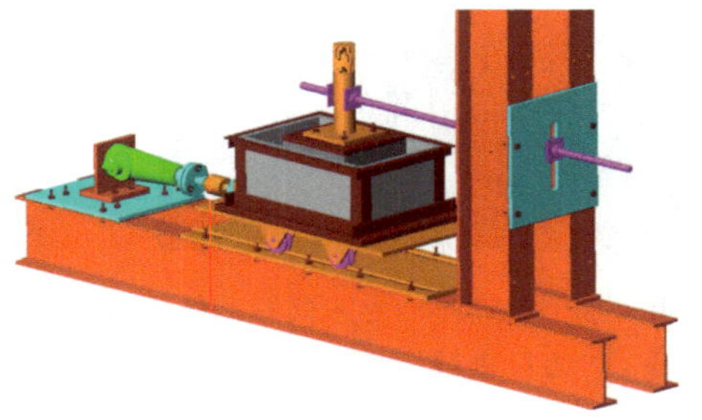

图 2-18　界面剪切试验装置效果图

①支撑装置。

整个试验装置借助 PWS-500 电液伺服动静万能试验机作为主机框架，通过支撑装置将整个界面试验装置与试验机连接起来。支撑装置包括竖向支撑部分和侧向支撑部分，如图 2-19 所示。其中竖向支撑工字钢安放于伺服试验机的底座上，并在其上安装导轨和水平千斤顶的支座，竖向支撑工字钢与安装导轨和水平千斤顶的支座通过螺栓连接。侧向支撑工字钢安装于竖向支撑工字钢上，与其形成整个支撑装置。通过水平支撑杆提供结构试块的侧向支撑，防止在试验过程中，结构试块在剪切力的作用下产生位移，影响剪切试验的结果；同时避免结构试块受到的水平力传递给试验机的竖向夹头，造成试验机竖向加载系统的可能损伤。

②水平滚动装置。

水平滚动装置包括导轨、滚轮、固定底座三部分，如图 2-20 所示。在水平千斤顶的牵引下，通过滚轮在导轨上的滚动带动上部的土料盒滑动，从而使土体与结构试块产生相对位移。

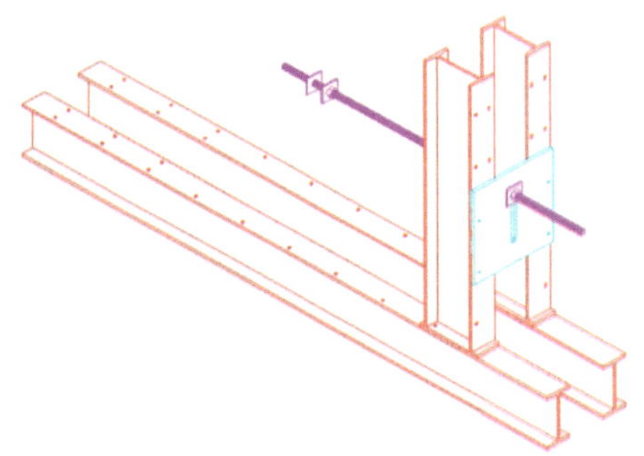

图 2-19　支撑装置

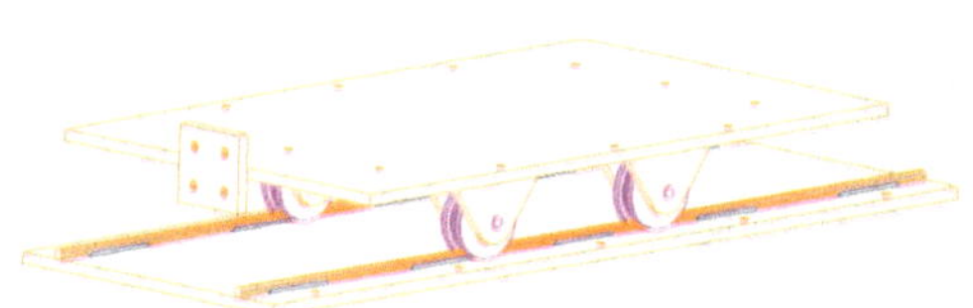

图 2-20　水平滚动装置

导轨由圆钢制作而成，一般采用分段焊接的方式将其焊接于固定底座上，如图 2-21所示，并通过螺栓固定于竖向支撑工字钢上。滚轮中间凹槽根据导轨尺寸加工而成，保证与导轨的充分接触，如图 2-22 所示。滚轮与连接轴之间采用轴承连

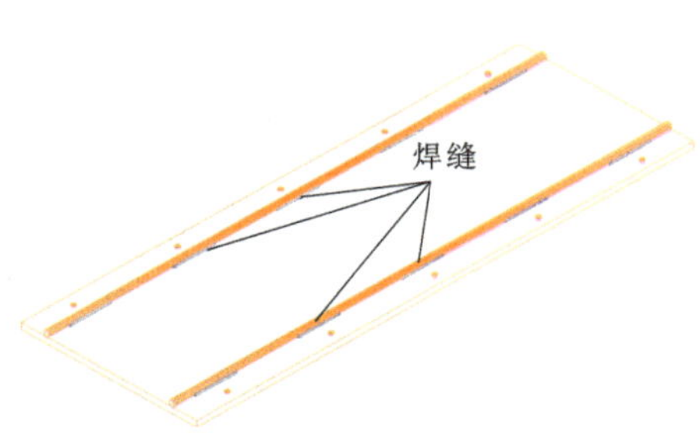

图 2-21　导轨与支撑底板

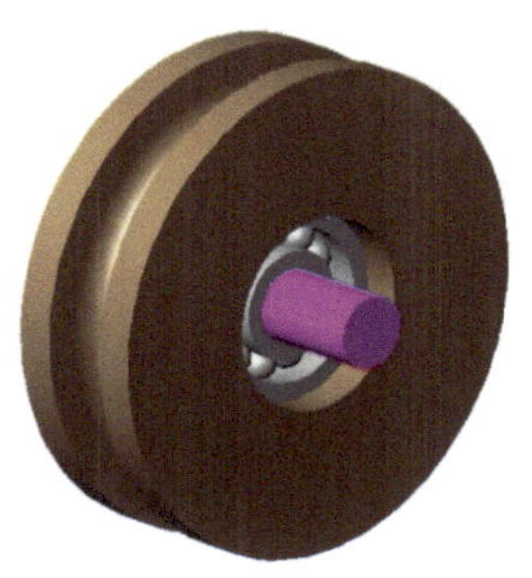

图 2-22　滚轮

接，以减少滚轮与导轨之间的摩擦。四个滚轮安装于固定底座上，在加工过程中，保证四个滚轮与导轨的着力点在一个平面内，在固定底座上安装土料盒。

③土料盒。

土料盒(图 2-23)内部采用 20mm 厚的有机玻璃黏结而成，外部由角钢焊接形成外框架，底部焊接钢板，保证土料盒既不漏水又具有较大的刚度。土料盒内部的净尺寸为 600mm×400mm×250mm。该土料盒通过螺栓安装在固定底座上。

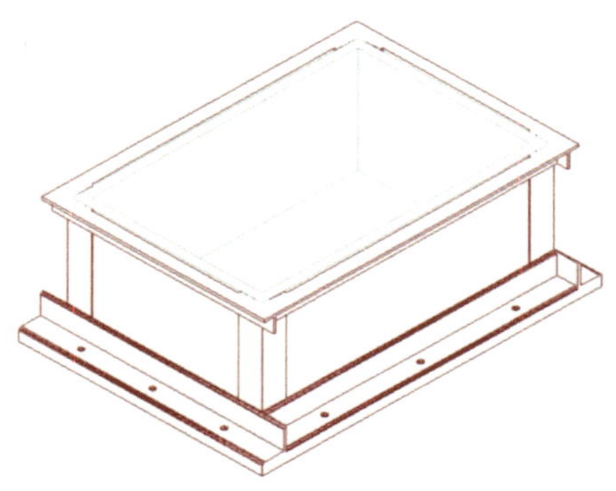

图 2-23　土料盒

④竖向加载系统。

竖向加载系统通过 PWS-500 电液伺服动静万能试验机的加载系统实现。通过连接构件将结构试块固定在试验机的上夹头，如图 2-24 所示。通过试验机夹头上的荷载传感器测量施加在结构试块与土料界面上的法向应力。将结构试块换成一块略小于土料盒尺寸的钢板，如图 2-25 所示。通过该构件即可将土料加压制成设计孔隙比和饱和度的土试样。

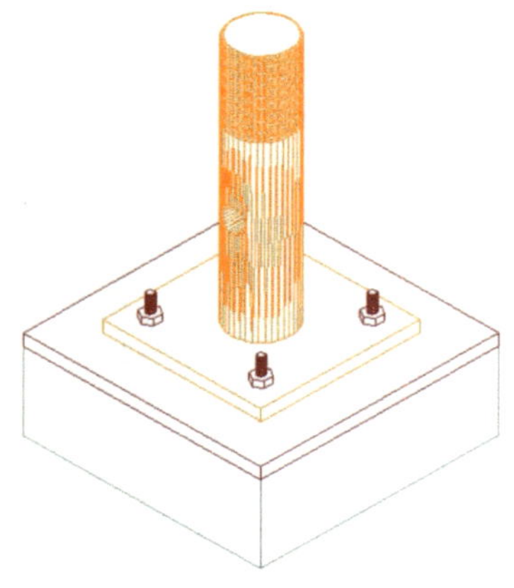

图 2-24　连接构件及结构试块

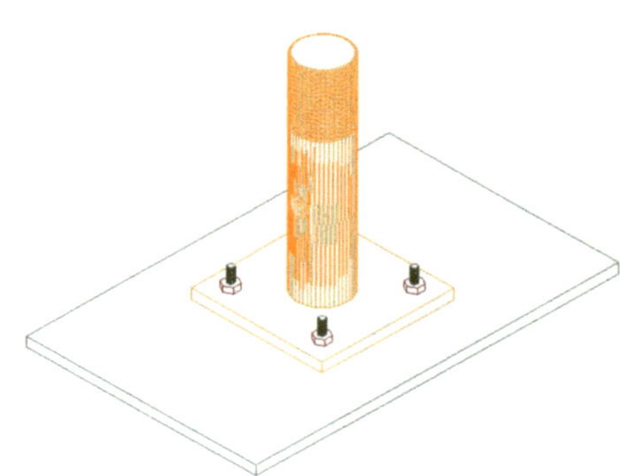

图 2-25　土样制作加载板

⑤水平加载系统。

水平加载系统由固定于竖向支撑工字钢上的水平千斤顶和荷载传感器组成，如图 2-26 所示。将千斤顶底部固定于支座上，该支座通过螺栓安装在竖向支撑工字钢上。通过连接件将千斤顶的顶部与荷载传感器固定在一起，并与水平滚动底板连接起来。通过千斤顶推动水平滚动底板沿着导轨水平运动。

图 2-26 水平加载系统

⑥数据测量系统。

试验装置的数据测量系统包括荷载和位移的测量。界面剪切试验中竖向荷载和水平荷载通过荷载传感器测得。竖向荷载的测量主要用于法向应力的控制，水平荷载的测量结果(即界面剪切过程中的剪切力)，除以结构试样的面积即可获得界面的剪切应力。布置在结构试样顶面的竖向位移计测量试验中界面的法向位移，布置在土料盒两侧的水平位移计测量试验中土样的剪切位移。

2.4.2 界面剪切试验系统的试验流程

利用该试验系统进行土体与结构的界面剪切试验，一般的试验流程如下：

①调试组装好的剪切试验装置，保证水平滚动装置、加载系统及数据采集系统正常运行。

②将按照设计初始孔隙比和初始饱和度配制的土料装入土料盒，安装土样制作加载板于试验机的上夹头。运行试验机，将土料压实，至土料高度为设计高度，即满足设计初始孔隙比和初始饱和度的土样体积，如图 2-27 所示。

③升高试验机的上夹头，将土样制作加载板换为结构试块，然后连接水平加载装置和侧向支撑装置，其中支撑杆的螺栓与侧向支撑工字钢相连，约束结构试块沿水平方向移动，但其可以上下自由移动，如图 2-28 所示。

④降低试验机的上夹头，保证结构试块与土样接触，通过试验机将界面的法向应力加载至设计荷载，保持不变。如果进行水下剪切，此时在土料盒中应加入适量的水以浸没界面，如图 2-29 所示。

⑤利用水平加载装置推动土料盒在导轨上作水平运动，完成结构试块与土样的界面剪切。同时，通过数据采集系统采集剪切过程中的剪切力、剪切位移、法向

力及法向位移等数据。

⑥试验完成后，拆卸剪切试验装置，不能影响试验机的正常使用。

图 2-27　土样制作过程

图 2-28　侧向支撑装置

图 2-29　浸水条件

2.4.3　界面剪切试验系统的性能特点

该试验系统针对水工结构的特点研制而成，可以实现水下的土体与结构界面的剪切试验，同时也可以实现其他剪切仪器的功能，具有以下特点：

①本试验系统以 PWS-500 系列电液伺服动静万能试验机为主机框架，部件之间均通过螺栓连接，便于安装和拆卸。建立该试验系统的成本较低。

②本试验系统可以模拟水下土体与结构界面的力学行为，同时也可以实现其他剪切仪器的功能，其成本比常规的剪切仪器低。

③本试验系统的结构试块的尺寸最大可以达到 400mm×400mm，还可以方便地制作不同尺寸的结构试样，进而研究试样尺寸对界面力学性能的影响。

④本试验系统不仅可以研究法向应力下的界面的力学性能，还可以观测加载—卸载、循环加载及分段加载等复杂应力路径下界面的力学行为。

试验时，由于土样面积大于结构试块的面积，在进行试验设计时，法向应力不能过大，防止结构试块嵌入土料过多，影响界面剪切应力的大小，必要的时候需要进行修正。

3 采动区框架结构抗变形作用的规律研究

地表变形引起的框架结构内力和变形规律复杂，且受到结构形式、构件尺寸、结构荷载、基础类型、地基土特征、地表变形类型等多种因素的影响。为了获得采动区框架结构抗变形作用的规律，本章通过相似物理模拟试验，研究不均匀沉降、水平拉伸、水平压缩、正曲率变形和负曲率变形五种地表变形单独作用下单跨钢框架结构和双跨钢框架结构的内力和变形的变化规律，以及采动过程中在拉伸区或压缩区的组合变形作用下钢框架结构内力和变形的规律；研究纯钢框架和带支撑钢框架结构对不同地表变形的抵抗能力，并确定各种钢框架结构的破坏形态，为采动区框架结构的抗变形设计提供参考。

3.1 相似物理模拟试验目的与内容

3.1.1 相似物理模拟试验目的

根据研究内容及研究路线所需，物理模拟的试验目的主要有以下几点：

①通过物理试验考查支撑对框架地表变形作用效应的影响，对比框架在有无支撑的情况下在不同地表变形作用下的不同响应；

②通过试验获得试件在各类地表变形作用下的响应，与同试验模型相对应的ANSYS有限元计算结果作对比，对有限元计算结果进行验证，为进一步建立足尺寸平面模型做准备；

③用试验所得数据验证有限元计算的结果，为采用有限元计算模型进行参数分析提供试验依据。

3.1.2 相似物理模拟试验内容

(1)单跨钢框架结构抗地表变形试验

试验按试件类型共分两大类:①试件Ⅰ——纯钢框架;②试件Ⅱ——带支撑钢框架。

上述两大类试验除分别施加三种单一变形(不均匀沉降、水平拉伸、水平压缩)外,还要施加两种组合变形(不均匀沉降加水平拉伸、不均匀沉降加水平压缩),共进行10组物理模拟试验。

需测量及观测的项目包括:①框架柱顶侧移;②框架柱下端应力;③框架柱上端应力;④1号柱三个测点侧移。

(2)双跨钢框架结构抗地表变形试验

试验按试件类型共分两大类:①试件Ⅰ——纯钢框架;②试件Ⅱ——隅撑支撑钢框架。

上述两大类试验分别进行水平拉伸、水平压缩、不均匀沉降、正曲率变形及负曲率变形五种地表变形作用,共进行10组物理模拟试验。

需测量及观测的项目包括:①对基础施加的作用力;②柱脚位移;③柱端应变;④梁端应变;⑤梁跨中应变;⑥柱与支撑连接处应变;⑦梁与支撑连接处应变;⑧支撑中部应变。

3.2 单跨钢框架结构抗地表变形作用的规律研究

3.2.1 相似物理模拟试验设计

(1)模拟试验方案

本试验应用采动区地表变形模拟试验台,研究不均匀沉降、水平拉伸、水平压缩、同时受不均匀沉降与水平拉伸、同时受不均匀沉降与水平压缩五种地表变形作用情况下,平面钢框架内力和变形的规律。试验选取比较典型的单层钢框架,层高为3.3m,跨度为6m,独立基础。

①试验构件尺寸的确定。

根据相似理论,试验中钢框架梁柱的几何尺寸、混凝土基础几何尺寸,按几何缩比1∶3、面积缩比1∶9、截面惯性矩缩比1∶81进行设计,缩比后梁柱尺寸均为HW100mm×100mm×8mm×6mm,钢材为Q235,原型尺寸与模型尺寸见表3-1,

钢框架的示意图如图 3-1 所示，梁柱节点为刚节点，节点域设有加劲肋，柱脚与基础为刚性连接。

表 3-1 钢框架原型尺寸与模型尺寸一览表

类型	跨度/mm	高度/mm	梁柱截面/mm	基础尺寸/mm
原型	6000	3300	300×300×24×18	1200×1200×900
模型	2000	1100	100×100×8×6	400×400×300

为了分析钢框架结构抗变形的性能，本试验采用了纯钢框架和带支撑钢框架两种结构形式，对比研究不同地表变形作用下两种结构形式的抗变形性能。地表变形主要是通过基础和柱下端向上传递，框架结构采用人字形支撑，支撑与柱下端及梁跨中铰接。

②位移和荷载的施加方案。

本试验采用千斤顶施加位移。将独立柱基础 1 固定，采用竖向千斤顶和水平千斤顶对独立柱基础 2 施加相对位移，施加的相对位移包括单独施加竖向位移、单独施加水平拉伸位移、单独施加水平压缩位移、同时施加竖向与水平拉伸位移、同时施加竖向与水平压缩位移等五种方案，采用位移计控制千斤顶施加位移，试验装置及测试装置见图 3-1。

考虑钢结构抗变形性能较好，参考砖混结构建筑物破坏程度与地表变形的对应关系，确定试验具体施加的变形量和分级方案，见表 3-2。根据采动引起的拉伸区和压缩区最不利位置变形特征，确定拉伸区和压缩区竖向不均匀沉降和水平变形的关系，见表 3-3。

采用加载梁进行加载，加载梁的线荷载为 720N/m，加载梁直接沿试验框架的横梁通长布置。

根据加载情况和施加地表变形方案，确定模型数量为 10 组，试验模型编号见表 3-4。通过试验，可对比分析纯钢框架和带支撑钢框架在各种地表变形作用下，平面单跨钢框架附加内力和附加变形的变化规律。

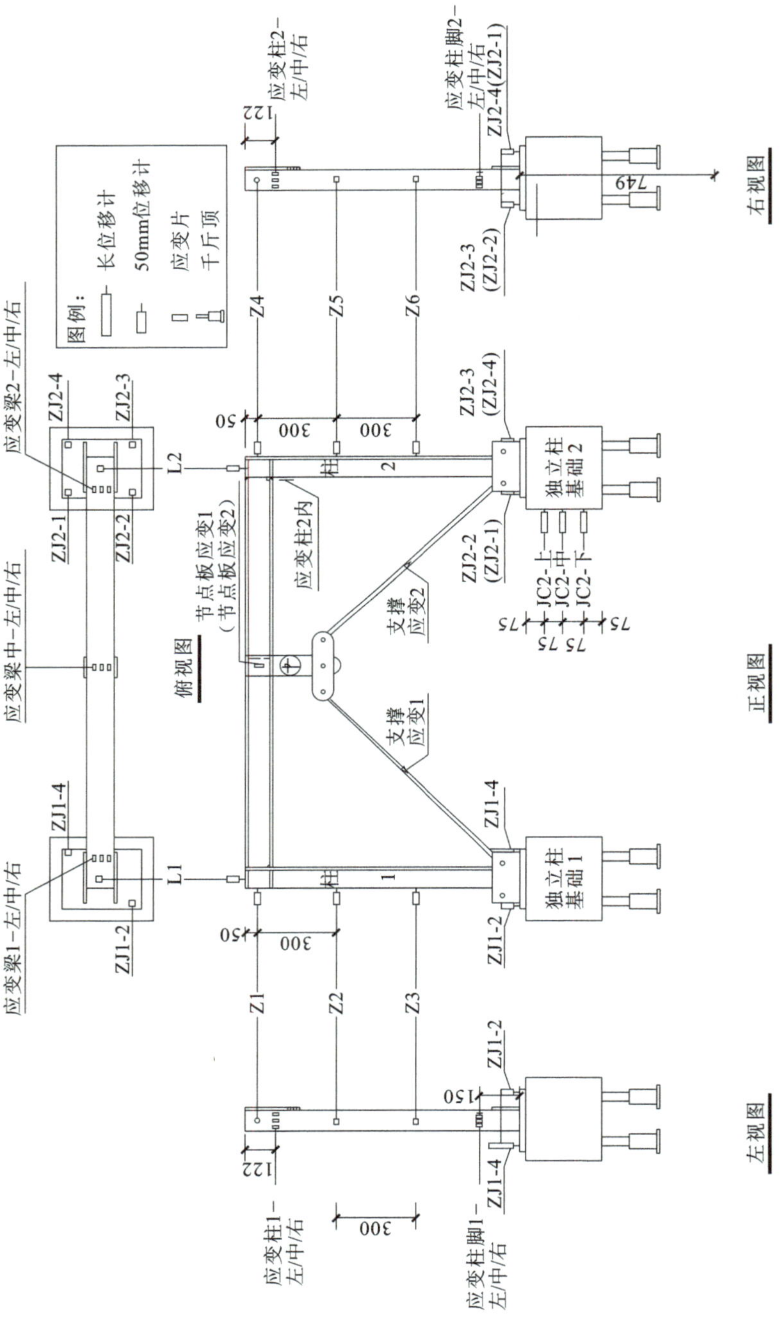

图 3-1 钢框架试验及测试装置示意图

表 3-2 单一变形施加方案

位移加载级别	1	2	3	4	5	6	7	8	9
不均匀沉降/mm	0	3.0	6.0	9.0	12.0	15.0	18.0	20.0	—
地表水平拉伸/mm	0	2.0	4.0	6.0	8.0	12.0	16.0	18.0	20.0
地表水平压缩/mm	0	−2.0	−4.0	−6.0	−8.0	−12.0	−16.0	−18.0	−20.0

表 3-3 组合变形施加方案

拉伸区(竖向不均匀沉降+水平拉伸变形)/mm	0	3.0+2.0	6.0+4.0	9.0+6.0	12.0+8.0
压缩区(竖向不均匀沉降+水平压缩变形)/mm	0	3.0+(−2.0)	6.0+(−4.0)	9.0+(−6.0)	12.0+(−8.0)

表 3-4 试验模型编号表

位移情况	框架类型	试验编号
不均匀沉降	带支撑钢框架	ZKJ1-1
	纯钢框架	KJ1-1
水平压缩	带支撑钢框架	ZKJ2-1
	纯钢框架	KJ2-1
水平拉伸	带支撑钢框架	ZKJ3-1
	纯钢框架	KJ3-1
水平压缩和不均匀沉降组合	带支撑钢框架	ZKJ4-1
	纯钢框架	KJ4-1
水平拉伸和不均匀沉降组合	带支撑钢框架	ZKJ5-1
	纯钢框架	KJ5-1

(2)试验测试与试验步骤

本试验主要测试平面钢框架梁柱关键部位的应力,研究平面钢框架的侧移与施加地表变形的关系。

千斤顶、位移计和应变片的编号和布置见图 3-1,试验的整体安装情况见图 3-2,柱及柱脚测点的具体布置见图 3-3。

图 3-2　试验的整体安装照片

图 3-3　柱及柱脚测点的具体布置照片

采用 TS-3890 静态应变数据采集仪完成数据采集。

试验步骤如下：

①浇筑混凝土(C40)独立基础，并将柱脚预埋件定位，养护混凝土。

②每个独立柱基础下放置 4 个千斤顶，并根据施加变形的要求做好初始调节，保证基础表面水平。

③将贴好应变片的单层框架安装就位，使柱脚与混凝土基础刚性连接。

④将框架结构的一个独立基础固定，限制竖向位移和水平位移，对另一个独立基础施加变形(基础之间的相对变形)。

⑤固定施加水平位移的千斤顶，保证试验过程中千斤顶的量程能够满足试验要求。

⑥安装位移计，接通数据采集仪，开始试验。

⑦逐级对独立基础施加变形。每次施加变形后，根据数据采集仪采集的数据变化情况，确定变形引起的应力和位移基本稳定后，继续施加变形。

⑧由数据采集仪测量位移计的位移控制施加的变形量，通过千斤顶来调节位移，位移分级施加见表 3-2。

3.2.2　竖向地表变形对单跨钢框架结构的影响规律

针对框架结构的特点，对单跨钢框架结构影响较大的采动区竖向地表变形主要为不均匀沉降，不考虑曲率变形(正曲率变形和负曲率变形)的影响。

独立基础的框架结构对不均匀沉降变形较敏感，不均匀沉降使纯钢框架和带支撑钢框架产生较大的附加侧向变形(图 3-4)，比较不均匀沉降引起的框架各部位附加应力变化情况，得知框架柱脚附加应力增幅最大，见图 3-5。由图 3-4 和图 3-5 可见，施加相同不均匀沉降量时，纯钢框架结构柱的侧移和柱脚应力均小于带支撑钢框架柱,表明带支撑钢框架的刚度大于纯钢框架。

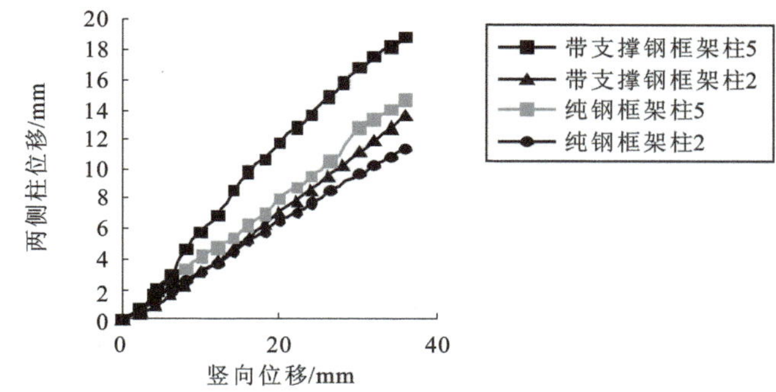

图 3-4 不均匀沉降变形时纯钢框架和带支撑钢框架柱侧移

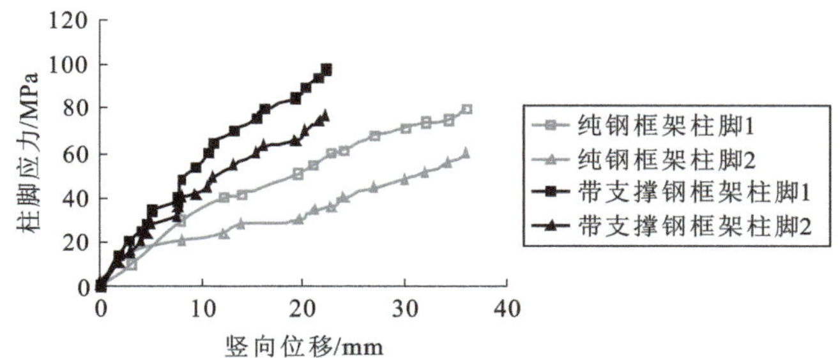

图 3-5 不均匀沉降变形时纯钢框架和带支撑钢框架柱脚应力

由试验可知,随着框架柱基础相对不均匀沉降量的增大,框架柱水平侧移增大,柱脚附加应力随之增大,柱的侧移和柱脚的附加应力均与不均匀沉降量成正比。沉降量大的柱水平侧移较大,但柱脚附加的应力反而较小,而变形小的柱脚侧移较小但柱脚外侧附加应力较大。不均匀沉降量不大于 2.5mm 时,纯钢框架与带支撑钢框架应力和侧移基本一致。

3.2.3 水平地表变形对单跨钢框架结构的影响规律

水平地表变形包括水平压缩变形和水平拉伸变形。这两种地表水平变形作用于钢框架柱基础时,均使平面钢框架产生较大的侧移和附加应力。

(1)水平压缩变形的影响

纯钢框架和带支撑钢框架在相同地表水平压缩变形作用下所产生的侧移和应力有所不同,分别见图 3-6 和图 3-7。由图 3-6 和图 3-7 可见,纯钢框架和带支撑钢框架在受到相同的水平压缩变形作用时,纯钢框架柱顶侧移小于带支撑钢框架柱的侧移,框架两个柱的侧移相差较大。当柱端应力相同时,纯钢框架所承受的水平压缩变形是带支撑钢框架的 2 倍,即在水平压缩变形时,纯钢框架的吸收压缩变形的能力大于带支撑钢框架；带支撑钢框架的柱端附加应力达到弹性极限时，承受的地表水平压缩变形仅为纯钢框架的50%。这说明带支撑钢框架增加了框架本身的刚度，但吸收地表压缩变形的能力大幅度降低，纯钢框架结构抵抗水平压缩变形的能力大于带支撑钢框架。在压缩变形作用下，纯钢框架和带支撑钢框架的最大附加应力均出现在柱顶和梁端。

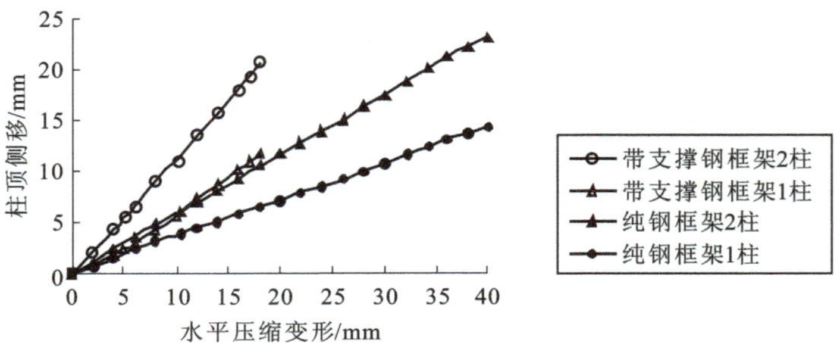

图 3-6 在水平压缩作用下纯钢框架和带支撑钢框架柱顶侧移对比

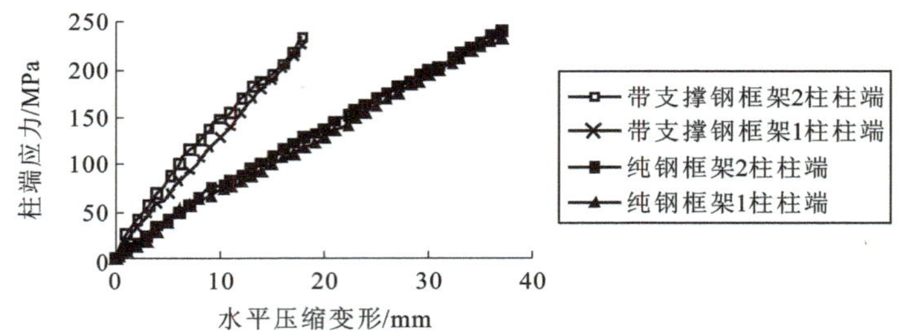

图 3-7 在水平压缩作用下纯钢框架和带支撑钢框架柱端应力对比

(2)水平拉伸变形的影响

纯钢框架与带支撑钢框架在水平拉伸变形作用下产生侧移和应力的情况见图3-8、图3-9、图3-10。在相同水平拉伸变形作用下引起的带支撑钢框架柱顶侧移略小于纯钢框架结构，见图3-8；相同柱的不同位置的侧移比较，带支撑钢框架均小于纯钢框架，见图3-9。受水平拉伸变形作用时，框架最大附加应力分布在柱端内侧，由图3-10可见，2柱柱端内侧的应力随拉伸变形的增大而大幅度增大。当水平拉伸变形较大时，水平拉伸变形达到10mm，带支撑钢框架的柱端应力开始明显减小，但施加的变形与柱应力变化不是线性关系，而是非线性关系，主要是由支撑的转动引起的。由此可见，带支撑钢框架对于抵抗较大水平拉伸变形作用明显。

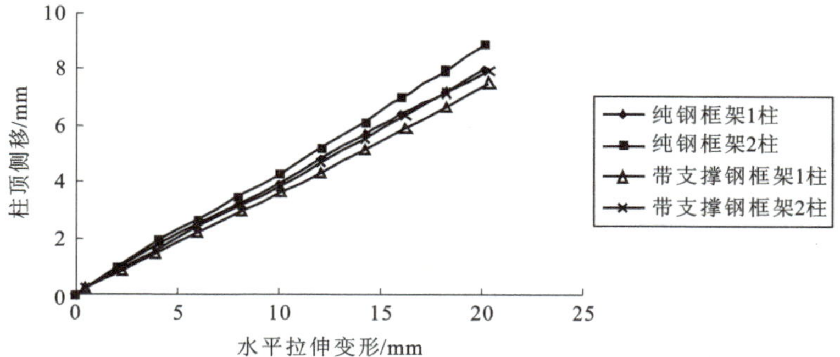

图 3-8 在水平拉伸变形作用下纯钢框架和带支撑钢框架柱顶侧移对比

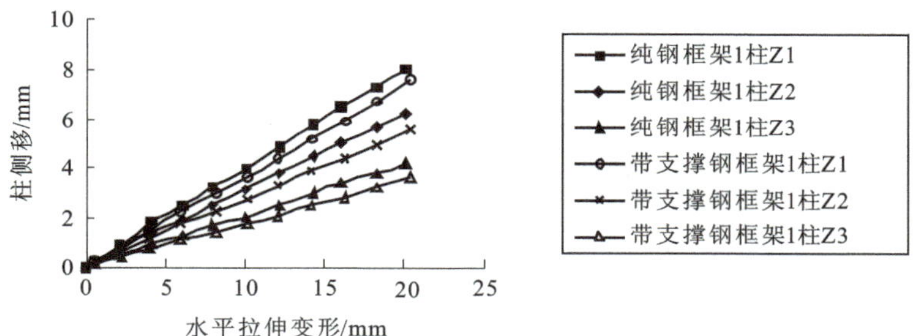

图 3-9 在水平拉伸变形作用下纯钢框架和带支撑钢框架 1 柱三个测点侧移对比

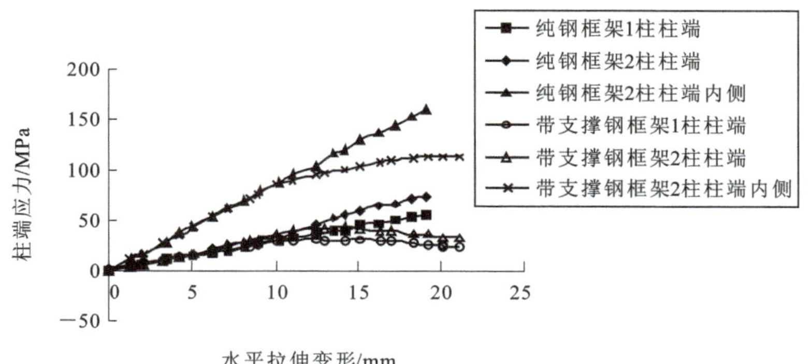

图 3-10 在水平拉伸变形作用下纯钢框架和带支撑钢框架柱端应力对比

3.2.4 组合地表变形对单跨钢框架结构的影响规律

采动区的建筑物一般会受到地下开采过程的影响，表现为建筑物要经历拉伸区变形和压缩区变形，且位于拉伸区和压缩区的建筑物受到的是多种变形的共同作用。对于框架结构，拉伸区的地表变形可以归结为水平拉伸变形与不均匀沉降组合,而压缩区的地表变形可以归结为水平压缩变形与不均匀沉降组合。本书针对下沉盆地拉伸区和压缩区的典型变形组合的试验结果进行分析,进而研究组合变形对纯钢框架结构和带支撑钢框架结构的作用规律。

(1)拉伸区钢框架内力和变形规律

在拉伸区,在水平拉伸变形与竖向不均匀沉降共同作用下,纯钢框架与带支撑钢框架两种结构形式的顶部侧移相差不大,带支撑钢框架使框架顶部侧移略有减小,见图 3-11。由图 3-12 可见,随着地表变形增大,带支撑钢框架柱端产生的附加应力明显小于纯钢框架柱,说明在拉伸区设支撑能够提高钢框架抵抗组合变形的能力。

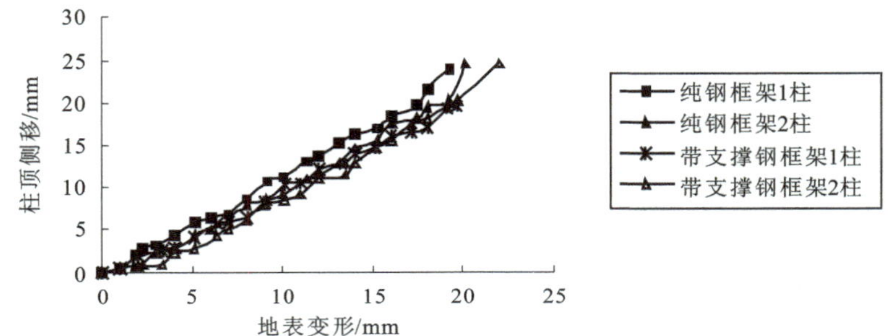

图 3-11　拉伸区纯钢框架和带支撑钢框架柱顶侧移对比

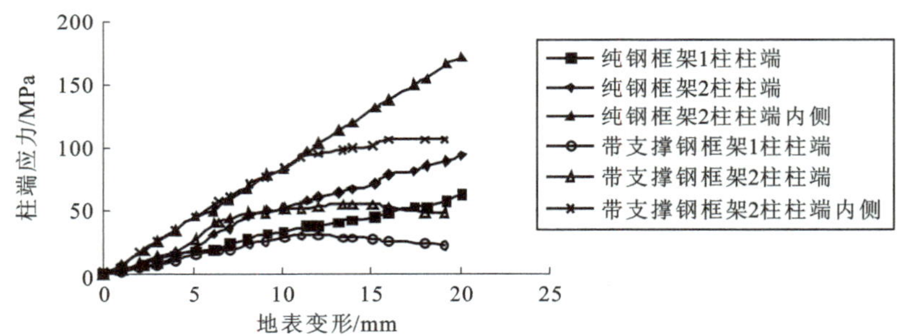

图 3-12　拉伸区纯钢框架和带支撑钢框架柱端应力对比

(2)压缩区钢框架内力和变形规律

在压缩区,钢框架结构受水平压缩变形与竖向不均匀沉降共同作用。由图 3-13 可见,纯钢框架柱的侧移明显小于带支撑钢框架柱,加设支撑使两个柱的侧移明显不一致。由图 3-14 可见,受到相同变形影响时,带支撑钢框架的柱端应力远大于纯钢框架柱端应力,以地表变形 10mm 为例,带支撑钢框架两柱顶侧移(1 柱和 2 柱)分别是纯钢框架的 3.36 倍和 4.18 倍,柱端应力分别是纯钢框架的 2.06 倍和 2.25 倍,表明带支撑钢框架的刚度大于纯钢框架结构。

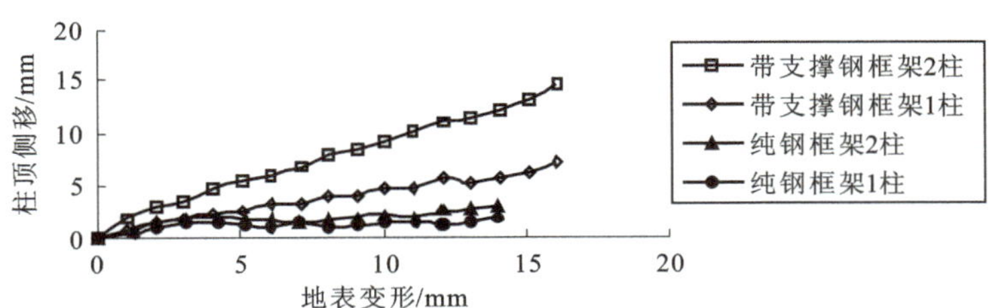

图 3-13　压缩区纯钢框架和带支撑钢框架柱顶侧移对比

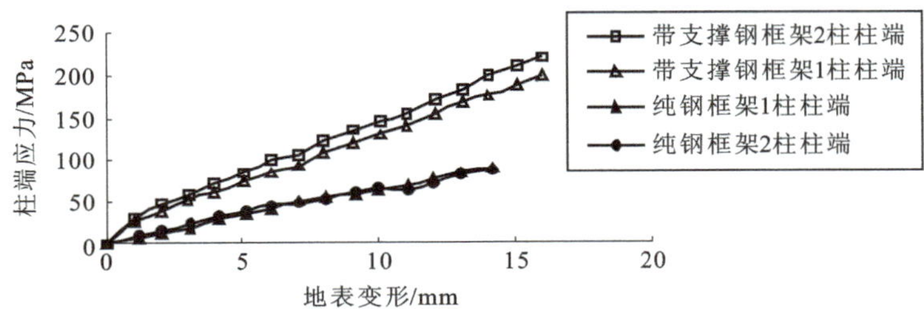

图 3-14　压缩区纯钢框架和带支撑钢框架柱端应力对比

(3)采动过程中钢框架内力和变形的规律

建筑物受地下开采的影响要经历拉伸区、拐点区和压缩区，在这三个区建筑物受地表变形的影响是不同的。图 3-15 给出了框架结构在经历这三个区变形影响的示意图，在试验中对框架施加的变形即按此规律。由于所受到的地表变形不同，由不同地表变形引起的框架结构内力也不同。框架结构在采动区不同位置，地表变形引起的附加内力分布示意图见图 3-16，在试验中得到了验证。在拉伸区，框架结构受水平拉伸和不均匀沉降的影响，附加应力集中在变形大的柱端内侧，而且柱顶侧移较大，两者均是极限状态的控制指标。在拐点区，框架结构主要受不均匀沉降的影响，引起框架柱顶较大侧移和柱下端较大应力，以柱顶侧移为极限状态的控制指标。在压缩区，框架主要受水平压缩和不均匀沉降的影响，柱顶水平侧移相对较小。地表变形值相同(以地表变形 10mm 为例)时，拉伸区纯钢框架柱顶侧移是压缩区的 4.2 倍，拐点区纯钢框架柱顶侧移是压缩区的 3 倍。但压缩区变形引起的框架附加应力增幅较大，地表变形值相同(以地表变形 10mm 为例)时，试验测出的纯钢框架柱端应力是拉伸区柱端应力的 2 倍，是拐点区柱端应力的 4.5 倍，因此压缩区应以应力达到屈服为极限状态的控制指标。

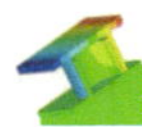

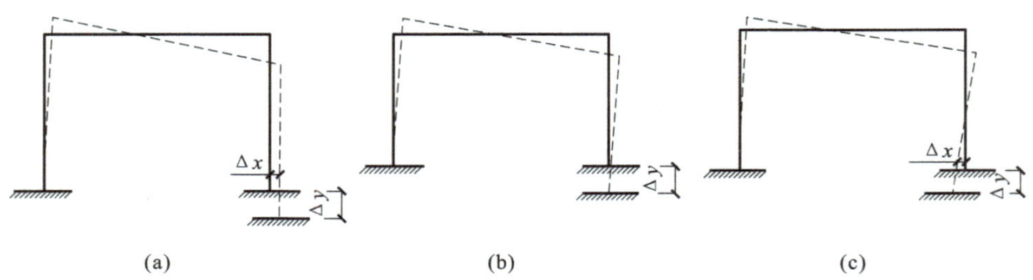

图 3-15 采动过程框架结构受变形影响规律

(a)拉伸区;(b)拐点区;(c)压缩区

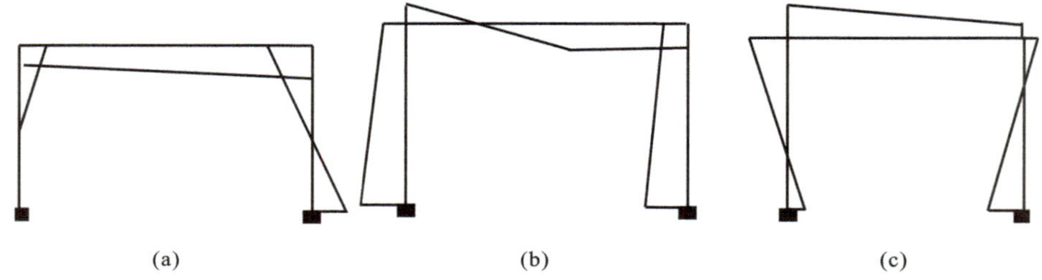

图 3-16 采动过程中框架附加内力变化规律

(a)拉伸区;(b)拐点区;(c)压缩区

3.3 双跨钢框架结构抗地表变形作用的规律研究

3.3.1 相似物理模拟试验设计

(1)试件设计

本试验以典型的多层钢框架为原型,钢框架层高为 3300mm,横向 2 跨,跨度为 6000mm,纵向 4 跨,跨度为 8000mm,梁柱节点为刚节点,节点域设有加劲肋。取中间跨一榀框架的底层进行研究,试件即为单层两跨钢框架结构。根据相似理论,试验中钢框架梁柱的几何尺寸、混凝土基础几何尺寸,按几何缩比 1∶3、面积缩比 1∶9、截面惯性矩缩比 1∶81 进行设计,缩比后框架层高为 1100mm,跨度为 2000mm,框架原型尺寸与试验试件尺寸见表 3-5。

表 3-5　**框架原型尺寸与试验试件尺寸对比**

类型	跨度/mm	高度/mm	柱截面/mm	梁截面/mm	基础尺寸/mm
原型	6000	3300	300×300×10×15	300×300×10×15	1200×1200×900
试件	2000	1100	100×100×6×8	100×100×6×8	400×400×300

试件类型共分两大类，编号分别为 KFkj、YCkj。其中，KFkj 为纯钢框架（试件Ⅰ），既无底梁，也无墙板；YCkj 为隅撑支撑钢框架（试件Ⅱ），即在纯钢框架内部加隅撑，隅撑与框架梁柱的连接与上部框架梁柱连接相同。试件简图如图 3-17 所示。

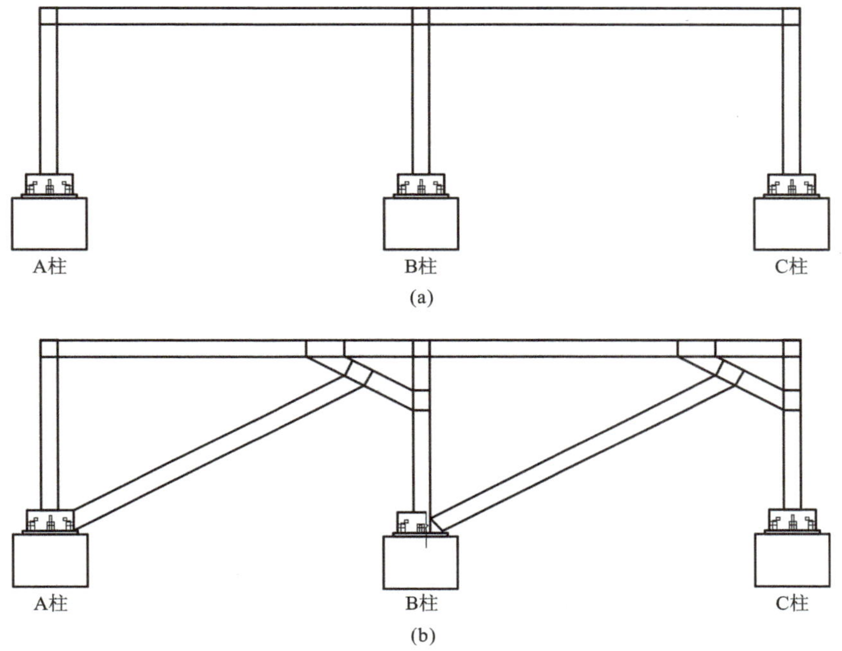

图 3-17　抗变形试验试件简图

(a)纯钢框架(KFkj)；(b)隅撑支撑钢框架(YCkj)

(2)试验加载方案

在物理试验中对试件的加载主要包括两方面：试件上固定荷载的加载，模拟作用于框架上的恒荷载；对柱底基础施加荷载或位移，模拟作用于框架基础上的各类地表变形。

①固定荷载加载方案。

每组试件均于框架梁上施加四分点集中荷载，模拟楼板传递至梁上的恒荷载，通过砝码施加荷载。另外，将模拟底梁的自重，以满足对比研究的合理性。给试件施加的最终固定荷载如表 3-6 所示。

表 3-6 **给试件施加的最终固定荷载**

试件类型	框架梁四分点集中力/N	基础顶面集中力/N	
		A、C 柱	B 柱
试件Ⅰ、Ⅱ	680	300	500

②地表变形加载方案。

试验中考查了水平拉伸、水平压缩、不均匀沉降、正曲率变形及负曲率变形五种地表变形，可进一步归纳为水平地表变形和竖向地表变形两类。水平地表变形与竖向地表变形传递至上部结构的机理各有不同。在水平地表变形作用下，地基土体将对与之接触的基础面产生一定方向和大小的挤压力，从而使基础产生一定的位移，将地表变形传递至结构。竖向地表变形传递至上部结构则主要是由于地基土体产生一定大小的沉降量，改变了地基与上部结构间的平衡关系，上部结构在自重和荷载作用下产生相应变形，直至与下部地基间形成新的平衡。综合考虑上述地表变形传递机理以及实验室条件，试验中水平地表变形的加载采用荷载控制的方式，每级加载 0. 98kN；竖向地表变形的加载采用位移控制的方式，每级加载 1mm。加载变形时，将 B 柱基础固定，通过千斤顶分别对 A 柱基础和 C 柱基础施加一定大小和方向的荷载或位移，从而模拟作用于基础的地表变形，具体方式如表 3-7 所示。

表 3-7 **地表变形加载方案**

变形类型	B 柱基础	A 柱基础	C 柱基础	每级加载
水平拉伸	固定	内侧向外加载	内侧向外加载	0. 98kN
水平压缩	固定	外侧向内加载	外侧向内加载	0. 98kN
不均匀沉降	固定	底面向下降	底面向上升	1mm
正曲率变形	固定	底面向下降	底面向下降	1mm
负曲率变形	固定	底面向上升	底面向上升	1mm

(3)试验器材及装置

物理试验在中国矿业大学结构实验室进行。试验器材及装置包括电阻应变片、位移计、荷载传感器、千斤顶、数据采集系统等。数据采集系统由 DT515 型 DATA TAKER 和 DeLogger 软件组成，对位移计以及应变片数据进行采集。试验装置示意图以及现场照片见图 3-18～图 3-21。

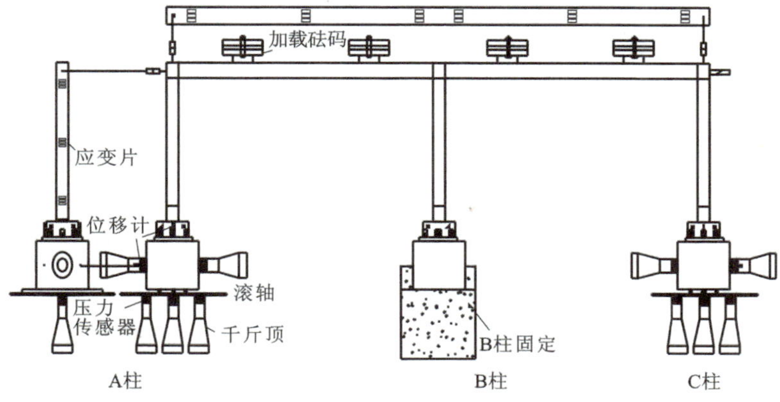

图 3-18 双跨钢框架结构抗变形试验装置示意图

(a)

(b)

图 3-19 试件安装现场

(a)纯钢框架(KFkj);(b)隅撑支撑钢框架(YCkj)

图 3-20 中柱(B 柱)基础固定

图 3-21 数据采集系统

(4)试验结果处理和分析

完成对两组试件在五类地表变形情况下各项观测项目试验数据的采集后,根据试验目的和试验内容对所采集的试验数据进行整理和后处理。根据试验考查的重点,同时也由于试验条件的限制,得到的观测数据是地表变形作用下的附加响应。针对各组试件以及各类变形情况,数据处理的项目包括:①地表变形荷载/位移-基础位移量关系;②地表变形荷载/位移-柱顶侧移关系;③梁柱、支撑各位置的地表变形荷载/位移-应变关系,并进一步得到地表变形荷载/位移与应力的关系。

完成数据处理后,进一步作如下分析:①对比两组试件,将上述数据项目作对比,分析在各类变形情况下框架对各观测项目的影响程度及影响机理;②以五类地表变形为参照物,将支撑对各观测项目的影响程度大小作对比,分析支撑在各类变形情况下对框架抗变形性能影响机理的差异。

由于物理试验观测项目较多,为节约篇幅,以框架 AB 跨上的响应为介绍对象,列出部分项目的试验结果用于两类框架之间的对比、分析,另一部分项目的试验结果将在第 4 章列出,用于物理试验结果与有限元分析结果的对比、分析。由于五类地表变形中,不均匀沉降变形引起的钢框架附加内力和附加变形呈非对称分布,为便于对比,统一以在不均匀沉降中呈下沉趋势的一榀框架为研究对象,分析其在各种地表变形下的变化规律。

3.3.2 竖向地表变形对双跨钢框架结构的影响规律

竖向地表变形包括不均匀沉降和正曲率变形、负曲率变形三种。地表不均匀沉降是相对框架呈反对称的变形,其是指通过固定中柱(B 柱)底部,对两个边柱(A 柱、C 柱)底同时施加相反方向的位移来实现沉降差的加载,试验结果为随 A 柱底、C 柱底沉降差变化的规律。正曲率变形、负曲率变形是相对框架呈正对称的变形,其是指通过对两个边柱(A 柱、C 柱)底部同时施加相同方向(同时向下或向上)的位移实现曲率变形,从而造成的边柱与中柱的沉降差。因此,不均匀沉降试验结果反映的是随两个边柱底部沉降差变化的规律,曲率变形试验结果反映的是随边柱和中柱底部沉降差变化的规律。

竖向地表变形试验是通过施加竖向位移进行控制,即对框架柱底部基础施加的位移增量是相同的,但由于两类框架刚度有差异,每级位移变形量对应的框架实际作用力改变量是不同的。显然,上部框架刚度越大,框架上的每级作用力改变量越大。

(1)框架柱顶附加变形随竖向地表变形的变化规律

随着各种竖向地表变形的逐级加载,框架柱顶的附加水平变形见图 3-22。

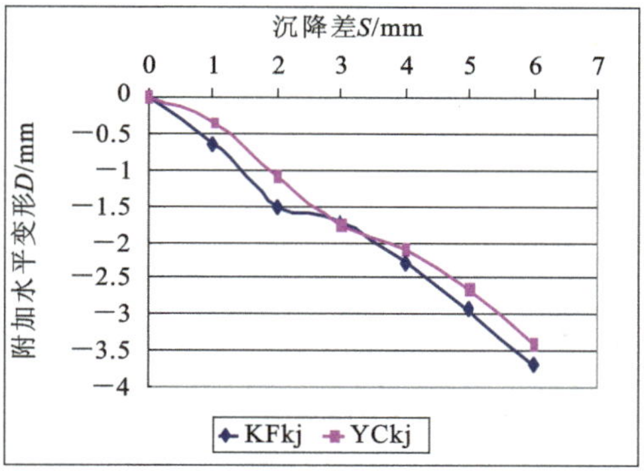

(a)

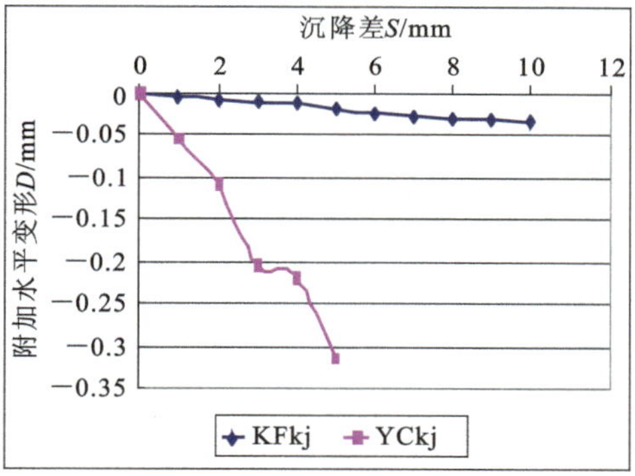

(b)

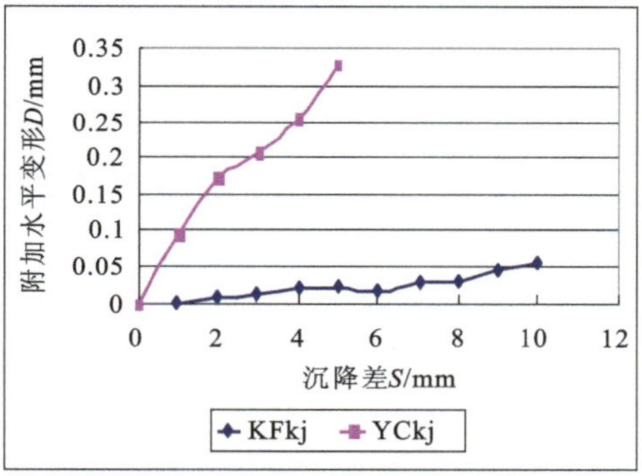

(c)

图 3-22 竖向地表变形作用下柱顶的附加水平变形

(a)不均匀沉降;(b)正曲率变形;(c)负曲率变形

从图 3-22(a)可以看出,不均匀沉降作用下柱顶附加水平变形变化趋势明显,随着柱底变形的施加,其柱顶附加水平变形呈线性增大的趋势,且纯钢框架倾斜变形略大于隅撑支撑钢框架倾斜变形,两类框架柱顶侧移比较接近。

从图 3-22(b)、(c)可以看出,曲率变形下其柱顶附加水平变形的变化规律呈一定非线性,其中正曲率变形尤为明显。通过对比可以看出,曲率变形下两类框架的柱顶产生的附加水平变形差异很明显,隅撑支撑钢框架柱顶附加水平变形的变化趋势比纯钢框架更明显。如前所述,因为隅撑支撑钢框架基础底面作用力变化量大于纯钢框架,因此其响应的变化速率较大。

(2)框架柱底附加应变随竖向地表变形的变化规律

试验得到的框架柱底附加应变随竖向地表变形作用的变化规律见图 3-23。

由图 3-23 可以看出，不均匀沉降作用下纯钢框架的柱底外侧附加应变变化速率略大于隅撑支撑钢框架，两者比较接近。而曲率变形作用下的柱底外侧附加应变变化速率则是隅撑支撑钢框架明显大于纯钢框架。

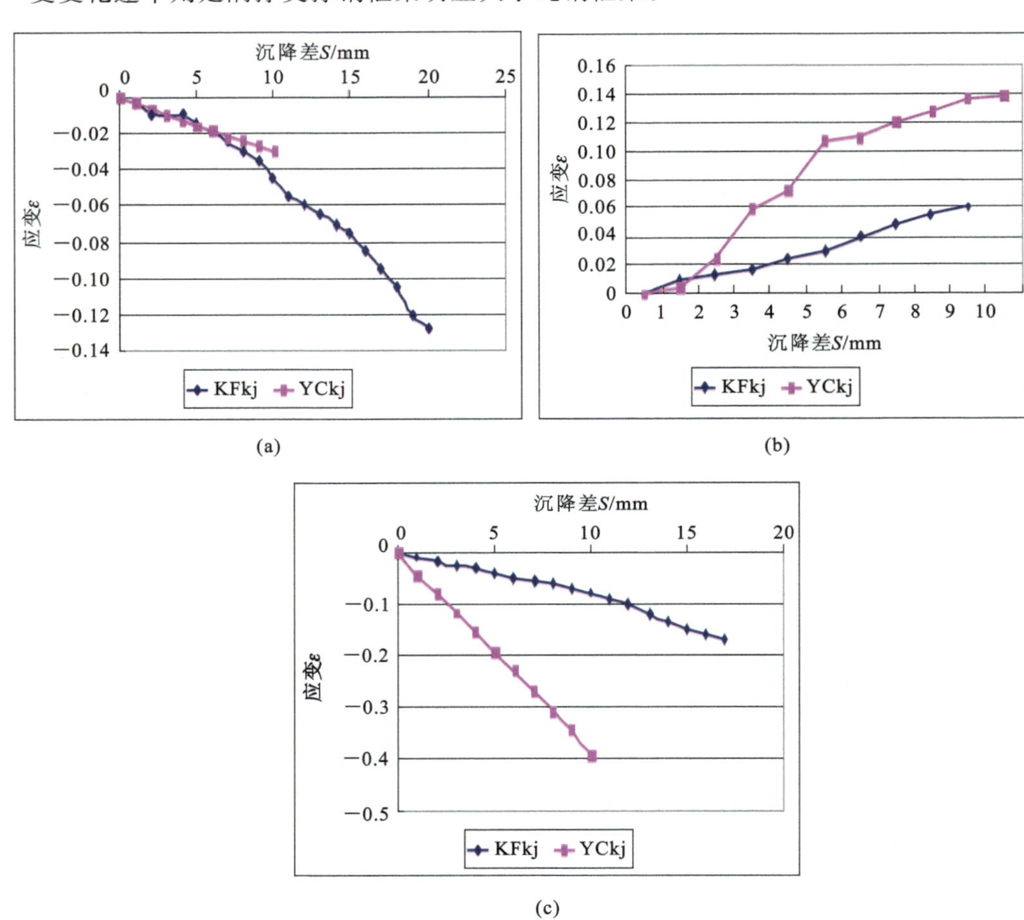

图 3-23　竖向地表变形作用下边柱底外侧翼缘附加应变

(a)不均匀沉降；(b)正曲率变形；(c)负曲率变形

(3)框架梁附加应变随竖向地表变形的变化规律

试验得到的部分框架梁附加应变随竖向地表变形的变化规律见图 3-24、图 3-25。

由图 3-24、图 3-25 可以看出，三类竖向地表变形作用下，隅撑支撑钢框架梁的附加应变变化速率均小于纯钢框架，两类框架的框架梁附加应变变化趋势是一致的。

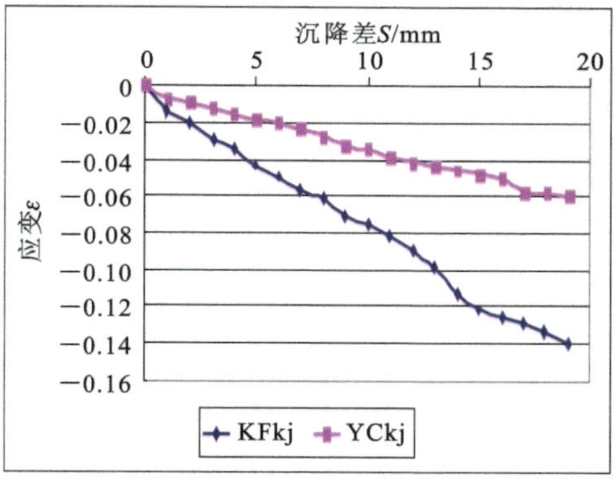

(a)

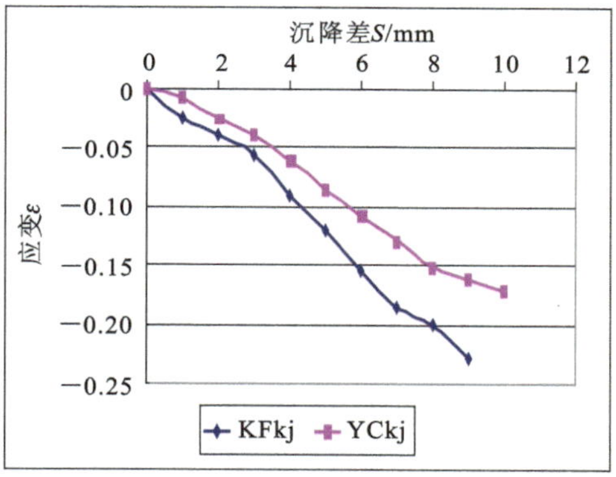

(b)

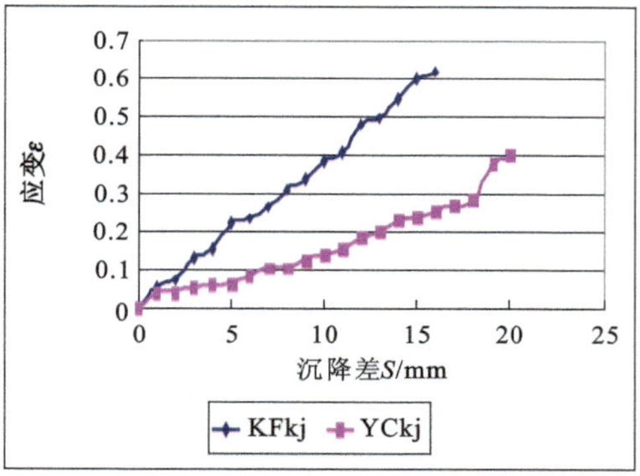

(c)

图 3-24 竖向地表变形作用下框架梁边柱端上翼缘附加应变

(a)不均匀沉降；(b)正曲率变形；(c)负曲率变形

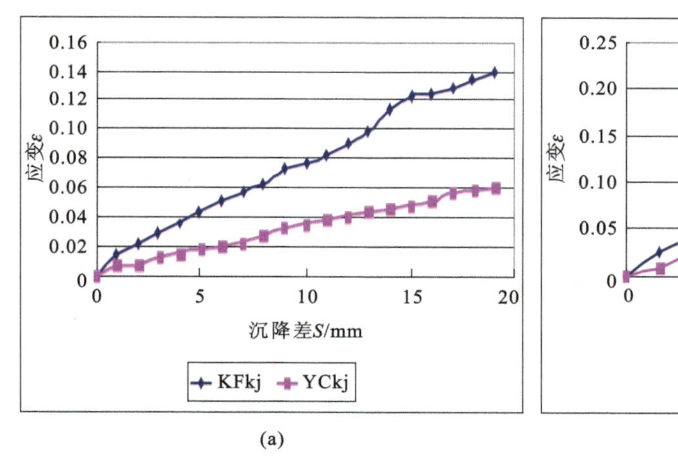

(a)

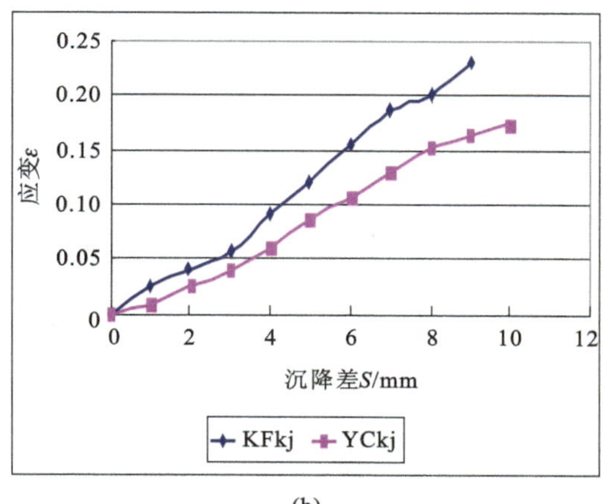

(b)

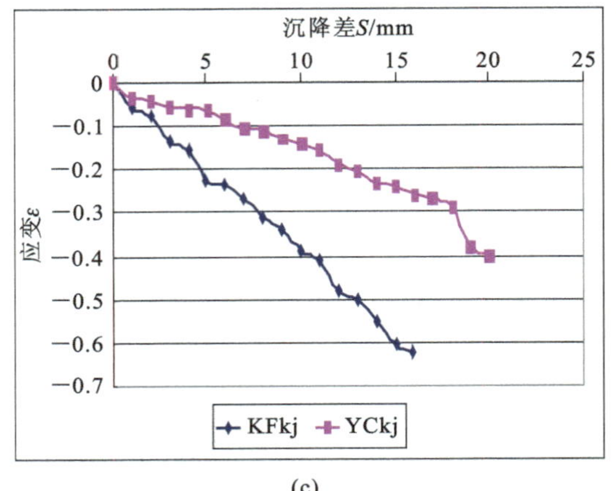

(c)

图 3-25　竖向地表变形作用下框架梁中柱端上翼缘附加应变

(a)不均匀沉降;(b)正曲率变形;(c)负曲率变形

3.3.3　水平地表变形对双跨钢框架结构的影响规律

同前所述,水平地表变形主要有两种:水平拉伸变形和水平压缩变形。水平地表变形通过施加于基础侧面的水平荷载来控制,试验结果反映水平地表变形随水平荷载变化的规律。

(1)框架柱顶附加水平变形随水平地表变形的变化规律

随着水平地表变形荷载的加载,框架柱顶的附加水平变形见图 3-26。

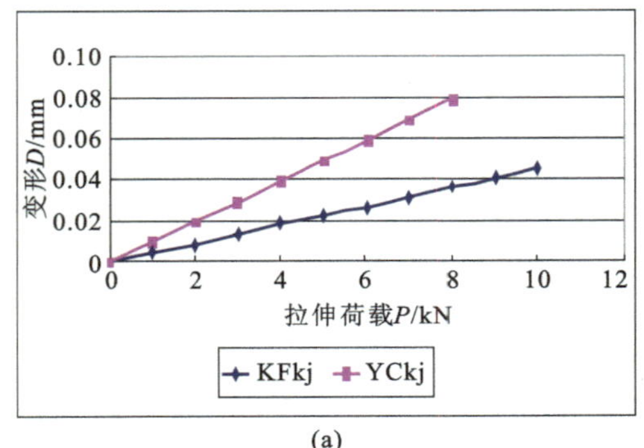

(a)

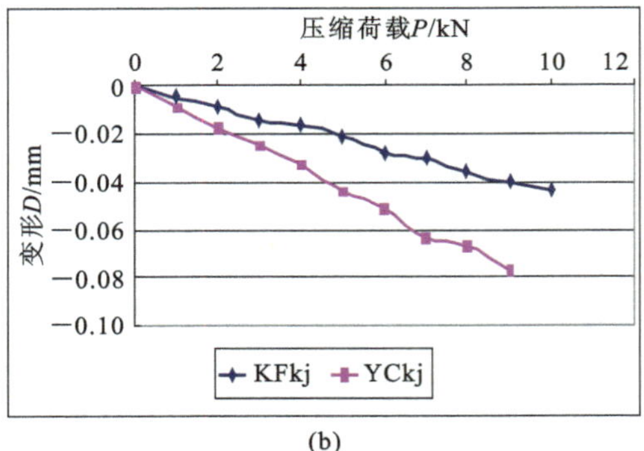

(b)

图 3-26　水平地表变形荷载作用下柱顶附加水平变形

(a)水平拉伸变形;(b)水平压缩变形

从图 3-26 可以看出,隅撑增大了框架柱顶随水平地表变形荷载而产生的变形,说明隅撑支撑钢框架整体刚度大于纯钢框架,在水平变形作用下,隅撑的刚度带动了柱顶的侧移。

(2)框架柱底附加应变随水平地表变形的变化规律

试验所得柱底外侧翼缘附加应变随水平地表变形的变化规律见图 3-27。

由边柱底外侧翼缘附加应变的变化规律可以看出，隅撑支撑钢框架柱底外侧翼缘附加应变变化的速率远远低于纯钢框架，可见隅撑的影响效应明显。

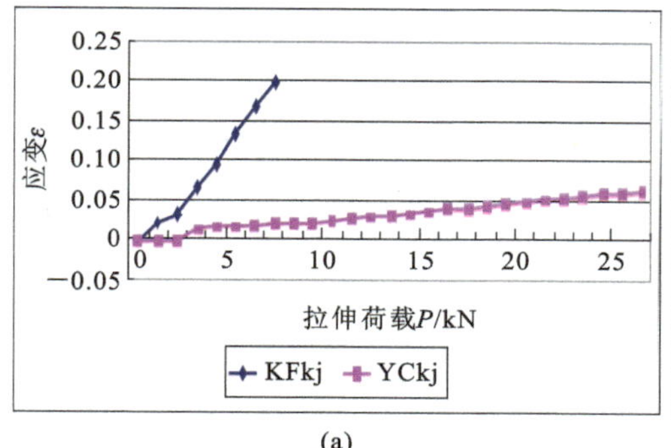

(a)

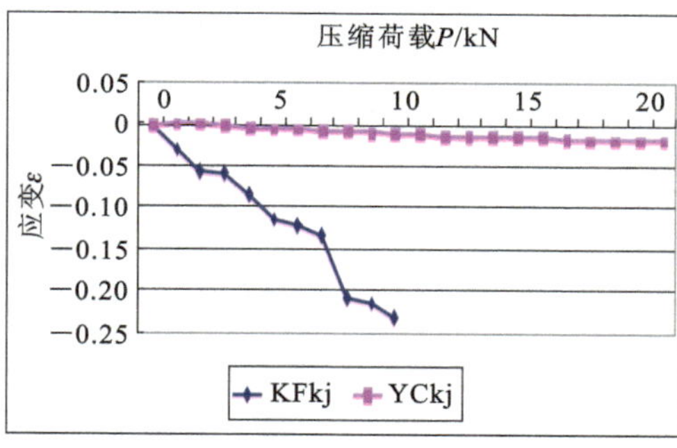

(b)

图 3-27　水平地表变形荷载作用下边柱底外侧翼缘附加应变

(a)水平拉伸变形；(b)水平压缩变形

(3)框架梁附加应变随水平地表变形的变化规律

框架梁附加应变随水平地表变形的变化规律试验结果见图 3-28、图 3-29。

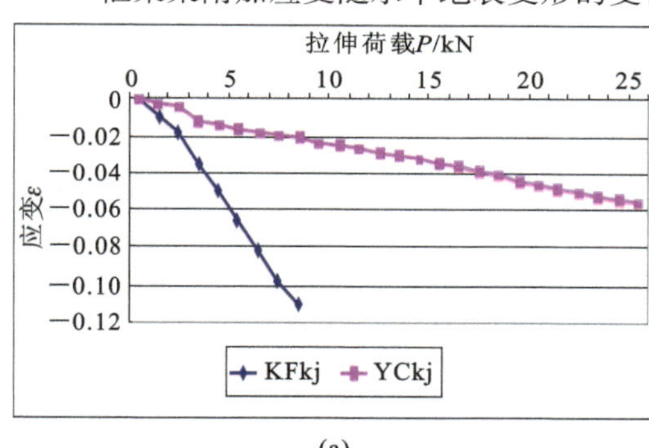

(a)

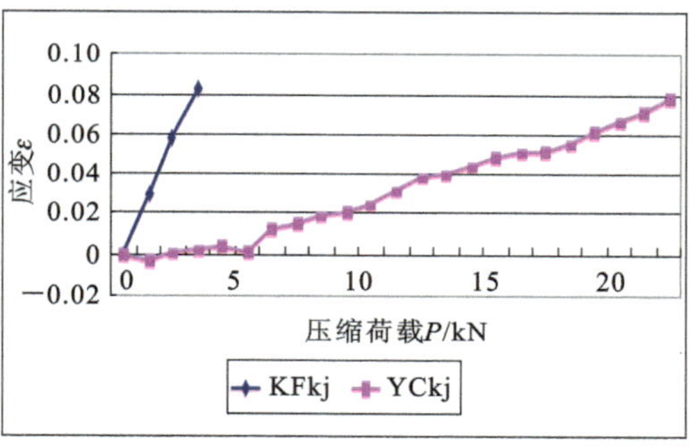

(b)

图 3-28　水平地表变形荷载作用下框架梁边柱端上翼缘附加应变

(a)水平拉伸变形；(b)水平压缩变形

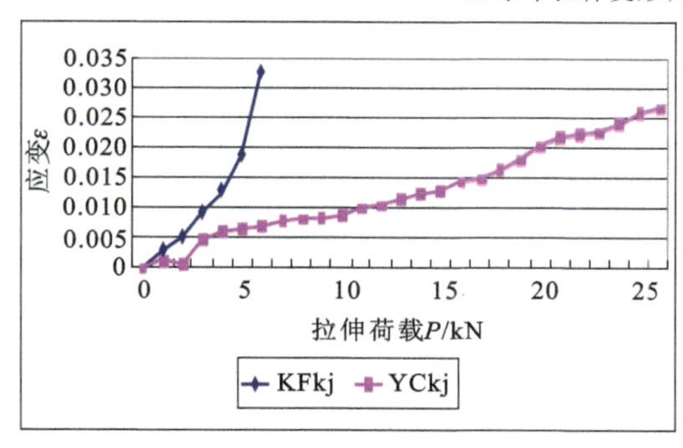

(a)

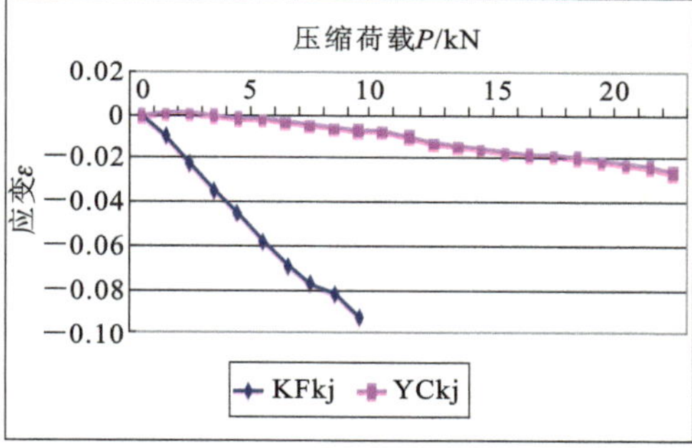

(b)

图 3-29　水平地表变形荷载作用下框架梁中柱端上翼缘附加应变

(a)水平拉伸变形；(b)水平压缩变形

从图 3-28、图 3-29 可以看出，隅撑支撑钢框架的框架梁边柱端和中柱端上翼缘附加应变的变化速率均远远低于纯钢框架。

3.3.4 各类地表变形横向对比分析

如前所述，试验总共对两类框架进行了五种地表变形的加载，其中水平地表拉、压变形和正、负曲率变形分别为两加载方向相反的变形，对于双跨钢框架结构均采用正对称加载，而不均匀沉降变形则采用反对称加载。

从上述试验结果可以看出，在对称加载的变形（水平地表拉、压变形和正、负曲率变形）作用下，框架绝大部分响应的变形附加值亦呈相反的变化趋势。

从框架变形附加值随各类地表变形的变化规律来看，在水平地表变形作用下，隅撑支撑钢框架与纯钢框架附加变形差异较大，说明隅撑支撑钢框架整体刚度大于纯钢框架，隅撑支撑的刚度有效减小了隅撑支撑钢框架的柱底和梁的附加变形。相较而言，在竖向地表变形作用下，隅撑支撑钢框架与纯钢框架的附加变形的差异没那么明显。对比三类竖向地表变形对双跨钢框架结构作用影响结果，我们发现：在不均匀沉降作用下，隅撑支撑钢框架与纯钢框架附加应力和附加变形均随不均匀沉降量的增加而增大，增大速率的差异不明显；而在正、负曲率变形作用下，隅撑支撑钢框架与纯钢框架附加应力和附加变形的变化速率差异明显。可以认为，在水平地表变形作用下，设置隅撑支撑对钢框架响应的影响作用明显；而在竖向地表变形作用下，设置隅撑支撑对钢框架响应的影响作用不明显。

如前所述，由位移控制的竖向地表变形加载下不同框架基础底面作用力变化速率不同，通过框架响应试验现象的对比可以看出，这种不同框架类型之间基础作用力变化速率的差异性在正、负曲率作用下的表现尤为突出，在不均匀沉降作用下的表现则不明显。造成这种现象的主要原因是：在不均匀沉降作用下，一侧边柱基础底面的作用力呈卸载趋势，另一侧则呈加载趋势，框架两侧基础底面作用力改变相互抵消，框架整体的竖向变形作用基本趋于平衡；而在曲率变形作用下，两侧边柱基础同时卸载（正曲率）或同时加载（负曲率），框架整体竖向作用变化显著。因此，对于由位移控制的竖向地表变形试验，隅撑支撑钢框架和纯钢框架的响应随位移量变化速率的差异在一定程度上受到基础底面作用力变化速率差异的影响，从而间接反映设置隅撑支撑的影响效应。

4　采动区框架结构抗变形作用的机理研究

前文通过框架结构的抗变形相似物理模拟试验，研究了采动区地表变形作用下平面框架结构的附加内力及附加变形的分布变化规律。为了进一步研究采动区地表变形作用下的地基-基础-框架结构的共同作用机理，本章在试验研究的基础上，首先对试验的平面钢框架结构进行有限元建模，模拟计算在变形作用下钢框架的附加内力和附加变形，通过与试验结果进行对比，反演确定有限元计算方案及相关参数，验证框架结构抗地表变形有限元模型的有效性；然后采用有限元方法建立合理的地基-基础-平面框架结构和地基-基础-空间框架结构共同作用模型，对采动区地表变形作用下基础与框架结构的内力分布规律、变形特征和共同作用机理进行系统的研究和分析。

4.1　采动区框架结构的有限元模型

4.1.1　有限元法及 ANSYS 有限元软件简介

由于研究对象的几何形状复杂或者某些特征为非线性，大多数的工程技术问题很少有解析解。求解这类问题，往往需要借助数值计算方法来获得满足工程需要的数值解，因此，数值模拟分析是主要研究手段之一。总的来说，现阶段应用于工程技术领域的数值模拟方法有很多，常用的有有限元法、边界元法、有限差分法、离散单元法等。其中，有限元法应用最广泛，实用性最强。

第 4 章彩图

有限元的基本思路是将原有的连续结构分散成有限个单元，单元和单元之间仅在节点处有力传递。通过特定的函数关

系插值可以求得单元内部各个点的待求量。每个单元中，根据能量原理或者平衡关系建立代数方程，进而将所有单个的代数方程集中起来，形成总体的代数方程，再根据边界条件的约束求解该方程组，计算出位移和作用力，然后进一步求出应变值和应力值。

ANSYS是一款大型通用的有限元分析软件，融合了结构、流体、热力学、声学和电磁等，其功能强大、灵活，能有效地进行有限元分析计算。它主要由三大模块组成——前处理模块、分析计算模块和后处理模块。前处理模块能方便地进行实体建模、网格划分。分析计算模块能进行灵敏度分析和优化分析，可以模拟多种物理介质的相互作用，主要分析内容包括结构分析、声场分析、压电分析、流体动力学分析、电磁场分析、多物理场的耦合分析等，其中在结构分析中还可以进行线性分析、非线性分析和高度非线性分析。后处理模块可以将计算结构用色彩等值线、矢量、梯度、立体切片、粒子流迹、透明及半透明等图形显示方式表示，然后通过图表形式将计算结果显示或输出。软件拥有丰富、完善的材料模型库、单元库和求解器，能够高效地模拟各类结构和材料，求解各类工程实际问题。

4.1.2 ANSYS中的非线性分析

ANSYS软件具有较强的非线性分析功能，可求解静态和瞬态非线性问题。非线性静态分析将荷载分解成一系列增量的荷载步，并且在每个荷载步内进行系列线性逼近以达到平衡。瞬态问题可被分解为连续的随试件变化的荷载增量，在每个荷载步进行平衡迭代，然而瞬态情况也可能包括惯性效应的时间积分。

在非线性分析中，结构刚度矩阵和荷载向量是未知的，ANSYS软件使用基于牛顿-拉普森(Newton-Raphson)法的迭代过程，用一系列线性近似值逐渐收敛于实际的非线性解。对于静力非线性分析，可采用弧长法控制收敛。每个子步荷载的划分和最大平衡迭代数均由用户控制。平衡迭代进行到收敛或达到最大迭代数为止。

在许多非线性静态分析中，荷载必须以增量形式施加，以获得精确解。ANSYS软件具有荷载步自动划分功能，目的在于获得精确的收敛解。用户仅需给定最终荷载及最小步长、最大步长。在非线性瞬态动力分析中，动力平衡方程用Newmark时间积分求解，瞬态分析被分为离散时间点，任意两个连续时间点之差称为积分时间步长，ANSYS软件具有自动定义时间步长的功能，它根据相应频率和非线性程度，增加或减少积分时间步长，在保证精度的前提下，使得所需的时间步数最少。

在静态和动态分析中，ANSYS软件可考虑多种非线性的影响。这些非线性可分为三类：材料非线性、几何非线性和状态非线性。

当应力和应变不成比例时，存在材料非线性，ANSYS软件可模拟各种非线性材料的性质。塑性、蠕变和弹性的特点是其应变与其他因素(如时间、温度和应力)有关。非线性材料性质用 Newton-Raphson 法解决。ANSYS 软件可使用三个屈服准则:Von Mises 屈服准则、修正的 Von Mises(Hill)屈服准则和 Drucker-Prager 屈服准则。

ANSYS 软件可解决的几何非线性效应有大应变、大变形、应力刚化和旋转软化。大应变几何非线性解决大的局部变形问题,它可作为结构变形而出现。没有假定材料中的应变和转角数量,程序通过调整反映几何变化的单元形状来解决大应变问题。

状态非线性是单元本身具有非线性行为,与其他单元无关,典型表现为由状态变化而引起刚度的突变(诸如接触单元由开放转变为关闭)。单元非线性提供了总体非线性不可能实现的各种功能。接触是一种很普遍的非线性行为,它是状态非线性类型中一个特殊而重要的子集,是一种高度非线性行为,一般接触分为刚体-柔体接触、柔体-柔体接触。ANSYS 支持三种接触方式:面-面接触、点-面接触、点-点接触。不同的接触分析类型有不同的特点,ANSYS 软件提供了先进的四种接触单元,可以处理二维和三维表面的接触问题。

4.1.3 参数化设计语言 APDL

APDL 是 ANSYS Parametric Design Language 的缩写,意思就是 ANSYS 参数化设计语言。APDL 是一种解释性语言(类似于 FORTRAN)。一方面,它不仅具有一般程序语言的功能,比如参数、标量、向量、矩阵、宏、分支、循环、重复,还能访问 ANSYS 的有限元数据库等;另一方面,能简单定制界面,实现交互输入参数、界面驱动、消息机制、运行应用程序等功能。

ANSYS 有限元分析命令的管理主要是通过 APDL 的程序语言和宏技术实现。该软件可以进行参数化建模、施加参数化载荷、求解得出参数化的后处理结果,整个过程均实现了参数化。这些就是 ANSYS 批处理分析中的最高技术。利用参数化的分析,只需对其中的参数稍加改动就可以进行反复分析,考虑不同尺寸、不同载荷的多种设计方案,用此进行分析计算的效率将会大大提高,分析成本明显降低。除此之外,利用这种语言,用户可以编写经常重复使用的功能小程序,比如按规范进行强度或刚度校核宏、特殊载荷施加宏等。

APDL 具有很多单独使用或者同时使用的功能,具体包括参数、宏、表达式和函数、重复功能和复写、分支和循环、用户子程序等。以上这些功能都起到全局控制的作用。为了满足特殊情况下设计和分析的需要,用户可以按照不同的需求改写该程序。经过细心设计以后,用户自己也能创建出精确、完善的控制方案,最大限度地提高程序的运行效率。

采用参数化分析方法，将模型的尺寸及相关考虑因素设为参数，建立宏文件，方便数值计算及拓展研究。

4.1.4 计算单元及材料参数

本书建立有限元模型所涉及的内容包括：确定上部框架结构模型、基础模型、地基土模型等；确定各类有限元模型对应的有限元参数；确定荷载及边界条件；消除土体先期固结变形等。本书进行有限元分析所建立的有限元模型涉及的计算单元及相关材料包括：钢梁柱单元、支撑单元、混凝土基础单元、地基土体单元、基础-地基接触单元等。

(1)钢梁柱单元及材料模型

在采动区框架结构有限元模型中，钢框架梁柱单元采用 BEAM 188 单元模拟，这个单元是二次梁单元或者 2 节点的三维线性单元，如图 4-1 所示。BEAM 188 单元基于铁木辛柯梁结构理论建立，并考虑了剪切变形的影响，适用于分析从细长到中等粗短的梁结构，支持弹性、蠕变及塑性模型（不考虑横截面模型），适合进行线性、大变形和非线性分析。BEAM 188 可以采用 sectype、secdata、secoffset、secwrite 及 secread 定义梁柱横截面形状，不同的材料能组合成一个组合截面。输出结果包括截面内力（如弯矩、剪力、轴力），由轴力引起的应力分量，由弯矩引起的梁截面上、下翼缘的应力分量以及上述应力分量对应的应变等。

根据钢框架梁柱材料性能，有限元模型选用广泛的双线性等向强化模型（bilinear isotropic hardening），其应力-应变关系如图 4-2 所示。在 ANSYS 中定义双线性等向强化材料模型需设置其屈服应力及弹性模量，这些设置可以通过 TBDATA 实现。

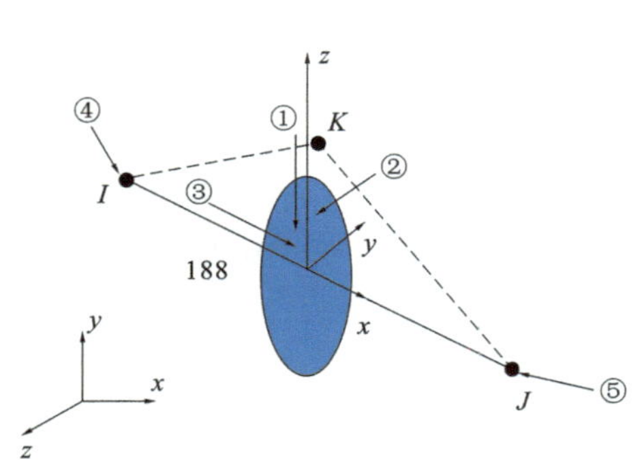

图 4-1 BEAM 188 单元

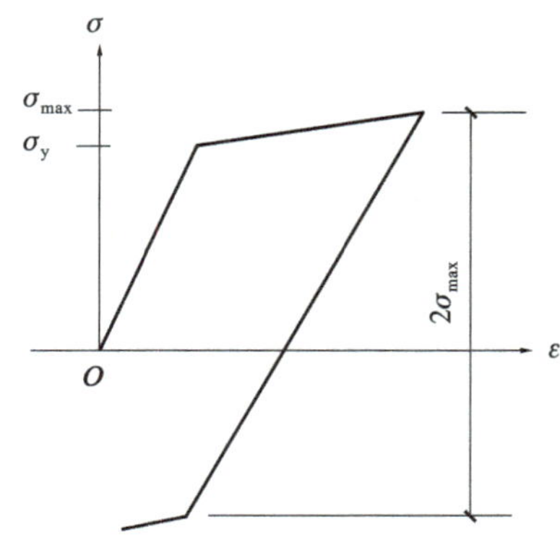

图 4-2 双线性等向强化模型应力-应变关系

(2)支撑单元及材料模型

框架结构的隅撑支撑和偏心支撑可采用平面 4 节点塑性有限应变壳单元(SHELL 181),见图 4-3。该壳单元的特点如下：

①该壳单元有 4 个节点 6 个自由度,能旋转,在大变形有限应变的薄至中厚板的分析中可以选用。它能同时求解几何非线性和材料非线性的问题。

②Batho-Dvorkin 推荐,为了防止薄板发生剪切闭锁现象,可以选用横向剪切变形。原本按照应变-位移的几何关系求解得出的剪切应变场,这里只需假定即可,这样能避免剪切应变能充当罚函数,一次产生剪切闭锁现象。这样做的优点在于:一方面不会出现剪切闭锁现象;另一方面计算时能采用统一的积分方案,不用区分剪切刚度矩阵和弯曲刚度矩阵,这样的单元刚度矩阵计算简单、方便。

③能较简便地构造位移场,壳单元的平动自由度与转动自由度分别插值;平动自由度 μ 与转动自由度 θ 间的附加约束条件采用罚函数,引入约束变分原理的能量泛函中,可避免壳体非常薄时的剪切闭锁现象。

④附加的位移函数能够增加位移函数的项数,增大单元内部的自由度,使多项式变得更加完整,壳单元形成非协调单元,等残垣的精度有所提高。另外,为了避免精确积分出现刚度过大的问题,面内受弯剪的分析模型中采用非协调的单元积分方式。

⑤全牛顿-拉普森(Full Newton-Raphson)迭代法能有效地加速求解非线性方程组的收敛,2×2 个高斯积分点正常分布在板面。考虑沿壳厚度方向的材料非线性影响时,单元积分时采用非标准的高斯积分点位置和相应的权重系数,如图 4-4 所示。

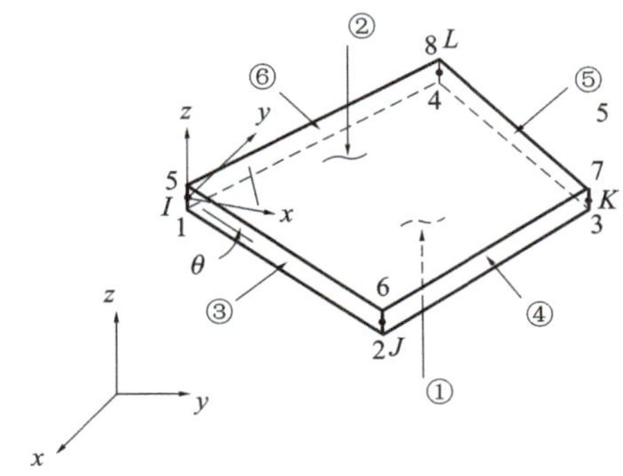

图 4-3　SHELL 181 单元

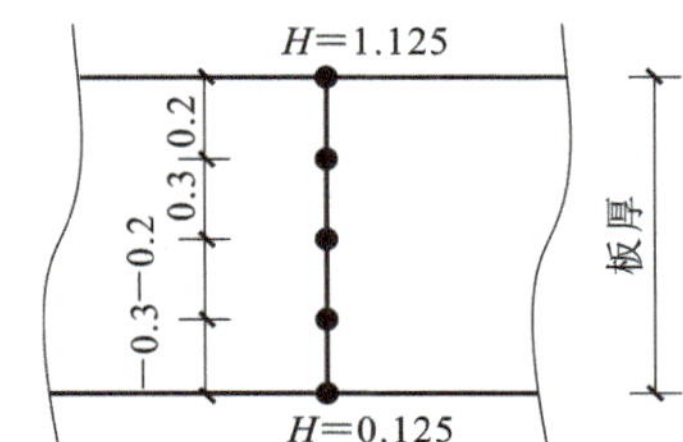

图 4-4　板壳沿厚度的高斯积分点

框架结构的人字支撑可采用 LINK 8 单元模拟,如图 4-5 所示。LINK 8 单元是 2 节点 3 自由度的单轴拉压单元,作为两端铰接单元,它仅能承受轴力而不能承受弯矩,可模拟塑性、徐变、膨胀、应力强化、大变形等过程,输出项有 3 个方向节点力和 3 个节点位移。

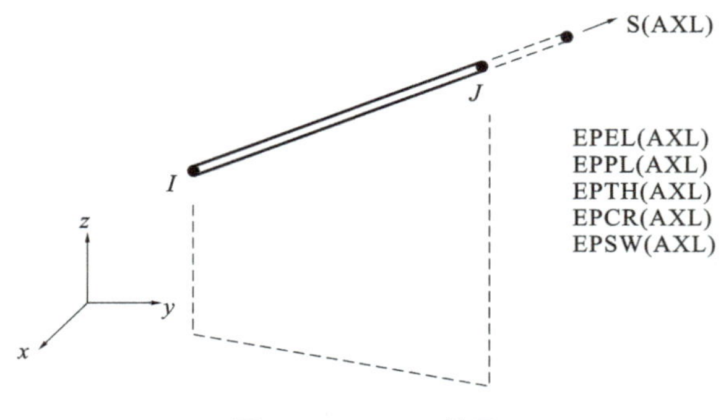

图 4-5　LINK 8 单元

(3)混凝土基础单元及材料模型

钢框架结构的基础为钢筋混凝土独立基础，在 ANSYS 有限元分析中采用 SOLID 65 单元模拟。SOLID 65 是普通三维六面体固体结构模型，有 8 个节点，如图 4-6 所示，每个节点有 x、y 和 z 方向 3 个平动自由度。该单元可对材料进行非线性处理，可模拟材料开裂、压碎、塑性变形及徐变等过程，适用于模拟钢筋混凝土材料的基础。

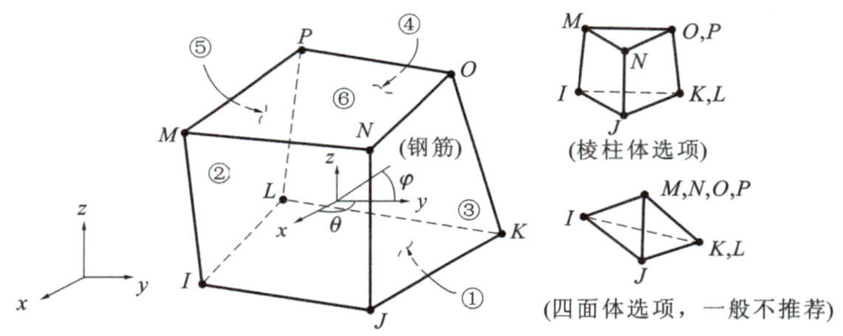

图 4-6　SOLID 65 单元

在本研究中，由于混凝土基础处于弹性范围内，因此对混凝土材料的模拟仅需定义其弹性模量 E、泊松比 μ 及密度 ρ 3 个参数。

(4)地基土体单元及材料模型

对地基土体的合理模拟是有限元数值分析中的重要部分之一，本书对地基土体的模拟采用 SOLID 45 单元。ANSYS 中的 SOLID 45 单元为三维六面体固体单元，有 8 个节点，每个节点有 x、y 和 z 方向 3 个平动自由度，其单元的几何形状、节点位置和坐标系如图 4-7 所示。该模型单元能够模拟塑性变形、应力强化、大变形、大应变、徐变、膨胀等过程，因此地基土体选用此单元模拟最合适，该单元可以输出各节点位移，主应力 σ_1、σ_2、σ_3 以及各向应力 σ_x、σ_y、σ_z。

要较准确地模拟地基土体，关键在于定义合适的土体材料非线性本构关系。

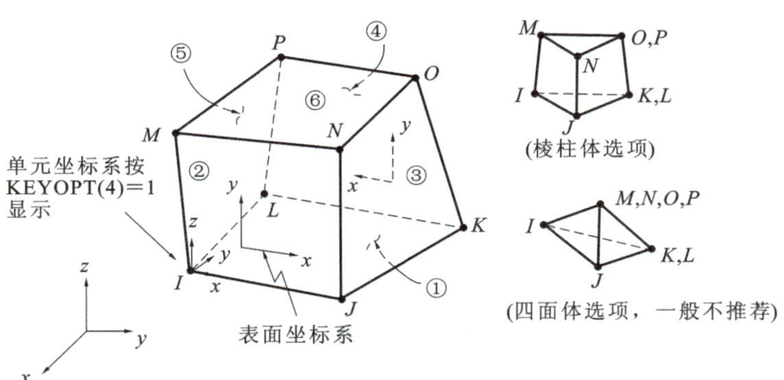

图 4-7　SOLID 45 单元

目前，地基土体非线性本构模型包括非线性弹性模型，弹塑性模型[如双线性模型、双曲线模型、多(双)屈服面模型]、黏弹性模型、黏弹塑性模型等。其中，非线性弹性的 Duncan-Chang 模型，弹塑性的 Mohr-Coulomb 模型、修正剑桥模型和 Drucker-Prager 模型等应用较为广泛。研究表明，采动引起的地表变形过程中土体呈现扰动土特性，采用 Drucker-Prager 模型能较好地描述采动区扰动土的特性。ANSYS 可通过定义 Druker-Prager(DP)材料模式实现应用 Druker-Prager 弹塑性模型描述土体非线性特性。Druker-Prager 模型非线性材料满足 Druker-Prager 屈服准则，该准则对 Mohr-Coulomb 进行近似处理，在 Von Mises 表达式中加入附加项，用以修正 Von Mises 屈服准则。它考虑了静水压力对屈服的影响，采用流动法则，不考虑材料的硬化，即屈服面在屈服后不改变。

Drucker-Prager 模型的等效应力计算公式为

$$f(I_1, J_2) = aI_1 + \sqrt{J_2} - k = 0 \tag{4-1}$$

式中　a,k——材料常数。当 a 为零时，则 Drucker-Prager 准则退化为 Von Mises 准则。

材料常数 a 和 k 的计算公式如下：

$$a = \frac{2\sin\varphi}{\sqrt{3}\times(3-\sin\varphi)}$$

$$k = \frac{6c\cos\varphi}{\sqrt{3}\times(3-\sin\varphi)} \tag{4-2}$$

式中　c,φ——材料的内聚力和内摩擦角。

该模型的屈服面为直立圆锥面，外接于 Mohr-Coulomb 模型的六边形屈服面，在应力空间和 π 平面的横截面及其应力-应变曲线分别如图 4-8、图 4-9 所示。

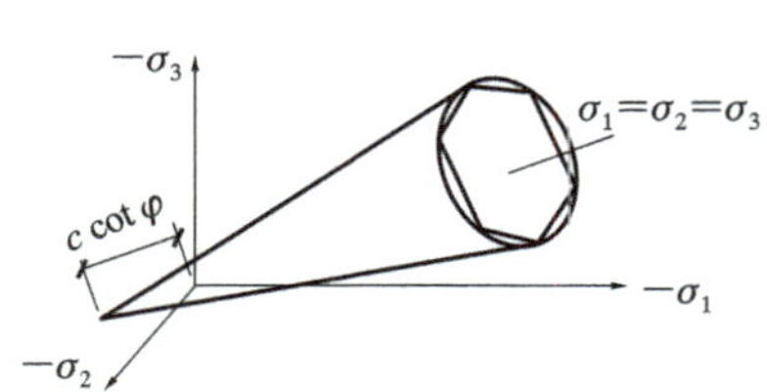

图 4-8　Drucker-Prager 模型屈服面

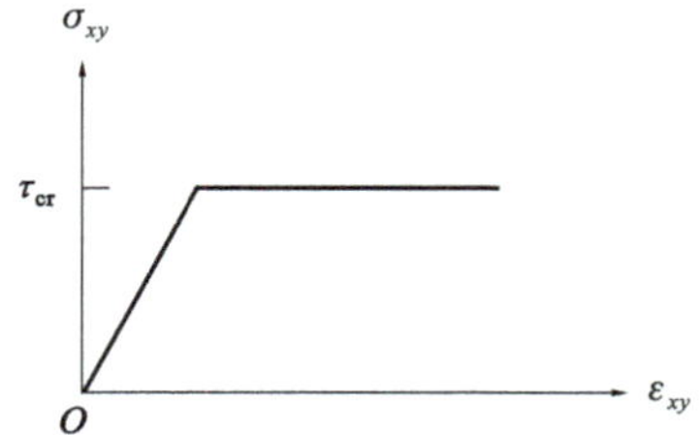

图 4-9　Drucker-Prager 模型的应力-应变曲线

ANSYS 定义地基土体 Drucker-Prager 模型时，需定义内聚力 c、内摩擦角 φ 以及膨胀角 φ_f。本书为使模拟与实际情况更接近，以地表变形下受扰动的地基土体作为研究对象，其指标参数根据地下开采情况下扰动地基土体现场土工试验确定，黏土地基内聚力 $c=40\text{kPa}$，内摩擦角 $\varphi=25°$。由于地基土体是压实的颗粒状材料，一旦受剪，颗粒就会发生膨胀，膨胀角 φ_f 控制体积膨胀的大小，取值有如下特点：当膨胀角 $\varphi_f=\varphi$ 时，随着塑性应变的产生，材料将发生严重的体积膨胀，程序采用相关联的流动法则，塑性应变增量发生在屈服面的法向；当膨胀角 $\varphi_f<\varphi$ 时，体积膨胀减小；当膨胀角 $\varphi_f=0°$时，则不会发生体积膨胀。一般来讲，不考虑材料的体积膨胀（即定义 $\varphi_f=0°$）是一种保守的处理方法。

(5)基础-地基接触单元及参数确定

在地基、基础和框架结构共同作用的计算模型中，由于基础埋置于地基土中，当采动引起地表变形时，地表变形通过基础底面和侧壁传递给基础，地基单元和基础单元之间是独立的，所以要在两者之间设置接触单元。

根据已针对采动变形作用下混凝土基础与地基土体界面特性的研究，采动变形引起的地基土与混凝土基础界面的破坏发生在土体内部接近界面处，破坏面厚度很小，可近似认为是无厚度单元。因此，本研究采用无厚度的接触单元（即 Goodman 单元）模拟地基土体与混凝土基础界面接触，为面-面接触。ANSYS 支持刚体-柔体的面-面接触单元，具体优势如下：

①能够采用低阶单元和高阶单元；

②能够进行大滑动和摩擦的大变形计算、协调刚度矩阵计算以及单元不对称刚度矩阵的计算；

③能够直接提供法向压力、摩擦应力等接触结果；

④不限制刚体表面的形式。

接触通常以接触对的形式出现，本书选用 3D 接触对 TARGE 170 和 CONTACT 174 来模拟面-面接触。接触单元形状较多，对一般的结构分析，目标单元通常取圆锥形、圆柱形、三节点三角形、六节点三角形、四节点四边形和八节点四边形，CONTACT 174 是一个三维、八个节点的高阶四边形单元，如图 4-10 所示。进行参数输入时，R_1 和 R_2 用来确定目标单元的尺寸和形状，若利用 ANSYS 自带的接触向导来生成接触对，则程序会根据实体模型单元的形状自动选择最佳形状目标单元。

所建立的面-面接触单元对接触界面性能的描述，主要体现在对界面单元切向和法向两个相互垂直方向上不同特性的描述。其中，对界面的法向性能的描述可通过定义界面法向刚度因子 FKN 实现。法向刚度是法向应力与其相应方向的相对位移之比。根据经验，结合采动区大变形的特点，宜取法向刚度因子 FKN=1。

对接触界面切线方向性能的描述，主要体现在界面本构模型和切向界面摩擦系数。本书使用库仑摩擦模型的界面本构模型，主要是因为该模型认为节点的相对变形与接触面的切向应力之间呈非线性关系，其表达式为

$$\begin{cases} \tau = \mu P + b \\ |\tau| \leqslant \tau_{\lim} \end{cases} \tag{4-3}$$

式中 τ——等效剪应力；

$\tau_{\lim}$——界限剪应力；

μ——摩擦系数；

P——接触压力；

b——接触内聚力。

该计算式决定了一个点在黏合状态和滑动状态之间随时间的相互变化状况，如图 4-11 所示。

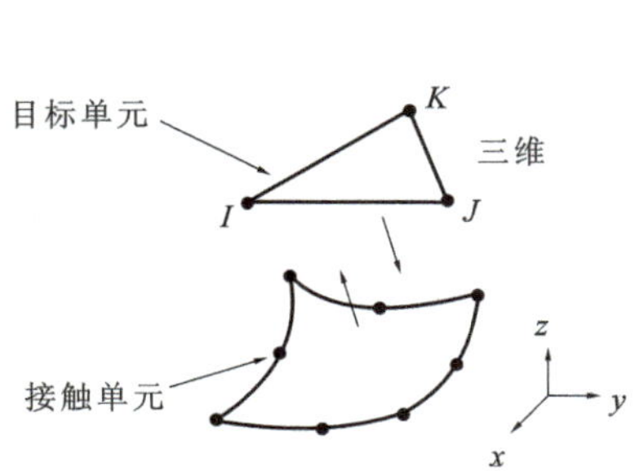

图 4-10 三维、八个节点的高阶四边形单元

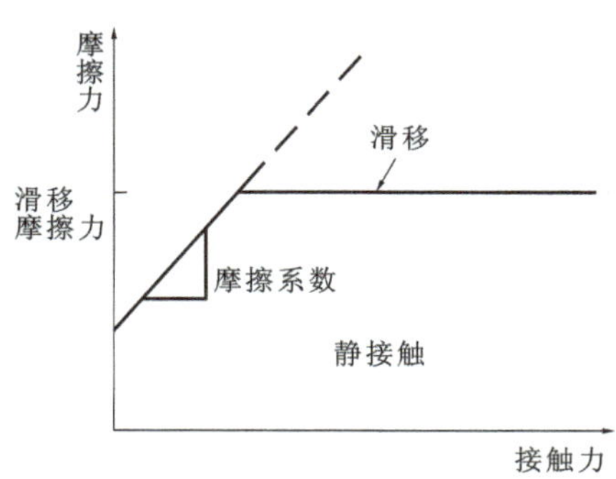

图 4-11 库仑摩擦模型

当等效剪应力 τ 小于界限剪应力 $\tau_{\lim}$ 时，τ 以摩擦系数 μ 为斜率与接触压力 P 呈线性增大关系，两个接触面无相对滑动，处于黏合状态(sticking)。当等效剪应力 τ 达到界限剪应力 $\tau_{\lim}$ 时，两个接触面发生相对滑动，等效剪应力 τ 值不再增大，此时接触面处于滑移状态(sliding)。

由此可见，建立库仑摩擦模型需设置的参数有界限剪应力 τ_{lim}、接触内聚力 b、摩擦系数 μ。其中，ANSYS 提供了不考虑接触压力大小而人为指定界限剪应力 τ_{lim} 的选项，以避免当接触压力较大时由库仑理论计算得到的界限剪应力超过材料屈服应力的情况。ANSYS 中界限剪应力 τ_{lim} 通过设置实常数 TAUMAX 实现。根据经验公式，比较合理的 TAUMAX 估计值应为 $\sigma_y/\sqrt{3}$，其中 σ_y 为变形体（即地基土体）材料的屈服应力。在本研究中，土体材料采用 Drucker-Prager 模型，根据 Drucker-Prager 屈服准则，其屈服应力 σ_y 表达式如下：

$$\sigma_y = \frac{6c\cos\varphi}{\sqrt{3}\times(3-\sin\varphi)} \tag{4-4}$$

式中 c——土体材料的内聚力，本书取 40kPa；

φ——内摩擦角，本书取 25°。

由式(4-4)可计算得出 $\sigma_y=78.2$kPa。因此，有限元分析中取实常数 TAUMAX$=\sigma_y/\sqrt{3}=45$kPa。

接触内聚力 b 的取值需考虑接触界面的实际情况。对于预制混凝土基础，其与地基土体之间为绝对独立的单元，其滑移面在混凝土基础与地基之间，这种情况可认为其接触内聚力 $b=0$。而对于现浇混凝土基础，由于浇筑混凝土时部分水泥浆渗入土体中，部分土体与混凝土块结合在一起，形成结合层，结合层的内聚力大于土体，因此滑移面发生在结合层与土体之间，这种情况下可近似认为其接触内聚力 b 与土体内聚力 c 相等。本书研究的基础为现浇混凝土基础，因此，取接触内聚力 b 与选取的黏土地基土体内聚力 c 相同，为 40kPa。ANSYS 中接触内聚力 b 通过设置实常数 COHE 实现。

从结构分析来看，摩擦系数是接触单元最重要的参数。实际上，该参数涉及静摩擦系数 μ 和动摩擦系数 MU 两个概念。滑移发生前，接触面性能与静摩擦系数 μ 相关；滑移发生后，则与动摩擦系数 MU 相关。通常情况下，前者大于后者，为了在开始产生滑动时达到两者间过渡平稳，从而使收敛变得相对容易，ANSYS 提供了静摩擦系数 μ 的指数型衰减模式：

$$\mu = \mathrm{MU}\times[1+(\mathrm{FACT}-1)e^{-\mathrm{DC}\times V_{rel}}] \tag{4-5}$$

式中 FACT——静摩擦系数 μ 与动摩擦系数 MU 之比；

DC——衰减系数；

V_{rel}——ANSYS 计算得到的滑动比率。

式(4-5)所对应的摩擦系数衰减曲线如图 4-12 所示。

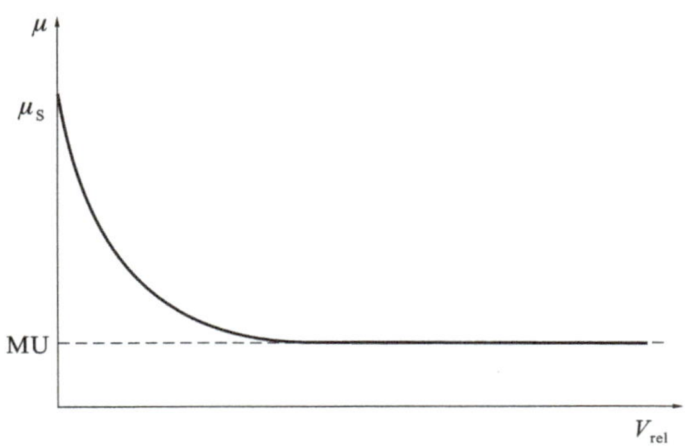

图 4-12 摩擦系数衰减曲线

默认情况下,FACT 的值为最小值 1.0,DC 的值为 0,则由式(4-5)可知,此时静摩擦系数 μ 与动摩擦系数 MU 的取值相等。根据界面试验结果,取界面切向摩擦系数 $\mu=0.42$。

4.2 有限元模型的有效性验证

相对物理试验,有限元计算可以改变有限元模型和相关参数,计算分析更加方便,从而高效、全面地对研究内容的不同影响因素进行对比、分析,使研究更深入。

有限元计算模型的构件尺寸、边界条件及所施加的荷载均与物理试验模型保持一致,通过对比有限元计算结果与试验结果,验证建立有限元模型时所采用单元和参数的合理性和准确性,为进一步开展有限元拓展分析提供依据,从而有效地避免试验条件和测试方法的局限性。

4.2.1 单跨钢框架结构有限元模型的有效性验证

利用 ANSYS 有限元软件进行计算,根据试验采用的纯钢框架和带支撑钢框架的几何尺寸建立有限元模型,采用钢筋混凝土独立基础,基础采用 SOLID 65 单元模拟,框架梁柱采用 BEAM 188 单元模拟,支撑采用 LINK 8 单元模拟,详细的单元介绍见本章 4.1.4 节,有限元计算的荷载和地表变形均采用物理试验的施加值。

以拉伸区的变形影响为例,框架结构受到水平拉伸和竖向不均匀沉降的共同作用,纯钢框架结构和带支撑钢框架结构的计算结果与实测结果的比较分别见图 4-13 和图 4-14,主要对比了纯钢框架结构和带支撑钢框架结构 1 柱和 2 柱的柱顶侧移和沿 1 柱不同测点的侧移,计算结果与实测结果基本吻合,说明模型的计算方案和参数合理。

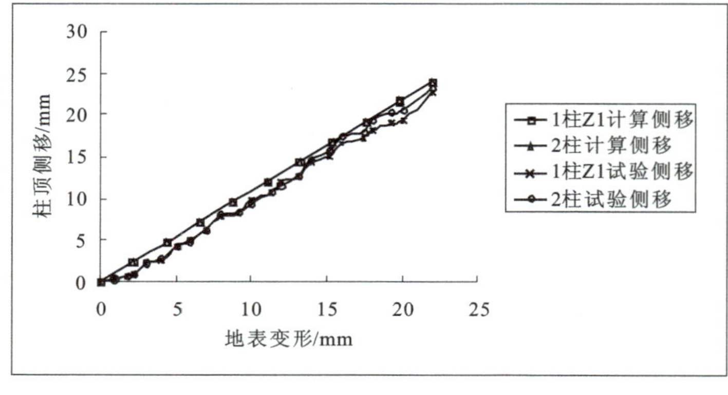

(a)

(b)

图 4-13　拉伸区纯钢框架结构试验值与计算值对比

(a)纯钢框架两柱顶侧移试验值与计算值对比;(b)纯钢框架 1 柱 3 个测点侧移试验值与计算值对比

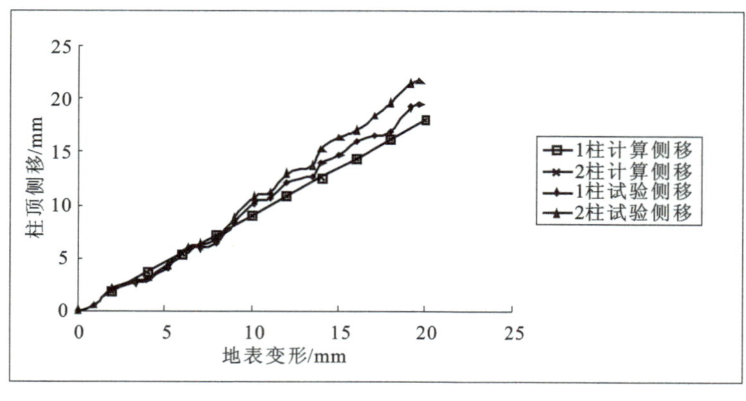

(a)

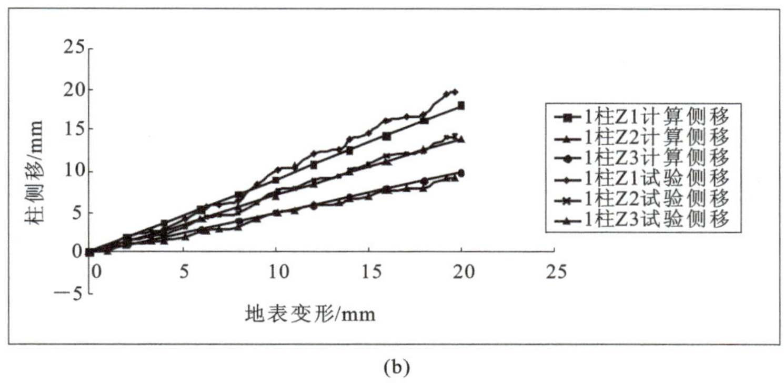

(b)

图 4-14 拉伸区带支撑钢框架结构试验值与计算值对比

(a)带支撑钢框架两柱顶侧移试验值与计算值对比；
(b)带支撑钢框架 1 柱 3 个测点侧移试验值与计算值对比

4.2.2 双跨钢框架结构有限元模型的有效性验证

有限元模型采用与 3.3.1 节相似物理模拟试验相同的 1∶3 几何缩比平面模型，数值模拟包括纯钢框架和隅撑支撑钢框架两类框架，用于同相似物理模拟试验作直接的对比。该组数值模型的两类框架及编号见图 4-15。采用钢筋混凝土独立基础，基础采用 SOLID 65 单元模拟，框架梁柱采用 BEAM 188 单元模拟，隅撑支撑采用 SHELL 181 单元模拟。

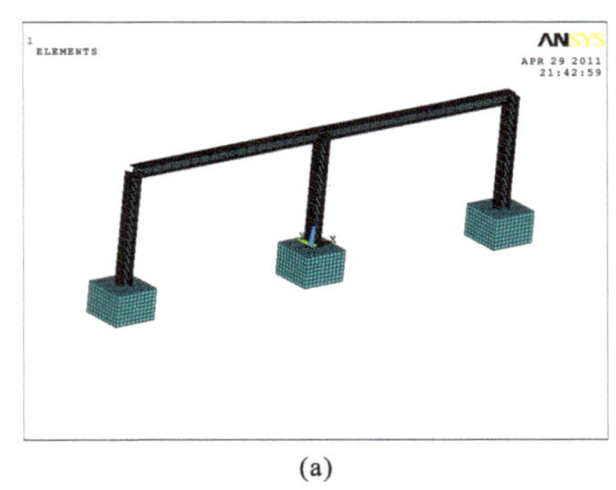

(a)

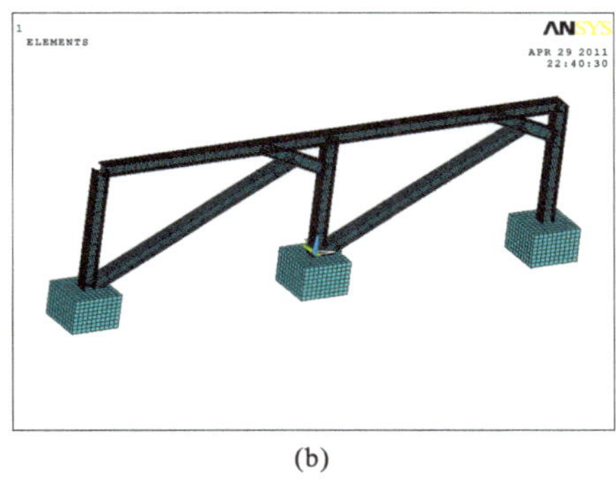

(b)

图 4-15 试验双跨钢框架有限元模型

(a)纯钢框架——SYKF；(b)隅撑支撑钢框架——SYYC

如 3.2 节所述，本节选择 3.2 节未列出的部分试验观测项目与数值模拟作对比。由于五种地表变形中不均匀沉降变形为非对称变形，为便于对比，统一以框架在不均匀沉降中呈下沉趋势的那一框架为研究对象，分析其在各种地表变形作用下的变化规律。

(1)水平地表变形作用下物理试验结果与数值模拟结果的对比

①框架柱顶水平附加变形对比。

在两种水平地表变形作用下的柱顶水平附加变形的物理试验结果与数值模拟结果分别如图 4-16 和图 4-17 所示。可以看出荷载与变形关系曲线呈线性变化，线性回归分析结果见表 4-1。

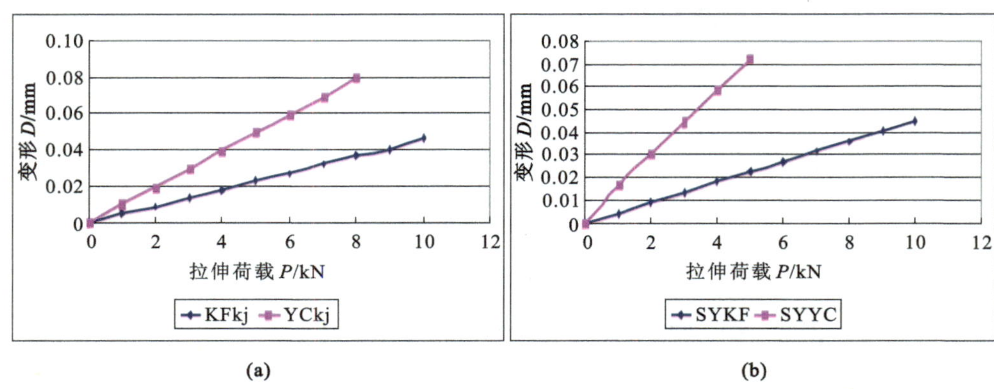

图 4-16　水平拉伸变形作用下柱顶水平附加变形

(a)物理试验结果；(b)数值模拟结果

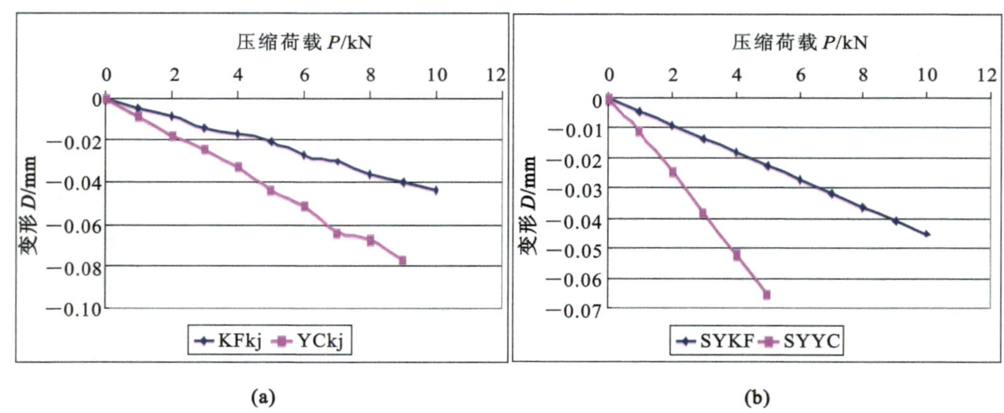

图 4-17　水平压缩变形作用下柱顶水平附加变形

(a)物理试验结果；(b)数值模拟结果

表 4-1　柱顶水平附加变形 *D* 随地表拉压荷载 *P* 线性回归公式对比

地表变形	框架类型	物理试验	数值模拟
水平拉伸变形	纯钢框架	$D=0.0046P-0.0002$	$D=0.0045P+0.00004$
	隅撑支撑钢框架	$D=0.0099P-0.0001$	$D=0.0142P+0.0016$

续表

地表变形	框架类型	物理试验	数值模拟
水平压缩变形	纯钢框架	$D=-0.0044P-0.00007$	$D=-0.0045P-0.00004$
	隅撑支撑钢框架	$D=-0.0086P+0.0001$	$D=-0.0133P+0.0016$

②框架边柱顶外侧翼缘附加应变对比。

在两种水平地表变形作用下的边柱顶外侧翼缘附加应变的物理试验结果与数值模拟结果分别如图 4-18 和图 4-19 所示，线性回归分析结果见表 4-2。

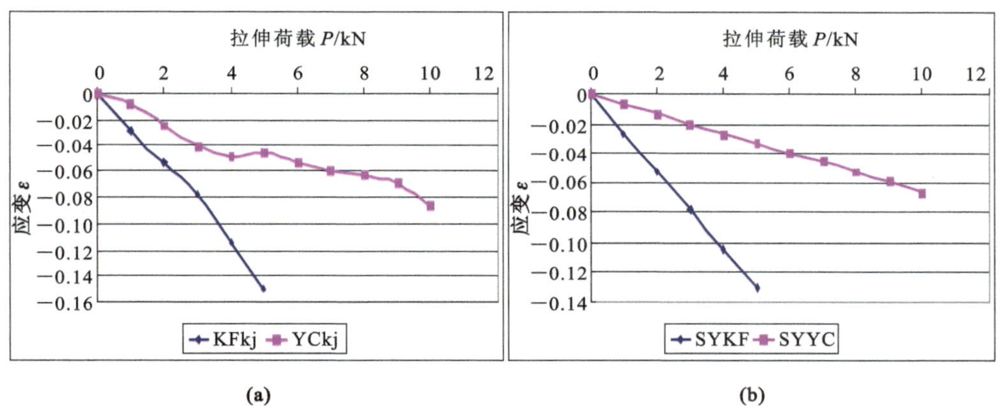

图 4-18　水平拉伸变形作用下边柱顶外侧翼缘附加应变

(a)物理试验结果；(b)数值模拟结果

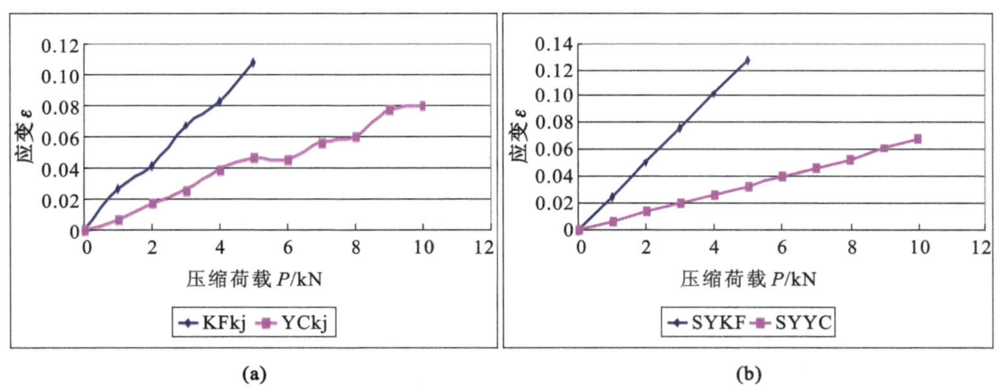

图 4-19　水平压缩变形作用下边柱顶外侧翼缘附加应变

(a)物理试验结果；(b)数值模拟结果

表 4-2　边柱顶外侧翼缘附加应变 ε 随地表拉压荷载 P 线性回归公式对比

地表变形	框架类型	物理试验	数值模拟
水平拉伸变形	纯钢框架	$\varepsilon=-0.0294P+0.003$	$\varepsilon=-0.026P-0.0004$
	隅撑支撑钢框架	$\varepsilon=-0.0076P-0.007$	$\varepsilon=-0.0066P+0.00007$
水平压缩变形	纯钢框架	$\varepsilon=0.021P+0.0018$	$\varepsilon=0.0257P-0.0004$
	隅撑支撑钢框架	$\varepsilon=0.0079P+0.0017$	$\varepsilon=0.0068P-0.0002$

③框架梁边柱端下翼缘附加应变对比。

在两种水平地表变形作用下的框架梁边柱端下翼缘附加应变的物理试验结果与数值模拟结果分别如图 4-20 和图 4-21 所示，线性回归分析结果见表 4-3。

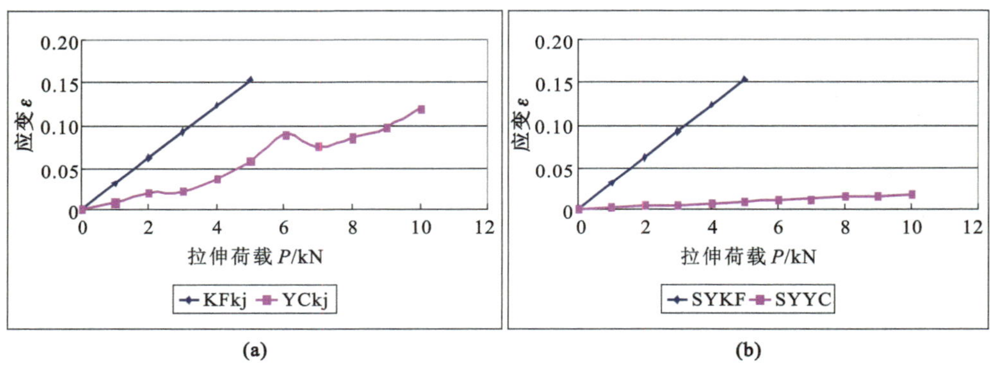

图 4-20　水平拉伸变形作用下框架梁边柱端下翼缘附加应变

(a)物理试验结果；(b)数值模拟结果

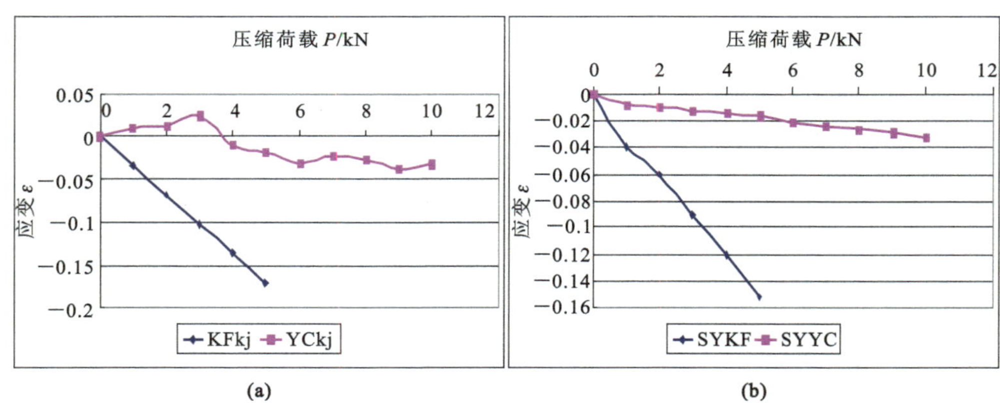

图 4-21　水平压缩变形作用下框架梁边柱端下翼缘附加应变

(a)物理试验结果；(b)数值模拟结果

表 4-3 **框架梁边柱端下翼缘附加应变 ε 随地表拉压荷载 P 线性回归公式对比**

地表变形	框架类型	物理试验	数值模拟
水平拉伸变形	纯钢框架	$\varepsilon=0.0307P+0.0005$	$\varepsilon=0.0307P+0.0005$
	隅撑支撑钢框架	$\varepsilon=0.0119P-0.004$	$\varepsilon=0.0017P+0.0003$
水平压缩变形	纯钢框架	$\varepsilon=-0.0342P+0.00009$	$\varepsilon=-0.0295P-0.0033$
	隅撑支撑钢框架	$\varepsilon=-0.0054P+0.0147$	$\varepsilon=-0.0029P-0.003$

④隅撑支撑钢框架梁端下翼缘附加应变。

在两种水平地表变形作用下的隅撑支撑钢框架梁端下翼缘附加应变的物理试验结果与数值模拟结果分别如图 4-22 和图 4-23 所示，线性回归分析结果见表 4-4。

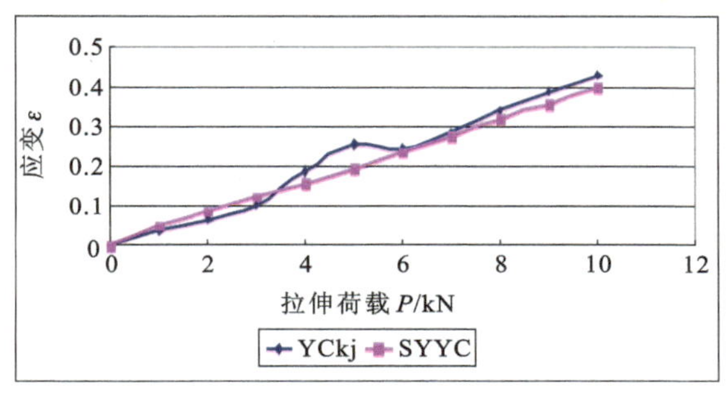

图 4-22　水平拉伸变形作用下隅撑支撑钢框架梁端下翼缘附加应变

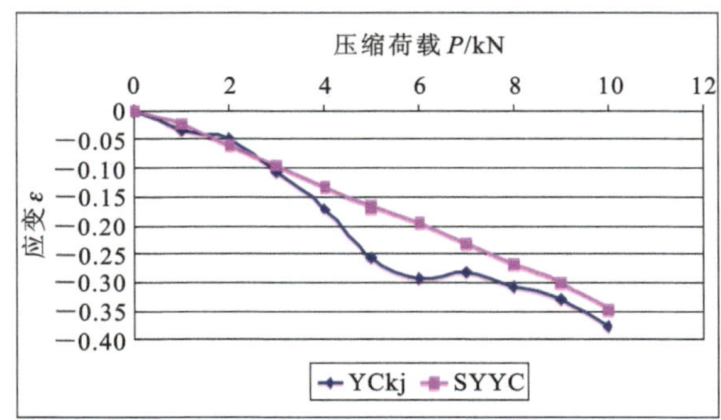

图 4-23　水平压缩变形作用下隅撑支撑钢框架梁端下翼缘附加应变

表 4-4　隅撑支撑钢框架梁端下翼缘附加应变 ε 随地表拉压荷载 P 线性回归公式对比

地表变形	框架类型	物理试验	数值模拟
水平拉伸变形	隅撑支撑钢框架	$\varepsilon=0.0043P-0.0004$	$\varepsilon=0.0039P+0.0005$
水平压缩变形	隅撑支撑钢框架	$\varepsilon=-0.0039P-0.0003$	$\varepsilon=-0.0035P+0.0009$

⑤隅撑支撑钢框架柱端外侧翼缘附加应变。

在两种水平地表变形作用下隅撑支撑钢框架柱端外侧翼缘附加应变的物理试验结果与数值模拟结果分别如图 4-24 和图 4-25 所示。可以看出，荷载与应变关系曲线均呈线性变化，线性回归分析结果见表 4-5。

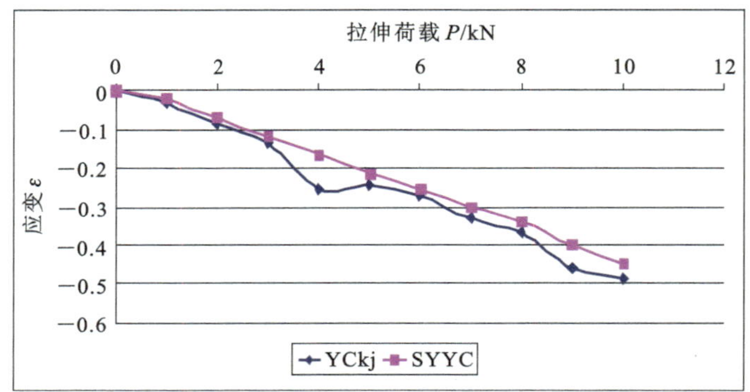

图 4-24　水平拉伸变形作用下隅撑支撑钢框架柱端外侧翼缘附加应变

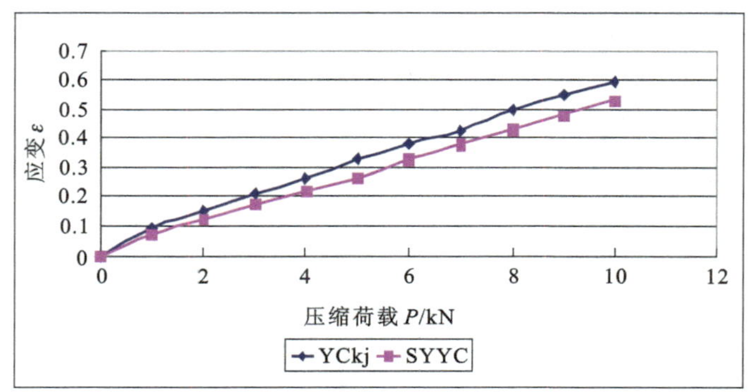

图 4-25　水平压缩变形作用下隅撑支撑钢框架柱端外侧翼缘附加应变

表 4-5　**隅撑支撑钢框架柱端外侧翼缘附加应变 ε 随地表拉压荷载 P 线性回归公式对比**

地表变形	框架类型	物理试验	数值模拟
水平拉伸变形	隅撑支撑钢框架	$\varepsilon=-0.0055P+0.0013$	$\varepsilon=-0.0044P+0.0013$
水平压缩变形	隅撑支撑钢框架	$\varepsilon=0.0063P+0.0018$	$\varepsilon=0.0052P+0.0013$

(2)竖向地表变形作用下物理试验结果与数值模拟结果的对比

在三种竖向地表变形作用下，仅不均匀沉降变形作用下双跨钢框架附加变形为非对称分布，所以本书以其中下沉跨作为研究对象，比较、分析竖向地表变形作用下的框架结构附加应变的变化规律。

①框架柱顶水平附加变形对比。

在三种竖向地表变形作用下的柱顶水平附加变形的物理试验结果与数值模拟结果分别如图 4-26～图 4-28 所示。从图中可以看出，边柱顶水平附加变形大致呈线性变化，线性回归分析结果见表 4-6。

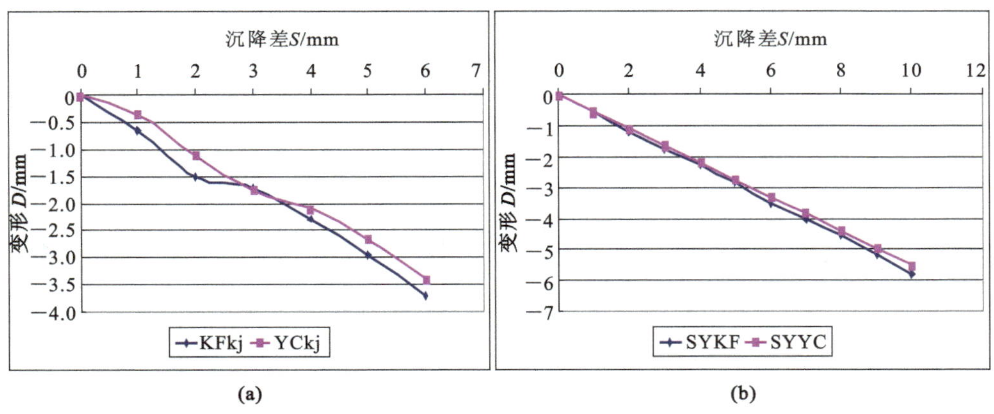

图 4-26　不均匀沉降作用下边柱顶水平附加变形

(a)物理试验结果；(b)数值模拟结果

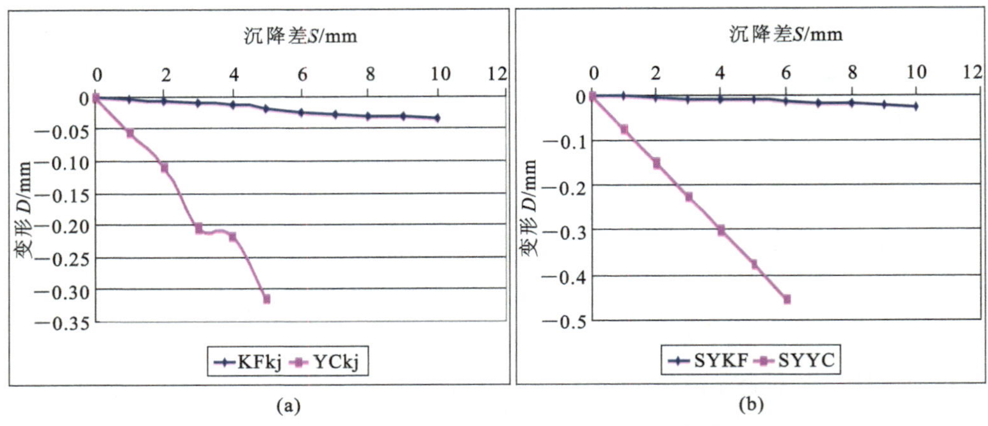

图 4-27　正曲率变形作用下边柱顶水平附加变形

(a)物理试验结果;(b)数值模拟结果

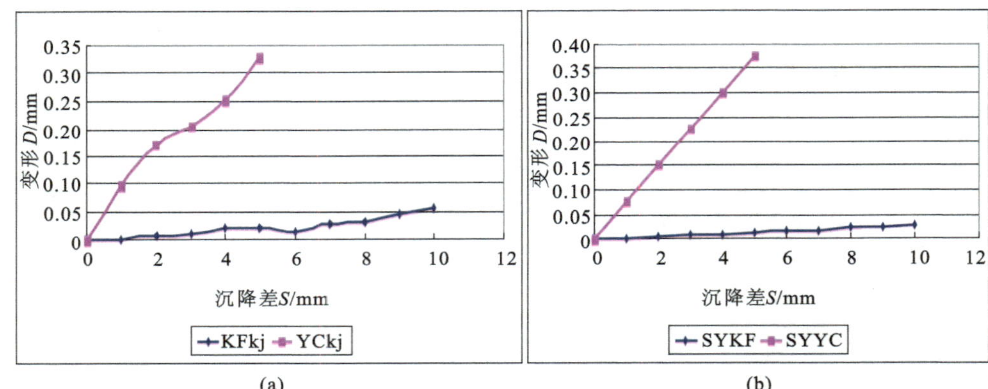

图 4-28　负曲率变形作用下边柱顶水平附加变形

(a)物理试验结果;(b)数值模拟结果

表 4-6　**边柱顶水平附加变形 *D* 随竖向地表沉降差 *S* 线性回归公式对比**

地表变形	框架类型	物理试验	数值模拟
不均匀沉降	纯钢框架	$D=-0.5737S-0.0086$	$D=-0.5728S-0.0093$
	隅撑支撑钢框架	$D=-0.5501S+0.0009$	$D=-0.5499S+0.0005$
正曲率变形	纯钢框架	$D=-0.0025S+0.0003$	$D=-0.0025S+0.0003$
	隅撑支撑钢框架	$D=-0.075S+0.0009$	$D=-0.0749S+0.0006$
负曲率变形	纯钢框架	$D=0.0028S+0.00004$	$D=0.0027S+0.0003$
	隅撑支撑钢框架	$D=0.0752S+0.0006$	$D=0.0752S+0.0006$

②框架边柱顶外侧翼缘附加应变对比。

在三种竖向地表变形作用下的边柱顶外侧翼缘附加应变的物理试验结果与数值模拟结果分别如图4-29～图4-31所示，可以看出框架边柱顶外侧翼缘附加应变与三种竖向地表变形量之间均呈线性变化，线性回归分析结果见表4-7。

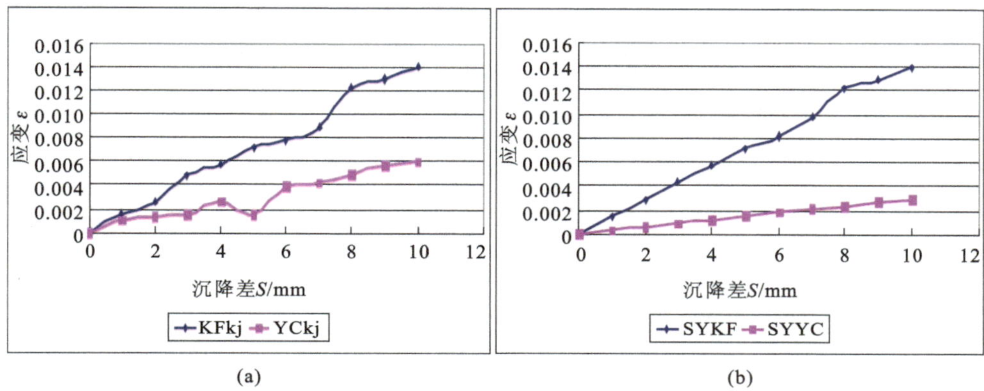

图4-29 不均匀沉降作用下边柱顶外侧翼缘附加应变

(a)物理试验结果；(b)数值模拟结果

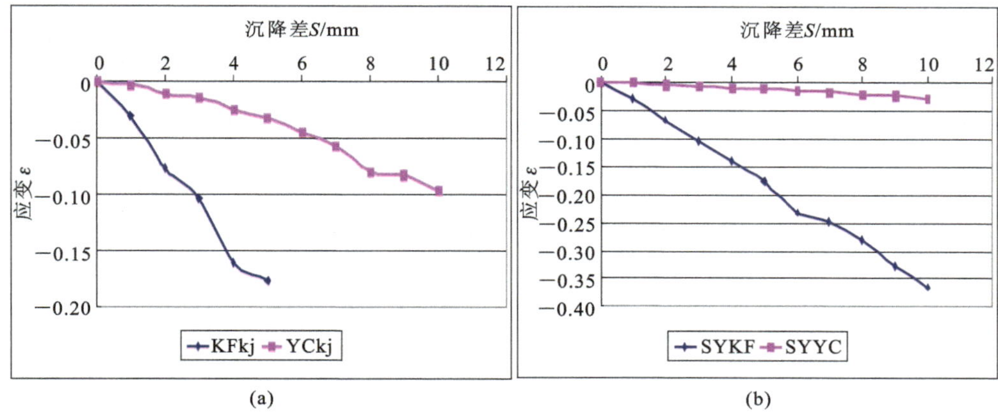

图4-30 正曲率变形作用下边柱顶外侧翼缘附加应变

(a)物理试验结果；(b)数值模拟结果

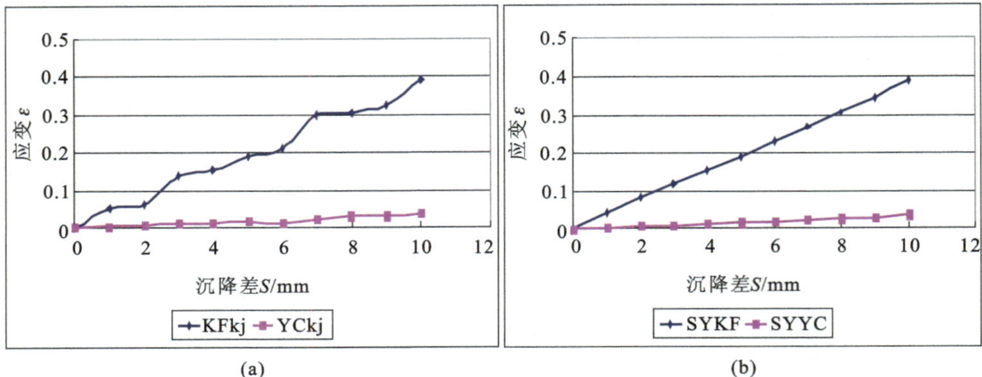

图 4-31　负曲率变形作用下边柱顶外侧翼缘附加应变

(a)物理试验结果;(b)数值模拟结果

表 4-7　**边柱顶外侧翼缘附加应变 ε 随竖向地表沉降差 S 线性回归公式对比**

地表变形	框架类型	物理试验	数值模拟
不均匀沉降	纯钢框架	$\varepsilon=0.0014S+2\times10^{-5}$	$\varepsilon=0.0014S-1\times10^{-5}$
	隅撑支撑钢框架	$\varepsilon=0.0006S-7\times10^{-6}$	$\varepsilon=0.0003S+6\times10^{-5}$
正曲率变形	纯钢框架	$\varepsilon=-0.0373S+0.002$	$\varepsilon=-0.0368S+0.0045$
	隅撑支撑钢框架	$\varepsilon=-0.0102S+0.0108$	$\varepsilon=-0.0027S+0.0012$
负曲率变形	纯钢框架	$\varepsilon=0.0378S+0.0048$	$\varepsilon=0.0384S+0.0021$
	隅撑支撑钢框架	$\varepsilon=0.0033S+0.0004$	$\varepsilon=0.0033S-7\times10^{-5}$

③框架梁边柱端下翼缘附加应变对比。

在三种竖向地表变形作用下的框架梁边柱端下翼缘附加应变的物理试验结果与数值模拟结果分别如图 4-32～图 4-34 所示,可以看出框架梁边柱端下翼缘附加应变与三种竖向地表变形量之间均呈线性变化,线性回归分析结果见表 4-8。

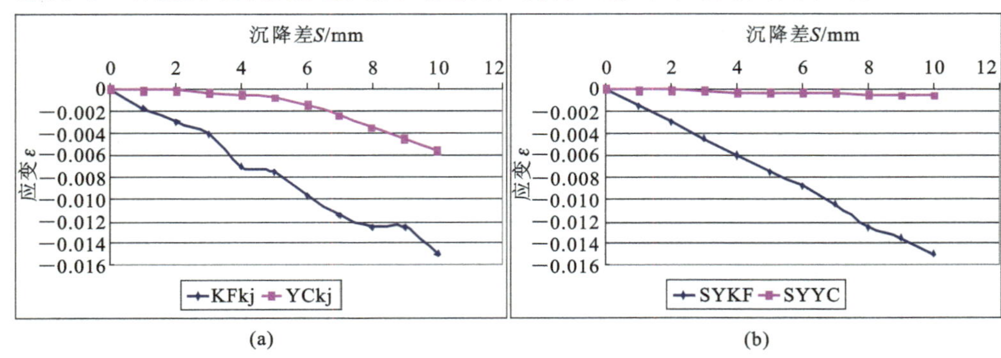

图 4-32　不均匀沉降作用下框架梁边柱端下翼缘附加应变

(a)物理试验结果;(b)数值模拟结果

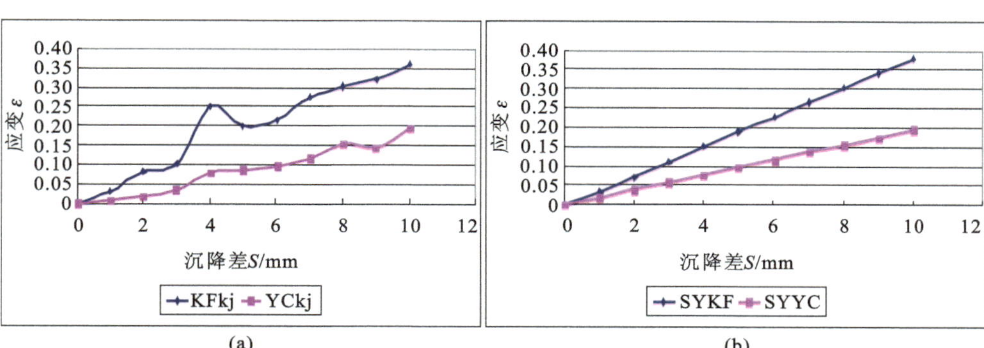

图 4-33 正曲率变形作用下框架梁边柱端下翼缘附加应变

(a)物理试验结果;(b)数值模拟结果

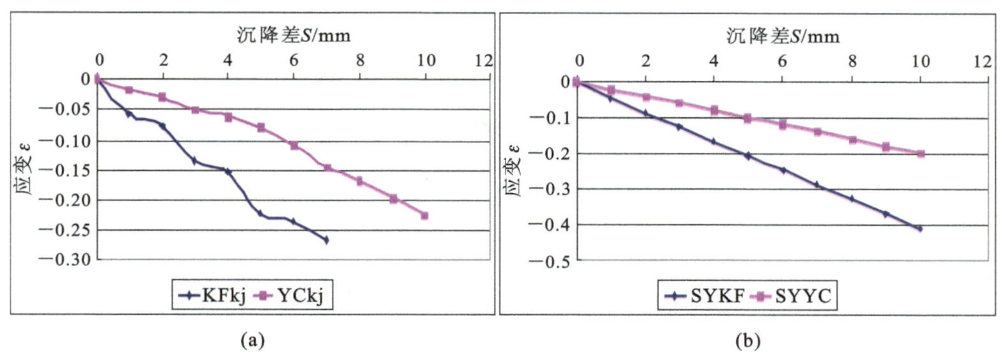

图 4-34 负曲率变形作用下框架梁边柱端下翼缘附加应变

(a)物理试验结果;(b)数值模拟结果

表 4-8 **框架梁边柱端下翼缘附加应变 ε 随竖向地表沉降差 S 线性回归公式对比**

地表变形	框架类型	物理试验	数值模拟
不均匀沉降	纯钢框架	$\varepsilon=-0.0015S-0.0002$	$\varepsilon=-0.0015S+6\times10^{-5}$
	隅撑支撑钢框架	$\varepsilon=-0.0006S+0.0011$	$\varepsilon=-6\times10^{-5}S-7\times10^{-7}$
正曲率变形	纯钢框架	$\varepsilon=0.0358S+0.0156$	$\varepsilon=0.0383S-0.0037$
	隅撑支撑钢框架	$\varepsilon=0.019S-0.0098$	$\varepsilon=0.0194S-9\times10^{-5}$
负曲率变形	纯钢框架	$\varepsilon=-0.0384S-0.0093$	$\varepsilon=-0.0404S-0.0035$
	隅撑支撑钢框架	$\varepsilon=-0.0226S+0.0152$	$\varepsilon=-0.0195S-0.0002$

④隅撑支撑钢框架梁端下翼缘附加应变。

在三种竖向地表变形作用下的隅撑支撑钢框架梁端下翼缘附加应变的物理试验结果与数值模拟结果分别如图 4-35～图 4-37 所示，可以看出隅撑支撑钢框架梁端下翼缘附加应变与三种竖向地表变形量之间均呈线性变化，线性回归分析结果见表 4-9。

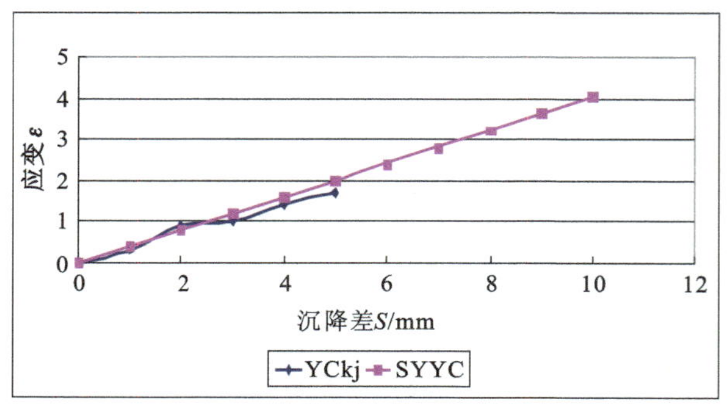

图 4-35　不均匀沉降作用下隅撑支撑钢框架梁端下翼缘附加应变

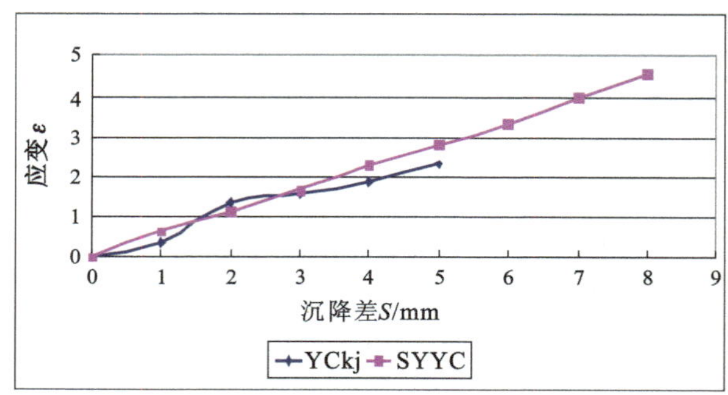

图 4-36　正曲率变形作用下隅撑支撑钢框架梁端下翼缘附加应变

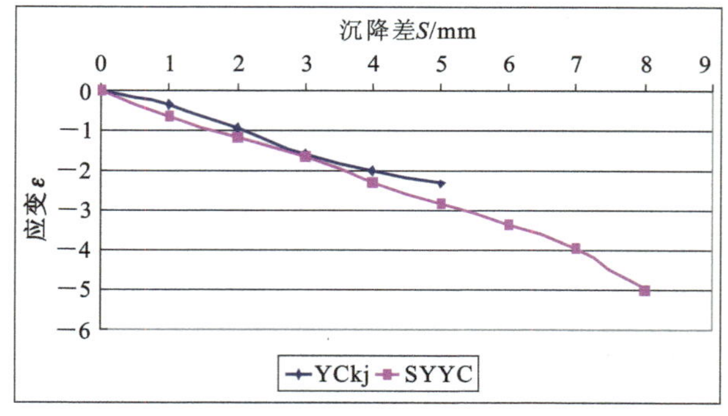

图 4-37　负曲率变形作用下隅撑支撑钢框架梁端下翼缘附加应变

表 4-9 隅撑支撑钢框架梁端下翼缘附加应变 ε 随竖向地表沉降差 S 线性回归公式对比

地表变形	框架类型	物理试验	数值模拟
不均匀沉降	隅撑支撑钢框架	$\varepsilon=0.034S+0.0039$	$\varepsilon=0.0401S+0.0004$
正曲率变形	隅撑支撑钢框架	$\varepsilon=0.0466S+0.0079$	$\varepsilon=0.0563S+0.0013$
负曲率变形	隅撑支撑钢框架	$\varepsilon=-0.0486S+0.0021$	$\varepsilon=-0.0589S+0.005$

⑤隅撑支撑钢框架柱端外侧翼缘附加应变。

在三种竖向地表变形作用下的隅撑支撑钢框架柱端外侧翼缘附加应变的数值模拟结果与物理试验结果分别如图 4-38～图 4-40 所示，可以看出隅撑支撑钢框架柱端外侧翼缘附加应变与三种竖向地表变形量之间均呈线性变化，线性回归分析结果见表 4-10。

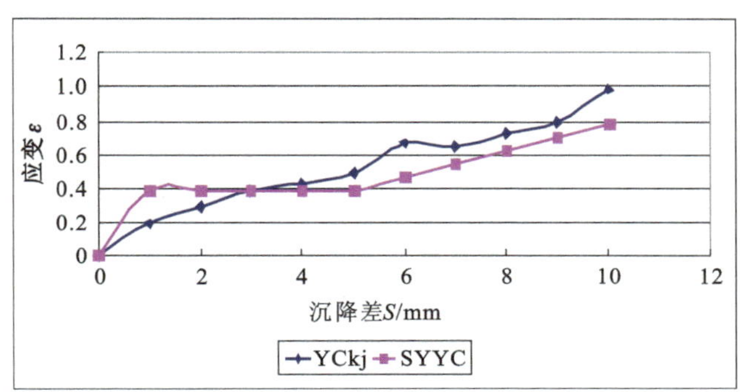

图 4-38 不均匀沉降作用下隅撑支撑钢框架柱端外侧翼缘附加应变

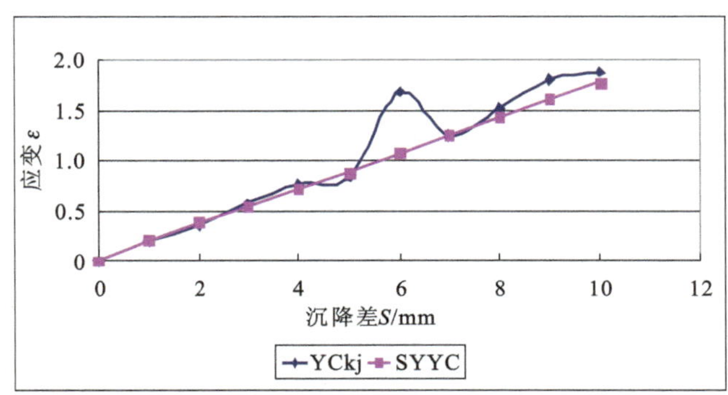

图 4-39 正曲率变形作用下隅撑支撑钢框架柱端外侧翼缘附加应变

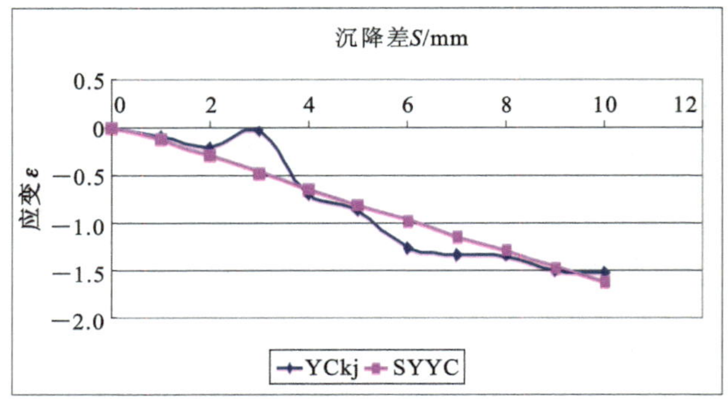

图 4-40　负曲率变形作用下隅撑支撑钢框架柱端外侧翼缘附加应变

表 4-10　**隅撑支撑钢框架柱端外侧翼缘附加应变 ε 随竖向地表沉降差 S 线性回归公式对比**

地表变形	物理试验	数值模拟
不均匀沉降	$\varepsilon=0.0009S+0.0008$	$\varepsilon=0.0006S+0.0018$
正曲率变形	$\varepsilon=0.0195S+0.0006$	$\varepsilon=0.0175S+0.0018$
负曲率变形	$\varepsilon=-0.0174S+0.0031$	$\varepsilon=-0.0164S+0.0019$

上述结果显示，在三种竖向地表变形作用下，隅撑部位 x 方向和 y 方向的应变变化速率差异没有在水平地表变形作用下情况显著，前者略小于后者，说明在竖向地表变形作用下，隅撑支撑在框架结构水平方向（x 方向）和竖直方向（y 方向）均较大程度地发挥作用。

（3）数值模拟与物理试验的综合分析

通过上述分析得出的变化趋势曲线及线性回归公式的对比不难看出，无论数据变化趋势还是数值大小，数值模拟结果和物理试验结果均非常接近，说明在数值模拟中，框架梁柱单元的选择和对应相关力学参数的定义能有效地反映框架的实际受力状况，即建立的有限元模型具备合理性和可行性。

分别对两种水平地表变形和三种竖向地表变形作用下的两类框架进行分析，可以得到与 3.2 节相近的结论。仅在曲率变形作用下，两类框架柱顶水平附加变形呈二次曲线的非线性变形；在其他试验结果分析中，两类框架附加变形与地表变形量均呈线性变化，且在水平地表变形作用下，隅撑支撑钢框架与纯钢框架的差异显著，在三种竖向地表变形作用下，两类框架的附加变形略有不同。

4.3 地基-基础-平面框架结构共同作用机理研究

4.3.1 地基-基础-平面框架结构共同作用计算模型的建立

(1)足尺寸有限元共同作用模型

有限元模型取原整体框架中的中间跨的一榀横向框架，此钢框架为四层两跨，跨度为6000mm，层高为3300mm，并加入地基土体单元的足尺寸平面钢框架模型，是3.3.1节中物理模拟试验和4.2.2节中双跨钢框架结构抗地表变形有限元模型的扩展。数值模拟包括纯钢框架、隅撑支撑钢框架及偏心支撑钢框架三类框架。三类框架及编号见图4-41。

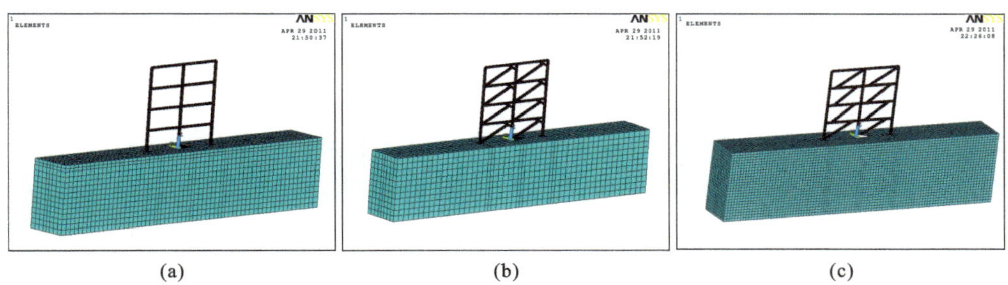

(a) (b) (c)

图4-41 足尺寸有限元共同作用模型

(a)纯钢框架——GTKF；(b)隅撑支撑钢框架——GTYC；(c)偏心支撑钢框架——GTPX

根据朗肯土压力理论，地基土体达到极限状态时，土体的剪切带与水平方向的夹角为$(45°-\varphi/2)$，由于黏土内摩擦角$\varphi=25°$，因此，土体的水平方向长度至少为：$l=h/\tan(45°-\varphi/2)=2/0.637=3.1(\mathrm{m})$，其中，$h$为基础高度，取2m。由于立体框架纵向长度为8m×4跨=32m，横向宽度为6m×2跨=12m，模型中所取地基土体的纵向长度为50m，横向宽度为30m，深度为10m(约为框架基础高度的5倍)。

综上所述，有限元模型构件尺寸及相关描述见表4-11。

表4-11 **有限元模型构件尺寸及相关描述**

构件	单元类型	模型尺寸/mm	备注
梁	BEAM 188	588×300×12×20	钢Q345
柱	BEAM 188	300×300×10×15	钢Q345
隅撑支撑	SHELL 181	300×300×10×15	钢Q345

续表

构件	单元类型	模型尺寸/mm	备注
偏心支撑	SHELL 181	300×300×10×15	钢 Q345
基础	SOLID 65	3000×3000×2000	混凝土 C20
地基	SOLID 45	30000×3000×10000	中性黏土
接触界面	TARGE 170 和 CONTACT 174	无厚度接触单元	面-面接触

(2)荷载及边界条件

一般情况下,土体在自重作用下的固结变形在长期的历史演变过程中就已经完成,该变形称为先期固结变形。在不考虑构造地应力影响的情况下,土体内部的重力场和应力场达到相互平衡。

根据上述初始条件,建立有限元模型进行计算,依据土体实际的尺寸建立实体模型。如果在该模型上直接施加重力,则会产生附加的固结变形,在这种情况下计算出的结果不合理,使有限元计算初始条件与土体的实际状态不一致,严重时可能会导致无法进行后续的计算。所以在进行有限元计算时,首先必须消除地基土体的先期固结变形,使有限元计算初始条件与土体的实际状态一致。

根据以上情况,本书进行分步求解,导出初始应力值,然后将此应力值导入模型进行计算。这种计算方法考虑了重力作用,所建模型的尺寸和初始应力状态能很好地符合实际情况,这样更有利于后续荷载步的模拟计算。该方法的荷载分两步施加:第一步施加土体初始地应力,第二步施加框架自重和地表变形等其他荷载。

4.3.2 纯钢框架和带支撑钢框架结构的共同作用机理

通过数值模拟对比研究三类框架结构在五种地表变形过程中的附加变形和附加内力的变化规律,分析支撑及支撑形式对结构抗变形性能的影响。

(1)水平地表变形作用下结构响应对比

如 3.2 节所述,对地基土体两侧逐级施加拉伸或压缩变形,计算得到上部框架的响应在水平地表变形施加过程中的变化规律如下。

①水平地表变形作用下框架附加变形的变化规律。

框架边柱底和框架边柱顶部水平变形及竖向变形分别如表 4-12、表 4-13 所示。

表 4-12 水平地表拉伸变形作用下框架附加变形 (单位:mm)

框架类型	边柱底水平变形	边柱底竖向变形	边柱顶水平变形	边柱顶竖向变形
GTKF	−23.1	−21.54	0.3	−21.77
GTYC	−23.3	−18.01	5.7	−18.30
GTPX	−31.6	−19.23	7.6	−19.47

表 4-13 水平地表压缩变形作用下框架附加变形 (单位:mm)

框架类型	边柱底水平变形	边柱底竖向变形	边柱顶水平变形	边柱顶竖向变形
GTKF	15.6	−9.6	0.2	−11.6
GTYC	−7.2	−15.6	−8.8	−17.6
GTPX	−9.7	−15.2	−9.5	−17.2

从表 4-12 可以看出,在水平地表拉伸变形作用下,框架边柱底部和框架边柱顶部水平变形规律比较复杂。在达到拉伸最终变形量时,纯钢框架的变形量最小,其次分别是隅撑支撑钢框架和偏心支撑钢框架。其中,隅撑支撑钢框架的边柱顶水平变形是纯钢框架的 19 倍,偏心支撑钢框架的边柱顶水平变形是隅撑支撑钢框架的 1.3 倍;三类框架的边柱底水平变形基本接近。可以推出,框架水平变形是由土体某部分破坏造成的,由于偏心支撑钢框架直接与梁柱连接,土体发生破坏便牵动梁柱发生位移,而隅撑支撑钢框架是隅撑先产生变形,进而带动框架变形,因此比前者变形稍显滞后,且上部框架的刚度越小,越能延迟土体发生破坏的时间。边柱底竖向变形比较有规律,土体在拉伸作用下呈松散和下沉趋势,纯钢框架因为上部没有竖向的约束力所以变形最大,隅撑支撑钢框架则因其隅撑发挥了充分的耗能变形作用而使变形最小。在水平地表拉伸变形过程中,框架边柱顶部的竖向变形的总体趋势与边柱底部竖向变形趋势相近,总体上三类框架的竖向位移值比较接近。

由表 4-13 可以看出,在水平地表压缩变形作用下,关于框架边柱底部及框架边柱顶部的水平变形,隅撑支撑钢框架与偏心支撑钢框架的变形趋势保持一致,而纯钢框架的变形趋势与两者相反。纯钢框架边柱底的位移值是其他两类框架的将近 2 倍。因为支撑的刚度不在中心区,而是有偏移,所以支撑刚度大的一侧所传递过来的变形将反作用于另一侧,故出现了变形的反号现象。另外,三类框架顶部的水平变形量总体较小,纯钢框架的变形量仅为另外两类框架的 2.2%。隅撑支撑钢框架和偏心支撑钢框架之间的变形基本相近,前者的水平变形小于后者。

综合表 4-12、表 4-13 可以看出,在两种地表变形作用下,不同支撑形式对边柱顶位移的影响相似,而对于边柱底的位移,在水平地表压缩变形作用下,支撑的影响效果明显。

②水平地表变形作用下框架底层边柱底部附加内力的变化规律。

在水平地表变形作用下，框架底层边柱底部附加内力的变化规律分别如表 4-14、表 4-15 所示。

表 4-14　**水平地表拉伸变形作用下底层边柱底部附加内力**

框架类型	边柱底轴力/kN	边柱底弯矩/(kN·m)	边柱底剪力/kN
GTKF	−835.063	−14.218	−94.785
GTYC	−899.275	−21.195	18.563
GTPX	−905.805	−27.875	24.973

表 4-15　**水平地表压缩变形作用下底层边柱底部附加内力**

框架类型	边柱底轴力/kN	边柱底弯矩/(kN·m)	边柱底剪力/kN
GTKF	−783.632	−23.672	157.812
GTYC	−746.557	−24.941	28.422
GTPX	−730.286	−18.811	23.358

从表 4-14 和表 4-15 可以看出，在两种地表变形作用下，隅撑支撑钢框架和偏心支撑钢框架的底层边柱底轴力相近，纯钢框架的边柱底轴力与前两类框架有一定的差距。在水平地表拉伸变形作用过程中，纯钢框架的边柱底轴力最小，偏心支撑钢框架最大，隅撑支撑钢框架介于两者之间。在水平地表压缩变形作用过程中，顺序刚好相反。由此可以看出，支撑有利于缓解水平地表压缩变形作用下框架柱的压力。边柱底弯矩的变化趋势与轴力类似，数值都比较小，相对比较接近。在水平地表变形作用下，两种支撑框架的边柱底剪力比较接近，而纯钢框架的剪力比较大。这是由于支撑提供了一部分水平力，能抵消水平地表变形作用产生的水平力，因此带有支撑的框架边柱底剪力偏小。在水平地表拉伸变形作用下，纯钢框架的剪力值是两种带支撑框架的 5.11 倍和 3.80 倍；在水平地表压缩变形作用下，纯钢框架结构边柱底部剪力是两种带支撑框架的 5.55 倍和 6.76 倍。

对比三类框架在两种水平地表变形作用下的附加内力值可以看出，支撑在水平地表压缩变形作用下发挥了更大的作用，对于底层边柱而言，偏心支撑优于隅撑支撑。

③水平地表变形作用下顶层边柱底部附加内力的变化规律。

在水平地表变形作用下，框架顶层边柱底部附加内力的变化规律分别如表 4-16、表 4-17 所示。

表 4-16　　水平地表拉伸变形作用下顶层边柱底部附加内力

框架类型	边柱底轴力/kN	边柱底弯矩/(kN·m)	边柱底剪力/kN
GTKF	−204.032	−163.522	145.426
GTYC	−138.238	−62.534	51.423
GTPX	−156.432	−88.282	74.749

表 4-17　　水平地表压缩变形作用下顶层边柱底部附加内力

框架类型	边柱底轴力/kN	边柱底弯矩/(kN·m)	边柱底剪力/kN
GTKF	−181.706	−120.970	109.698
GTYC	−134.717	−58.604	51.622
GTPX	−154.039	−77.046	68.488

由表 4-16、表 4-17 可以看出，三种框架的附加内力变化趋势非常明显，楼层越往上，受到地基作用的影响就越小，而由于支撑耗能作用的层层累积，到达顶层后，各种附加内力的变化均趋于一致，支撑所起到的作用也更加明显。数据表明，带支撑钢框架的各内力值基本都能降低到纯钢框架的 50%左右。在水平地表拉伸变形和水平地表压缩变形作用下，纯钢框架柱底部的附加内力值大于有支撑的钢框架，且隅撑支撑钢框架柱底部的附加内力最小。

④底层框架梁弯矩随水平地表变形的变化规律。

在水平地表变形作用下，底层框架梁弯矩的变化规律分别如表 4-18、表 4-19 所示。

表 4-18　　水平地表拉伸变形作用下底层框架梁弯矩

框架类型	底层框架梁边柱端弯矩/(kN·m)	底层框架梁跨中弯矩/(kN·m)	底层框架梁中柱端弯矩/(kN·m)
GTKF	140.715	−138.311	18.819
GTYC	86.130	−58.632	92.043
GTPX	120.858	−83.334	128.349

表 4-19　　水平地表压缩变形作用下底层框架梁弯矩

框架类型	底层框架梁边柱端弯矩/(kN·m)	底层框架梁跨中弯矩/(kN·m)	底层框架梁中柱端弯矩/(kN·m)
GTKF	298.577	−77.263	−7.267
GTYC	87.815	−61.503	39.862
GTPX	84.176	−54.758	62.650

由表 4-18 和表 4-19 得出，在水平地表拉伸变形作用下，隅撑支撑钢框架表现的性能最好，梁中各处弯矩均比偏心支撑钢框架的小。其中，边柱端和跨中的弯矩是三类框架中最小的。中柱端的梁与支撑的位置比较接近，支撑在受变形作用的情况下，会产生变形而耗能，因此，此处纯钢框架的弯矩值反而最小。

在水平地表压缩变形作用下，两种带支撑的钢框架在边柱端处的梁弯矩比较接近，纯钢框架与前两者相比明显偏大。可以推断，上述弯矩的变化趋势即由在框架发生的平面外屈曲引起，而当框架内增加支撑后很大程度地降低了平面外屈曲，从而使其底层框架梁边柱端弯矩变化趋于稳定。

⑤顶层框架梁弯矩随水平地表变形的变化规律。

顶层框架梁弯矩的变化规律分别如表 4-20、表 4-21 所示。

由表 4-20 和表 4-21 可以发现，在两种水平地表变形作用下，隅撑支撑钢框架的顶层框架梁跨中弯矩小于偏心支撑钢框架，且两类带支撑钢框架的顶层框架梁跨中弯矩均小于纯钢框架。在水平地表压缩变形作用下，三类框架中框架梁边柱端和跨中两个部位的弯矩均小于水平拉伸作用下产生的弯矩。对于顶层框架梁中柱端弯矩，与前两个部位相反，纯钢框架的数值最小。

表 4-20　**水平地表拉伸变形作用下顶层框架梁弯矩**

框架类型	顶层框架梁边柱端弯矩/(kN·m)	顶层框架梁跨中弯矩/(kN·m)	顶层框架梁中柱端弯矩/(kN·m)
GTKF	221.915	−119.867	−10.219
GTYC	75.466	−75.981	48.748
GTPX	102.866	−96.117	133.051

表 4-21　**水平地表压缩变形作用下顶层框架梁弯矩**

框架类型	顶层框架梁边柱端弯矩/(kN·m)	顶层框架梁跨中弯矩/(kN·m)	顶层框架梁中柱端弯矩/(kN·m)
GTKF	166.171	−108.632	52.298
GTYC	69.889	−63.947	56.365
GTPX	96.618	−95.183	140.448

(2)竖向地表变形作用下结构响应对比

分别对地基土体底面施加斜率和正、负曲率变形作用，模拟不均匀沉降和正、负曲率变形，施加的最终斜率为 4.913mm/m，最终正、负曲率变形为 1.2×10^{-3} mm/m^2，计算得到在竖向地表变形施加过程中上部框架变形和内力的变化规律如下：

①竖向地表变形作用下框架变形的变化规律。

对于框架底部的变形，不均匀沉降考查框架下降端边柱底部与上升端边柱底部之间的沉降差，而正、负曲率变形则考查中柱底与边柱底之间的沉降差。对于框架顶部的变形，则考查框架边柱顶水平变形。其变化规律如表4-22、表4-23所示。

表4-22 **竖向地表变形作用下柱底部沉降差**

框架类型	不均匀沉降-边柱底间沉降差/mm	正曲率-边/中柱底沉降差/mm	负曲率-边/中柱底沉降差/mm
GTKF	−8.3	−17.9	−14.4
GTYC	−8.0	−4.1	−0.5
GTPX	−7.8	−4.0	−0.6

表4-23 **竖向地表变形作用下框架顶部水平变形**

框架类型	不均匀沉降-框架边柱顶水平变形/mm	正曲率-框架边柱顶水平变形 /mm	负曲率-框架边柱顶水平变形/mm
GTKF	11.2	0	0
GTYC	10.3	−0.5	4.0
GTPX	−39.4	−6.4	6.7

从表4-22可以看出，在不均匀沉降作用下，三类框架的竖向变形沉降差增大速率基本相同。在正、负曲率变形作用下，隅撑支撑钢框架和偏心支撑钢框架的边柱与中柱沉降差远小于纯钢框架。在正曲率作用下，隅撑支撑钢框架和偏心支撑钢框架的边柱与中柱沉降差分别仅为纯钢框架沉降差的23%和22%；在负曲率作用下，隅撑支撑钢框架和偏心支撑钢框架的边柱与中柱沉降差分别仅为纯钢框架沉降差的3.5%和4.2%。

由表4-23可知，在不均匀沉降作用下，框架顶部发生很大的侧移，其中，纯钢框架和隅撑支撑钢框架发生的侧移基本一致，偏心支撑钢框架的侧移量是前两者的4倍左右。在正、负曲率变形作用下，边柱柱顶发生的水平变形很小，纯钢框架的柱顶水平变形几乎为0，偏心支撑钢框架在这三组变形中最为明显。

②竖向地表变形作用下底层边柱底部内力的变化规律。

通过计算分析，得到在竖向地表变形作用下的底层边柱底部内力，列入表4-24～表4-26。

表 4-24　　竖向地表变形作用下底层边柱底部轴力

框架类型	不均匀沉降-底层边柱底部轴力/kN	正曲率-底层边柱底部轴力/kN	负曲率-底层边柱底部轴力/kN
GTKF	−750.875	−756.629	−757.524
GTYC	−836.898	−841.906	−733.450
GTPX	−837.191	−945.543	−724.753

表 4-25　　竖向地表变形作用下底层边柱底部弯矩

框架类型	不均匀沉降-底层边柱底部弯矩/(kN·m)	正曲率-底层边柱底部弯矩/(kN·m)	负曲率-底层边柱底部弯矩/(kN·m)
GTKF	4.915	−2.921	12.103
GTYC	−22.919	−20.956	−22.794
GTPX	−24.764	−29.201	−19.474

表 4-26　　竖向地表变形作用下底层边柱底部剪力

框架类型	不均匀沉降-底层边柱底部剪力/kN	正曲率-底层边柱底部剪力/kN	负曲率-底层边柱底部剪力/kN
GTKF	32.766	−19.474	80.688
GTYC	22.173	18.428	25.983
GTPX	23.825	25.348	22.809

从表 4-24 和表 4-25 可以看出，在不均匀沉降和正曲率变形作用下，随着变形的增大，三类框架的底部轴力和弯矩变化趋势一致，纯钢框架的底层边柱底部轴力和弯矩最小，偏心支撑钢框架的底层边柱底部轴力和弯矩最大；而在负曲率作用下，纯钢框架的底层边柱底部轴力最大，隅撑支撑钢框架的底层边柱底部弯矩最大。

由表 4-26 可以对比看出三类框架的底层边柱底部剪力的变化规律，在不均匀沉降和负曲率变形作用下，纯钢框架的底层边柱底部剪力最大，隅撑支撑钢框架和偏心支撑钢框架底层边柱底部剪力均大幅度降低。在不均匀沉降作用下，隅撑支撑钢框架和偏心支撑钢框架的底层边柱底部剪力比纯钢框架底层边柱底部剪力分别降低了 48%和 38%；在负曲率作用下，隅撑支撑钢框架和偏心支撑钢框架的底层边柱底部剪力比纯钢框架底层边柱底部剪力分别降低了 210%和 254%；在正曲率变形作用下，三类框架的底层边柱底部剪力比较接近。

③竖向地表变形作用下顶层边柱底部内力的变化规律。

通过计算分析，得到在竖向地表变形作用下的顶层边柱底部内力，列入表4-27～表4-29。

表4-27　**竖向地表变形作用下顶层边柱底部轴力**

框架类型	不均匀沉降-顶层边柱底部轴力/kN	正曲率-顶层边柱底部轴力/kN	负曲率-顶层边柱底部轴力/kN
GTKF	—179.583	—183.284	—179.185
GTYC	—136.845	—137.003	—134.426
GTPX	—155.632	—157.235	—153.884

表4-28　**竖向地表变形作用下顶层边柱底部弯矩**

框架类型	不均匀沉降-顶层边柱底部弯矩/(kN·m)	正曲率-顶层边柱底部弯矩/(kN·m)	负曲率-顶层边柱底部弯矩/(kN·m)
GTKF	—119.556	—126.743	—117.909
GTYC	—61.056	—61.145	—58.134
GTPX	—84.376	—91.635	—76.522

表4-29　**竖向地表变形作用下顶层边柱底部剪力**

框架类型	不均匀沉降-顶层边柱底部剪力/kN	正曲率-顶层边柱底部剪力/kN	负曲率-顶层边柱底部剪力/kN
GTKF	107.354	113.311	106.385
GTYC	53.781	53.902	51.271
GTPX	72.602	76.713	68.169

从表4-27、表4-28、表4-29可以看出，竖向地表变形和水平地表变形对框架顶层边柱底部内力的影响规律相似。在相同竖向地表变形作用下，有限元计算得出顶层边柱底部轴力、弯矩和剪力等内力的变化规律性很强，顶层边柱底部轴力、弯矩和剪力等内力均表现为纯钢框架最大、隅撑支撑钢框架最小，充分体现出支撑对框架结构抗变形的作用。

④竖向地表变形作用下底层框架梁弯矩的变化规律。

通过计算分析，得到在竖向地表变形作用下的底层框架梁弯矩，列入表4-30～表4-32。

表 4-30 **竖向地表变形作用下底层框架梁边柱端弯矩**

框架类型	不均匀沉降-底层框架梁边柱端弯矩/(kN·m)	正曲率-底层框架梁边柱端弯矩/(kN·m)	负曲率-底层框架梁边柱端弯矩/(kN·m)
GTKF	18.727	151.224	226.154
GTYC	87.593	83.840	83.492
GTPX	105.093	123.939	85.548

如表 4-30 所示，在不均匀沉降变形作用下，纯钢框架底层框架梁边柱端弯矩最小，偏心支撑钢框架底层框架梁边柱端弯矩最大；在正、负曲率作用下，弯矩变化规律相似，纯钢框架底层框架梁边柱端弯矩最大，隅撑支撑钢框架底层框架梁边柱端弯矩最小。

表 4-31 **竖向地表变形作用下底层框架梁跨中弯矩**

框架类型	不均匀沉降-底层框架梁跨中弯矩/(kN·m)	正曲率-底层框架梁跨中弯矩/(kN·m)	负曲率-底层框架梁跨中弯矩/(kN·m)
GTKF	−105.156	−112.486	−90.851
GTYC	−60.847	83.840	83.492
GTPX	−74.547	−57.771	−57.849

由表 4-31 可以看出，在不均匀沉降变形作用下，纯钢框架的底层框架梁跨中弯矩最大，隅撑支撑钢框架的底层框架梁跨中弯矩最小；在正、负曲率变形作用下，纯钢框架的底层框架梁跨中弯矩最大，偏心支撑钢框架的底层框架梁跨中弯矩最小，隅撑支撑钢框架的底层框架梁跨中弯矩值出现了正值。

表 4-32 **竖向地表变形作用下底层框架梁中柱端弯矩**

框架类型	不均匀沉降-底层框架梁中柱端弯矩/(kN·m)	正曲率-底层框架梁中柱端弯矩/(kN·m)	负曲率-底层框架梁中柱端弯矩/(kN·m)
GTKF	45.060	58.428	32.096
GTYC	70.939	87.427	50.892
GTPX	101.765	112.892	82.266

从表 4-32 可以看出，在三种竖向地表变形作用下，底层框架梁中柱端弯矩变化规律相似，均为纯钢框架的梁中柱端弯矩最小，偏心支撑钢框架的梁中柱端弯矩最大。

⑤竖向地表变形作用下顶层框架梁弯矩的变化规律。

通过计算分析，得到在竖向地表变形作用下的顶层框架梁弯矩，列入表4-33～表4-35。

表4-33 竖向地表变形作用下顶层框架梁边柱端弯矩

框架类型	不均匀沉降-顶层框架梁边柱端弯矩/(kN·m)	正曲率-顶层框架梁边柱端弯矩/(kN·m)	负曲率-顶层框架梁边柱端弯矩/(kN·m)
GTKF	160.140	170.280	159.990
GTYC	73.273	73.505	69.403
GTPX	100.773	104.989	96.226

表4-34 竖向地表变形作用下顶层框架梁跨中弯矩

框架类型	不均匀沉降-顶层框架梁跨中弯矩/(kN·m)	正曲率-顶层框架梁跨中弯矩/(kN·m)	负曲率-顶层框架梁跨中弯矩/(kN·m)
GTKF	−109.391	−109.257	−102.014
GTYC	−74.414	−74.605	−63.502
GTPX	−97.637	−97.799	−97.465

表4-35 竖向地表变形作用下顶层框架梁中柱端弯矩

框架类型	不均匀沉降-顶层框架梁中柱端弯矩/(kN·m)	正曲率-顶层框架梁中柱端弯矩/(kN·m)	负曲率-顶层框架梁中柱端弯矩/(kN·m)
GTKF	59.271	47.412	60.484
GTYC	51.751	51.434	57.043
GTPX	135.521	130.495	140.936

由表4-33～表4-35可以看出，在三种竖向地表变形作用下，顶层框架梁各部位弯矩变化规律比较相似。总的来说，隅撑支撑钢框架的顶层框架梁边柱端和跨中的弯矩都是最小的；偏心支撑钢框架的顶层框架梁中柱端的弯矩最大。由于纯钢框架的刚度较小，内部无缓解变形的部分，因此纯钢框架顶层框架梁的弯矩随着位置的变化而变化，在竖向地表变形作用下纯钢框架的顶层框架梁跨中弯矩最大。

4.3.3 各类地表变形横向对比分析

由于不同地表变形对上部框架的作用机理不同，对上部框架的影响亦存在明显的差异，因此，可以从不同地表变形作用对上部框架的影响效应角度作横向对比分析。

不同地表变形作用对上部框架沿高度方向的影响是不同的，其中不均匀沉降对框架结构沿高度方向的影响最为均衡，框架底部和顶部所受的影响差异最小，按框架高度方向受影响的均衡性排序，依次为不均匀沉降变形、负曲率变形、正曲率变形、水平地表拉伸变形和水平地表压缩变形。其主要原因是：在不均匀沉降变形作用下，影响框架结构稳定性的主要是整体倾斜变形和框架两跨间较大的竖向相对错动变形；在曲率变形作用下，影响框架结构稳定性的主要是在其边柱与中柱间的竖向相对错动变形，由于初始的边柱、中柱沉降差与负曲率变形的情况一致，因此在相同曲率变形作用下，负曲率变形作用下的框架结构的最终竖向沉降差大于正曲率变形作用，故前者对框架沿高度方向的影响大于后者；在水平地表压缩变形作用下，影响框架结构稳定性的主要是在框架结构两跨的水平方向相对变形，其对框架结构沿高度方向的影响显然小于相对错动变形；而在水平地表拉伸变形作用下，由于下部土体呈松散趋势且较易发生局部破坏，因而对框架结构的竖向影响加大，水平拉伸变形沿高度方向的影响大于水平压缩变形。

以隅撑支撑钢框架和偏心支撑钢框架的作用效应为参考，对地表变形的影响作横向对比，水平地表变形对隅撑支撑钢框架作用显著，其次为正、负曲率变形，而不均匀沉降变形对其影响最小；而偏心支撑钢框架的影响效应则次于隅撑支撑钢框架，表现不太明显。造成上述差异的根本原因在于：在不同地表变形作用下，隅撑支撑钢框架和偏心支撑钢框架发挥耗能作用的原理不同。在水平地表变形作用下，隅撑支撑和偏心支撑与框架协同工作主要是隅撑支撑和偏心支撑构件为框架提供轴向抗拉压能力，隅撑支撑的整体性好，发生耗能变形的部位在隅撑内部，能降低框架结构的附加内力和附加变形；而偏心支撑的变形耗能部位位于框架梁端部，将会使部分框架梁内力变形偏大，如果偏心支撑的刚度等因素设计不合理，则会导致框架的内力变形偏大，总体上只有以位于框架底部的部分截面参与工作为主。因此，在水平地表变形作用下，隅撑支撑的影响效应显著，而偏心支撑则相对较弱；在竖向地表变形作用下，隅撑支撑和偏心支撑主要对框架提供其抗侧刚度，隅撑支撑的抗侧刚度大于偏心支撑的抗侧刚度，因此隅撑支撑钢框架的抗变形能力优于偏心支撑钢框架和纯钢框架。

4.4 地基-基础-空间框架结构共同作用机理研究

4.4.1 地基-基础-空间框架结构共同作用计算模型的建立

上部空间钢框架的计算原型取最有代表性的多层框架，纵向 2 跨，每跨 6m，共 12m，横向 1 跨为 8m，中间设次梁，层高为 3m，以 4 层空间框架结构为主，考虑上部结构刚度变化时分为2、4、6层考虑。结构形式考虑目前多层钢框架最常用的两种上部结构形式和两种基础形式，组合成四种结构形式，即独立基础纯钢框架结构、条形基础纯钢框架结构、独立基础支撑框架结构、条形基础支撑框架结构。三维纯钢框架结构和三维支撑框架结构的有限元模型及单元划分分别见图4-42和图4-43。在计算中忽略楼板影响，将楼板自重和楼面荷载转化为梁上线荷载。

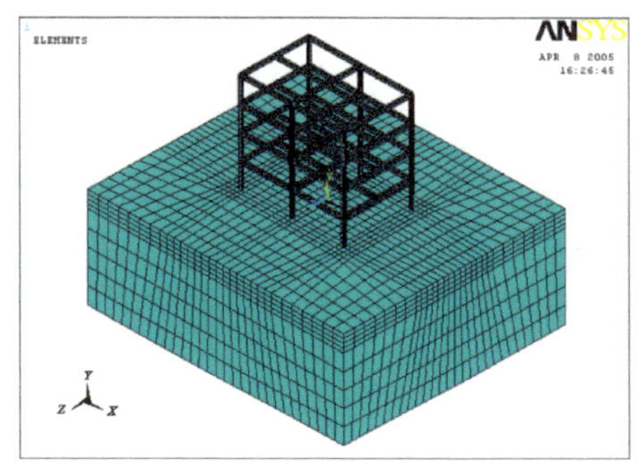

图4-42 三维纯钢框架计算模型

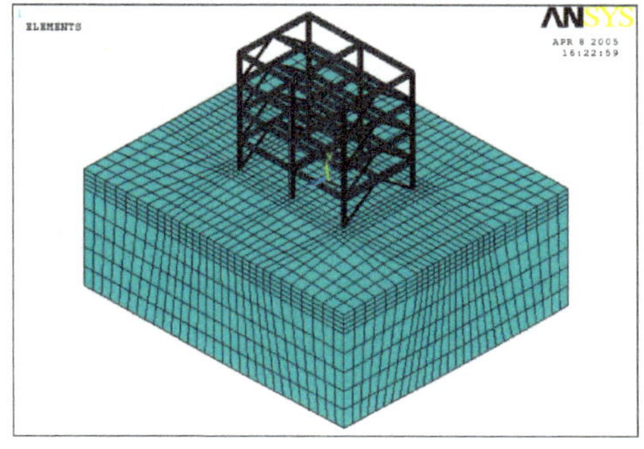

图4-43 三维支撑框架计算模型

根据上部结构对地基应力的影响范围，基础底面以下地基土体厚度取10m，地基土体沿建筑物的长边方向取32m、沿建筑物的短边方向取27m，基础埋深为2m，重力加速度取9.8m/s^2，钢材重度取7850kg/m^3，混凝土重度取2500kg/m^3，地基土体重度取1800kg/m^3。三维有限元计算中各构件的理论计算单元选择见表4-36。

表4-36 理论计算单元选择一览表

名称	选择单元	模型尺寸/mm	弹性模量/MPa	泊松比	备注
地基土	SOLID 45	32000×26000×12000	30	0.25	参数由现场试验得到
基础	SOLID 65	3000×3000×2000	2.55×10^4	0.20	混凝土C20
柱	BEAM 188	300×300×10×15	2.0×10^5	0.30	钢Q345
梁	BEAM 188	300×400×10×16	2.0×10^5	0.30	钢Q345
支撑	LINK 8	150×150×7×10	2.1×10^5	0.30	钢Q235
面-面接触	TARGE 170 CONTACT 174	—	—	—	参数由界面试验得到

4.4.2 采动区地基-基础-框架结构共同作用的主要影响因素

在采动区各种地表变形作用下，通过三维有限元计算，研究地基参数、上部结构刚度和基础形式等主要影响因素对地基-基础-框架结构共同作用的影响规律。为了说明其变化情况，均以未加变形的荷载状态为基准进行对比。

(1)地基参数对共同作用的影响规律

为了研究采动区地基参数及弹性地基模型和弹塑性地基模型对地基-基础-框架结构共同作用的影响规律，按照地基土参数的取值分为三种不同情况，计算编号与地基土参数取值的对应情况见表 4-37，中硬地基的参数采用现场试验验证的参数，以此为基准，对比研究软土地基(弹塑性地基模型)和中硬地基(弹性地基模型和弹塑性地基模型)。上部结构采用四层独立基础的纯钢框架结构，施加的水平地表拉伸变形为 12mm/m。

表 4-37 **地基土参数**

地基类型	软土地基	中硬地基		备注
计算编号	1.1	1.2	1.3	不考虑地基塑性变形和破坏，变形始终为弹性变形
地基弹性模量 E_s/MPa	3	30	30	
泊松比 μ	0.42	0.25	0.25	
内聚力 c/kPa	10	不考虑	40	
内摩擦角 φ/(°)	15	不考虑	25	
容重/(kN/m^3)	18	18	18	

在以下计算结果中，都包括 5 种方案的计算结果对比，分别为施加变形前两种地基模型情况和施加变形后三种地基模型情况。未受地表变形影响前，仅在上部结构荷载作用下，采用中硬地基的弹性地基模型和弹塑性地基模型(计算编号为 1.2、1.3)计算得到的上部结构内力和变形相等，说明当上部结构荷载不大时，地基处于弹性状态，因此，仅给出计算编号为 1.2 的计算结果。

①地基参数对基础和地表变形的影响。

为了研究地基参数对基础和地表变形的影响，通过选取两条路径来分析，路径 1 沿 X 方向选取，路径 2 沿 Z 方向选取，见图 4-44。两个路径均为地表和基础上的点，并分别通过 X 向和 Z 向柱脚。

图 4-45 是不同地基受拉伸变形引起的地表变形图。该图表示了在水平拉伸变形作用下，地基参数对基础与地表变形的影响。未受拉伸变形影响时，在上部结构荷载作用下，产生竖向沉降。由图 4-45(a)可见，其他条件相同，软土地基($E=$

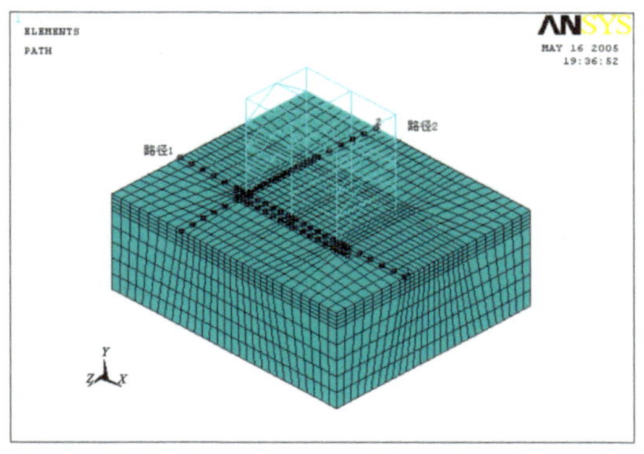

图 4-44 分析路径的位置图

3 MPa)的基础下沉较大，是中硬地基土(E=30MPa)时的 5.05 倍，而且基础的沉降明显大于中硬地基土中基础的沉降。对比弹性地基和弹塑性地基，基础的下沉和边柱的转角均相同，说明上部结构荷载不大时，地基处于弹性状态，地基弹性模量 E 是影响地基和基础竖向变形的主要因素。

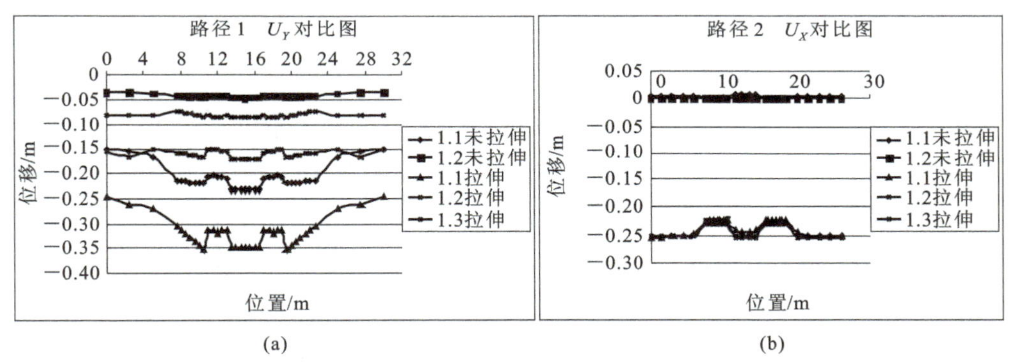

图 4-45 不同地基受拉伸变形引起地表变形

(a)地表竖向变形比较图；(b)地表水平变形比较图

施加水平拉伸变形后，对比计算方案 1.2 和方案 1.3 可见，弹塑性地基的框架中柱基础竖向下沉是弹性地基的 2.09 倍，地表下沉小于基础下沉，出现不均匀沉降，地基的弹塑性特性有所体现；而弹性地基的地基变形与基础变形差异不大。边柱基础出现明显的转动和切入，其切入的程度与地基弹性模量相关，地基弹性模量越小，则切入程度越大。

路径 2 与拉伸方向垂直，未施加变形时，该路径各点的位移值基本相同，呈水平直线。施加水平拉伸变形后，图 4-45(b)在基础位置有两个明显的突变，说明基础的水平变形值小于同位置地基的水平变形值，说明基础有阻止地基水平拉伸的作用，但地基参数对地基和基础的水平变形影响不大。

②地基参数对基础底部应力和地基应力的影响。

通过对比三柱两跨独立基础的底部应力变化和地基应力变化情况，研究地基参数对基础底部应力和地基应力的影响。图 4-46 是不同地基受拉伸变形引起基础底部应力变化图。由图 4-46(a)可见，未施加水平拉伸变形时，软土地基边柱基础底面 x 方向应力大于中硬地基基础底面应力，其峰值出现在基础底部中央，应力呈对称分布。施加水平拉伸变形后，三个基底应力均有所增加，中硬地基柱的应力增加幅度较大，其中以采用中硬弹性地基时框架中柱应力增加的幅度最大，而且其边柱的应力峰值位置向中柱方向偏移，这说明基础与地基间出现相对滑动。

由图 4-46(b)可见，未施加水平拉伸变形时，基础底部竖向应力呈对称分布，每个独立基础底部竖向应力均呈马鞍形分布。施加水平拉伸变形以后，中硬地基边柱基础底部应力发生明显变化，边柱内侧的基底应力大幅度增加，而边柱外侧基底出现拉应力，由于软土地基基础切入地基的幅度较大，基础底面边缘的应力释放，其基础底面应力变化幅度远小于中硬地基的基础。

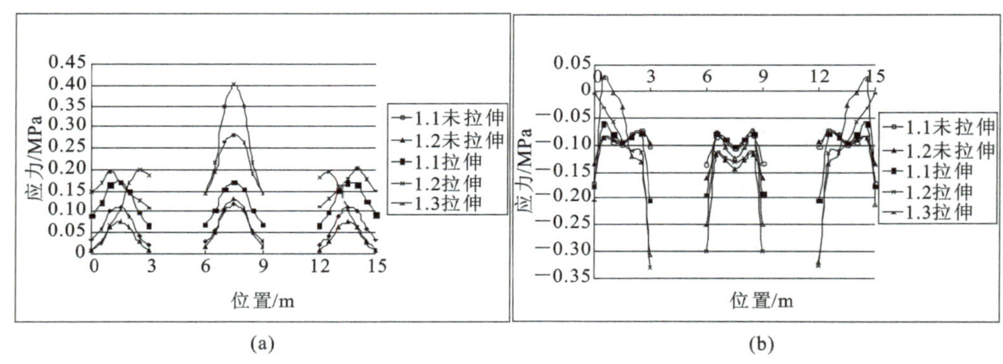

图 4-46　不同地基受拉伸变形引起基础底部应力变化

(a)基础底部 x 方向应力变化；(b)基础底部 y 方向应力变化

图 4-47 是三个独立基础的地基在 x 方向和 y 方向的应力分布图，由图 4-47(a)可见，未受变形影响的地基，x 方向应力分布较为均匀，与地基参数基本无关。施加水平拉伸变形以后，中硬弹性地基 x 方向应力增幅较大，而弹塑性地基的软土地基和中硬地基 x 方向应力增幅较小，表明弹塑性地基模型考虑了采动影响时应力重分布。

由图 4-47(b)可见，地表水平拉伸变形对软土地基 y 方向的应力影响不大，但对于中硬地基 y 方向的应力影响很大，特别是边柱基础底面的地基应力变化最大，主要是边柱出现转动切入，在切入位置出现应力突增，而在靠外侧则出现地基应力降低，甚至出现受拉的现象，这是由于基础与地基之间已出现微弱的接触脱离。对于弹塑性地基，则在框架边柱外边缘出现地基应力重分布。

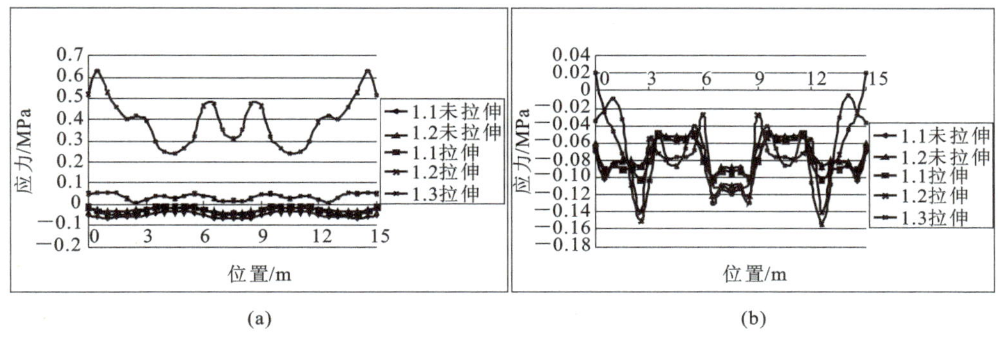

图 4-47 不同地基受拉伸变形引起地基应力变化

(a) x 方向应力变化；(b) y 方向应力变化

③地基参数对上部结构弯矩、剪力和轴力的影响。

图 4-48 是在水平拉伸变形作用下，地基参数对上部结构梁弯矩的影响。由图 4-48(a)可见，未受地表变形影响的软土，在上部结构荷载作用下的地基-基础-上部结构共同作用的效果明显，框架梁产生内力重分布，出现边支座加载、内支座卸载，表现为梁在边柱处的梁端负弯矩明显增大，中柱处的梁端负弯矩明显减小，梁端由负弯矩变为正弯矩，梁跨中弯矩增大并向中柱偏移，框架梁的受力特性与现有的理论研究和实测成果相吻合。地基-基础-上部结构共同作用对底层梁弯矩影响最大，随着层数增加，变形对梁内力影响快速衰减，对第四层及以上梁的影响极小。对于中硬地基的共同作用效果不明显，对应图 4-46 可以说明，中硬地基在上部结构荷载作用下地表变形很小。

对比图 4-48(a)～(d)可见，对于软土地基，水平拉伸变形引起框架底层梁的弯矩变化表现为梁的支座弯矩减小，梁的跨中弯矩略有增大，抵消一部分荷载引起的共同作用影响，但变形对二层以上框架梁的影响极小。对于中硬地基，水平拉伸变形对框架梁弯矩的影响主要集中在底层，对于二层以上梁弯矩的影响不明显，具体表现为：中柱位置的梁端弯矩增大，跨中弯矩增大并向边柱偏移，靠近边柱的梁端弯矩由负弯矩变为较大的正弯矩，略小于跨内最大弯矩。比较弹塑性地基和弹性地基，水平拉伸变形对梁的影响规律基本一致，只是在数值上有所差异，弹塑性地基底层梁的弯矩变化量小于弹性地基，而对二层以上梁的弯矩影响则大于弹性地基。两者引起上部结构内力变化的原因略有不同，主要因素是受地表拉伸变形作用，弹性地基的边柱转角大于弹塑性地基，但对于弹塑性地基模型，还要考虑基础不均匀沉降，两种因素产生的梁内力变化相反，有利于减小梁的弯矩，但水平变形引起的内力变化远大于不均匀沉降的影响，与试验结论相符。

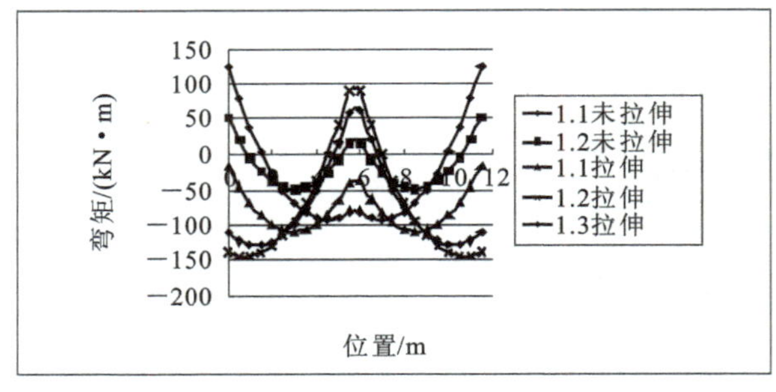

(a)

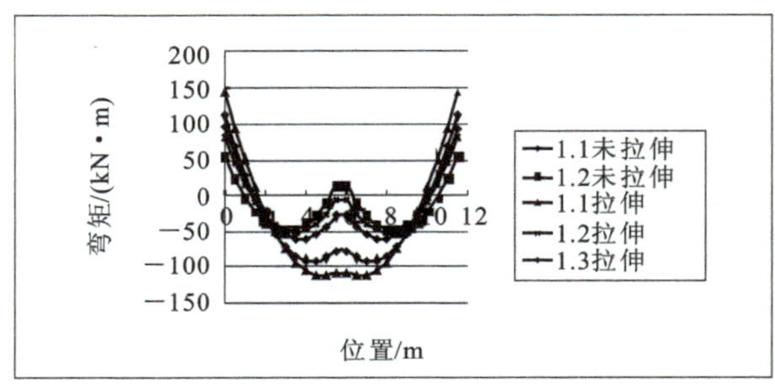

(b)

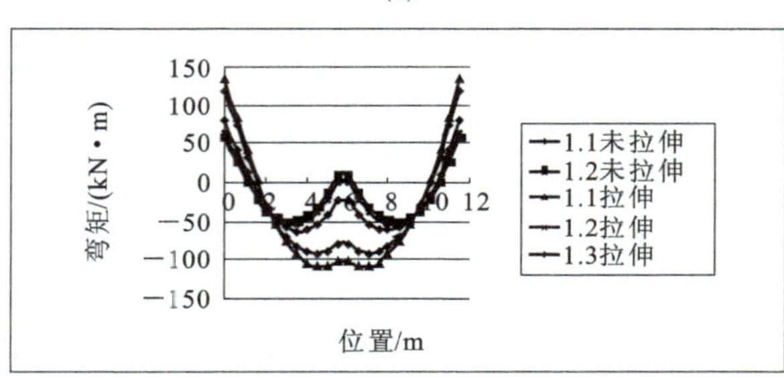

(c)

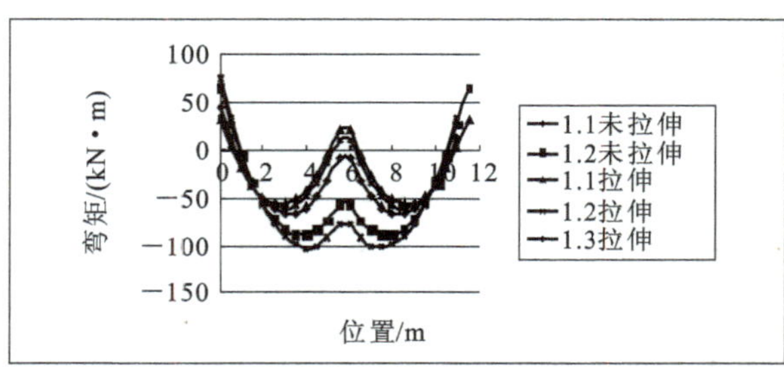

(d)

图 4-48　不同地基土对上部结构梁弯矩的影响

(a)底层梁弯矩对比图;(b)二层梁弯矩对比图;(c)三层梁弯矩对比图;(d)四层梁弯矩对比图

由图 4-49 可见，地基-基础-框架结构共同作用对框架底层柱影响较大，而越往上共同作用的影响越小，三种地基模型计算出的二层以上框架柱的弯矩值基本相同。

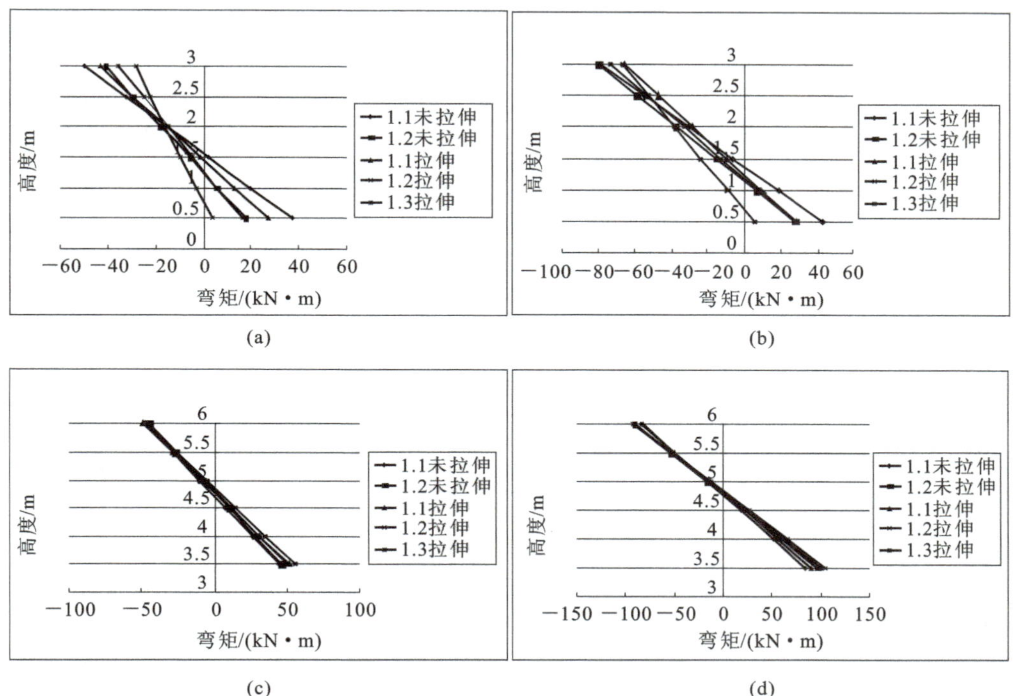

图 4-49 不同地基对上部结构柱弯矩影响

(a)底层左边柱弯矩对比图；(b)底层中柱弯矩对比图；(c)二层左边柱弯矩对比图；(d)二层中柱弯矩对比图

考虑上部荷载引起的共同作用与水平变形引起的共同作用，按三种地基模型计算的独立基础纯钢框架柱脚变形和剪力、轴力及上部结构最大第一主应力的变化情况见表 4-38。

表 4-38 **三种地基模型共同作用引起柱脚的附加变形和附加内力**

附加变形	变形情况	地基 1.1(E_s=3MPa；c=10kPa；φ=15°；μ=0.42)		地基 1.2(E_s=30MPa；μ=0.25；不考虑 c、φ)		地基 1.3(E_s=30MPa；c=40kPa；φ=25°；μ=0.25)	
		左边柱	中柱	左边柱	中柱	左边柱	中柱
柱脚水平变形/m	荷载作用	0.0029	0	0.001	0	0.001	0
	拉伸变形	−0.223	−0.180	−0.230	−0.180	−0.222	−0.180

续表

附加变形	变形情况	地基 1.1(E_s=3MPa；c=10kPa；φ=15°；μ=0.42)		地基 1.2(E_s=30MPa；μ=0.25；不考虑 c,φ)		地基 1.3(E_s=30MPa；c=40kPa；φ=25°；μ=0.25)	
		左边柱	中柱	左边柱	中柱	左边柱	中柱
柱脚竖向变形/m	荷载作用	−0.218	−0.234	−0.042	0.047	−0.042	−0.047
	拉伸变形	−0.330	−0.350	−0.079	−0.086	−0.164	−0.173
柱脚剪力/kN	荷载作用	−74.08	−0.28	−20.46	−0.018	−20.46	−0.018
	拉伸变形	67.33	−0.37	147.00	0.174	142.80	−1.160
柱脚轴力/kN	荷载作用	−696.7	−756.7	−533.9	−1067.6	−573.4	−1003.3
	拉伸变形	−692.4	−763.8	−556.0	−1036.4	−574.5	−998.7
上部结构最大第一主应力/MPa	荷载作用	174(顶层柱角部)		12(中跨梁底部)		126(中跨梁底部)	
	拉伸变形	204(底层边柱翼缘)		345(边柱柱脚)		345(边柱柱脚)	

由表 4-38 可见：①地基参数对柱脚的水平变形基本没有影响，对基础的竖向变形影响较大。②软土地基边柱与中柱的轴力接近，而中硬地基中柱的轴力是边柱的 2 倍左右，地表水平拉伸变形对框架柱的轴力影响很小。③水平拉伸变形对软土地基框架柱的剪力影响不大，而对中硬地基框架柱的剪力影响较大，但是影响主要集中在底层柱，越往上其影响越微弱。④柱脚相对水平位移相同时，中硬地基与上部结构共同作用产生的附加应力远大于软土地基与上部结构共同作用产生的附加应力。⑤地表水平拉伸变形传递给独立基础柱脚的相对水平拉伸变形基本不受地基土体的力学性能影响。

(2)框架结构刚度对共同作用的影响规律

为了探讨和分析框架结构刚度对共同作用的影响规律，采用改变框架结构的层数来体现框架结构刚度的变化，分别取 2、4、6 层进行计算。框架结构的计算模型为纯钢框架条形基础，框架结构 2、4、6 层对应的编号为 2.1、2.2 和 2.3，施加水平拉伸变形为 12mm/m，地基参数取表 4-37 中的编号 1.3 模型参数。

①框架结构对地基和基础变形的影响。

由图 4-50 可见，随着框架结构层数的增加，即上部荷载增大，地表竖向位移有微小增大；施加水平变形后，随框架结构层数的增加，地表竖向位移明显增大，表现为条形基础两端大而中间小的正曲率变形；结构刚度的变化对垂直拉伸方向的水平变形影响不大，基础水平变形小于地基水平变形。

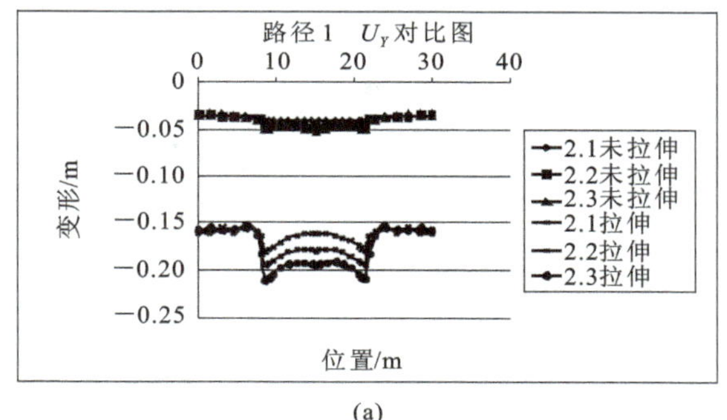

(a)

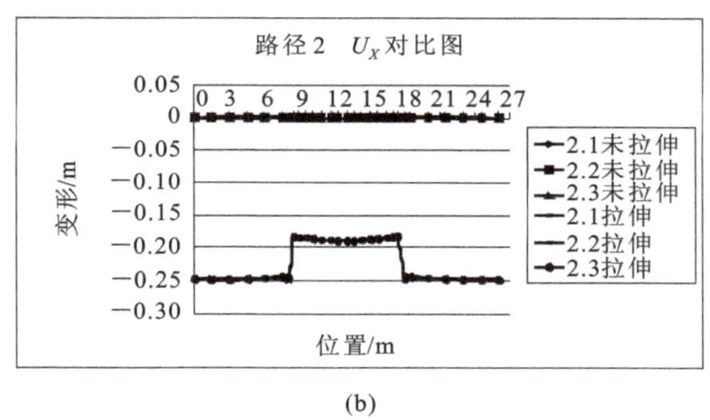

(b)

图 4-50 框架结构层数不同受拉伸变形引起地表变形对比图

(a)沿拉伸方向的竖向变形;(b)垂直于拉伸方向的水平变形

②条形基础和地基应力变化对比。

框架结构刚度不同时,基础底部应力的变化规律如图 4-51(a)所示,在上部荷载作用下,条形基础在柱下部位的铅垂方向的应力随框架结构层数的增加而增大。地表水平拉伸使中柱位置的条形基础的铅垂方向应力增加,边柱处的条形基础底面的铅垂方向应力减小。随着建筑物层数的增加,地表水平拉伸引起的基础应力变化幅度增大。

框架结构刚度不同时,地基铅垂方向应力的变化规律如图 4-51(b)所示,在上部荷载作用下,随着框架结构层数的增加,地基应力增大。施加水平拉伸变形后,条形基础底部地基边缘应力随层数增加大幅度减小,但条形基础底部地基跨中应力却随层数增加而大幅度增加,当框架结构层数增加到一定程度时,应力增加幅度就不明显了,六层条形基础底部地基跨中应力与四层的基本相等,这说明当考虑地基的弹塑性后,在框架结构层数增加到一定程度时,地基土体塑性的出现会使基底反力发生重分布,因而基底应力不会出现无限增大的现象,说明框架结构的刚度作用是有限的。

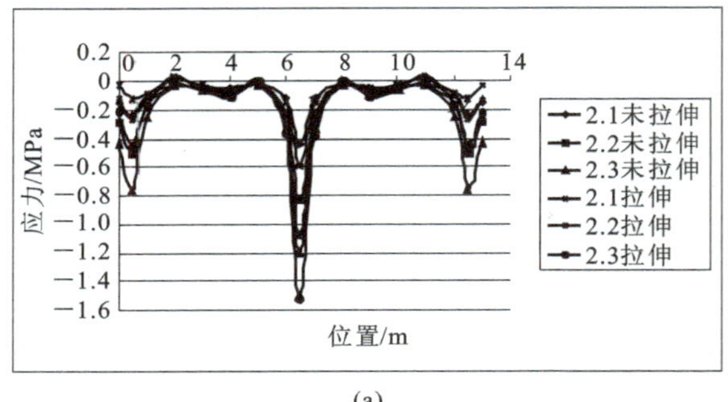

(a)

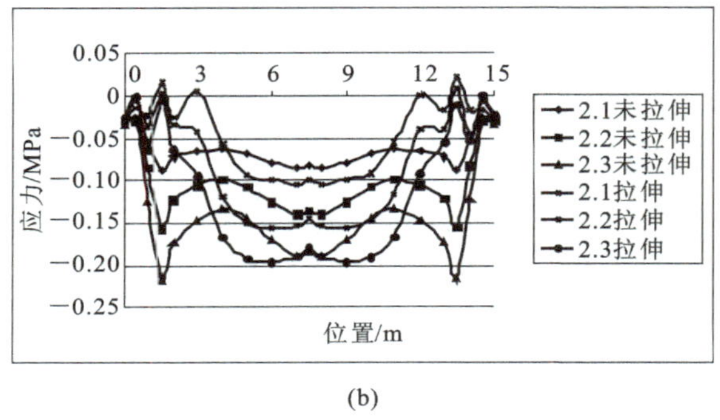

(b)

图 4-51　框架结构刚度对基础底部应力和地基铅垂方向应力的影响

(a)条形基础底部应力变化；(b)条形基础下地基铅垂方向应力变化

③框架结构刚度对梁弯矩的影响。

未施加变形时，框架结构层数增加对底层梁的影响不大，框架结构刚度对梁弯矩的影响见图 4-52。地表变形引起框架梁弯矩变化较大，边柱的梁端负弯矩大幅度减小，中柱的梁端负弯矩大幅增加，六层框架梁弯矩增加的幅度最小，说明框架结构刚度大(高度与宽度比值大)，变形引起梁的附加弯矩小。

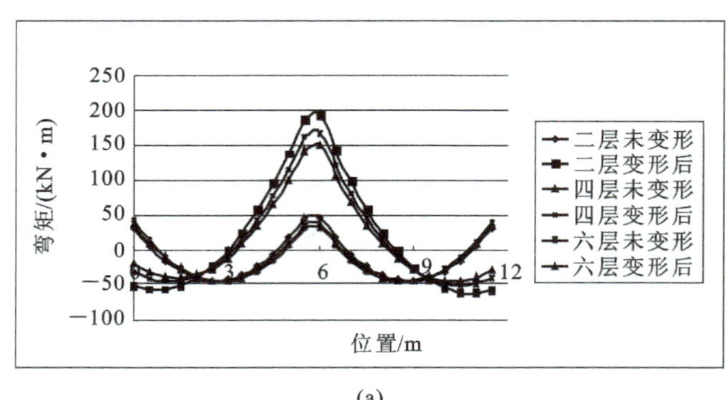

(a)

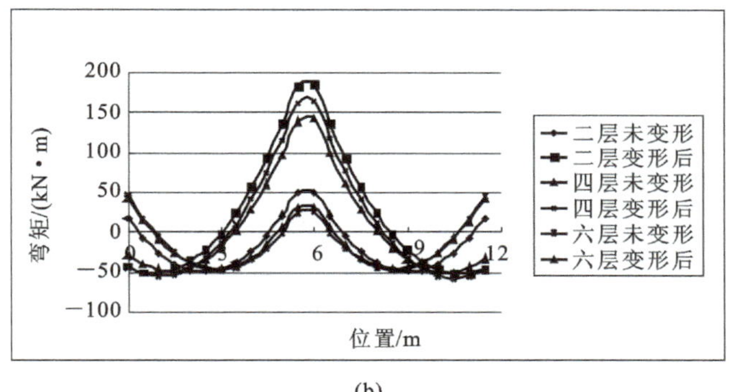

(b)

图 4-52　框架结构刚度对梁弯矩影响

(a)底层梁弯矩对比图;(b)二层梁弯矩对比图

(3)基础形式对共同作用的影响规律

对于多层钢框架结构,常采用的基础形式主要有独立基础和条形基础,通过计算四层独立基础纯钢框架(编号 3.1)和条形基础纯钢框架结构(编号 3.2)的内力,比较基础形式对共同作用的影响,施加的地表水平拉伸变形为 12mm/m。

①基础刚度对基础和地基变形的影响。

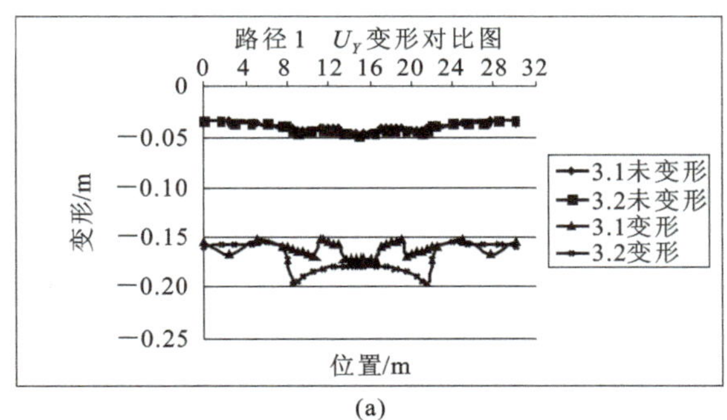

(a)

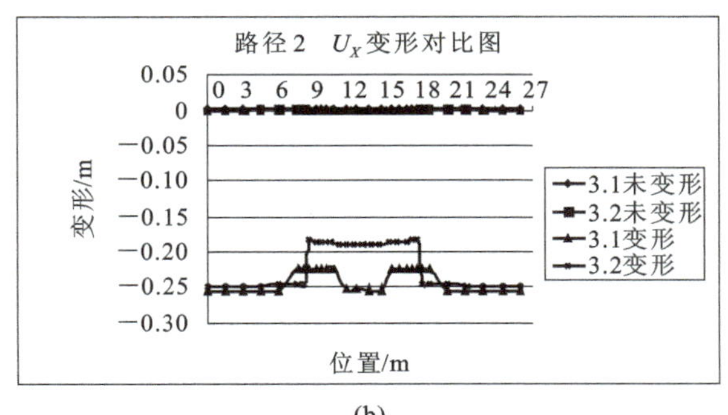

(b)

图 4-53　基础刚度不同受拉伸变形引起地表变形对比图

(a)沿拉伸方向的竖向变形;(b)垂直于拉伸方向的水平变形

地表拉伸变形时，不同的基础刚度引起地表和基础变形的规律见图 4-53。由图 4-53(a)可见，在上部荷载作用下，中硬地基的基础刚度对基础变形的影响不大。但受水平拉伸变形的作用，条形基础的竖向变形呈正曲率变形，而独立基础出现竖向变形，而且边柱位置的基础也出现转动。由图 4-53(b)可见，由于条形基础的刚度较大，在垂直于拉伸方向，条形基础的水平变形小于独立基础，也小于地基的水平变形，从而减小地基拉伸引起的柱间相对变形，条形基础的水平变形是地基的水平变形的 76.4%，而独立基础的水平变形是地基的水平变形的 88%。

②基础刚度对框架结构内力的影响。

基础刚度变化引起的框架结构内力重分布规律见图 4-54。不考虑采动影响，基础刚度的变化对框架结构的内力分布影响不大。在水平拉伸变形作用下，基础刚度不同，引起的框架结构的内力变化规律基本一致，具体表现为：中柱位置的梁端负弯矩增大，边柱位置的梁端负弯矩减小，甚至变为正弯矩，且跨中弯矩向边柱偏移。不同的是，独立基础底层框架梁在边柱位置的梁端弯矩变化幅度和跨中弯矩增大幅度都远大于条形基础的框架梁，该变化对于二层以上梁的弯矩影响已经不明显。但拉伸变形引起条形基础框架梁在中柱位置的梁端负弯矩增大幅度大于独立基础，而且随着层数的增加，梁弯矩减小的幅度不大。两种不同类型基础对框

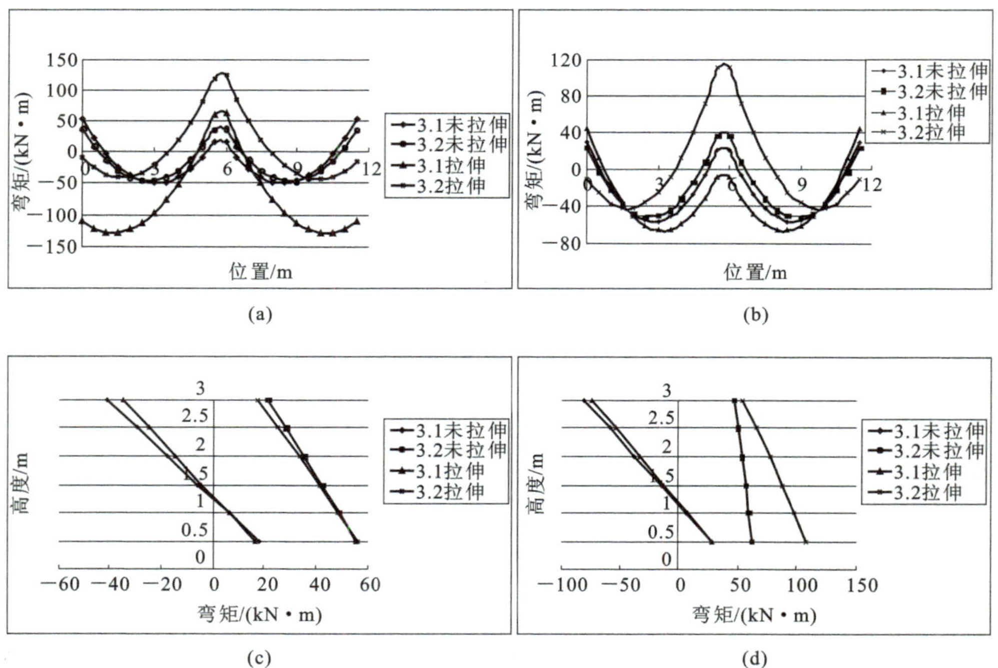

图 4-54　基础刚度、拉伸变形对框架结构梁柱弯矩的作用

(a)底层梁弯矩对比图；(b)四层梁弯矩对比图；(c)底层左边柱弯矩对比图；(d)底层中柱弯矩对比图

架底层柱弯矩影响较大，地表拉伸变形对独立基础的框架边柱和中柱的影响不大，而对条形基础的框架边柱影响不大，对中柱的影响较大，见图 4-54(c)、(d)。对于二层以上柱弯矩的影响很小。

对两种不同类型基础，随着基础刚度的增大，内柱的轴力逐渐减小，而中柱轴力增大，在竖向荷载作用下的沉降值有所减小，同时在水平拉伸变形影响下，柱间水平变形值也有所减小。

4.4.3 地表变形对地基-基础-空间框架结构的作用机理

对上部建筑物影响较大的采动地表变形主要有四种：水平拉伸变形和水平压缩变形、正曲率变形和负曲率变形，施加的最大水平变形值为±12mm/m，最大正负曲率值为$\pm 1.2\times 10^{-3}\,m^{-1}$。首先研究四种单一变形对地基-基础-空间框架结构的影响，再结合图 2-3 空间下沉盆地的特点，研究建筑物位于空间下沉盆地的典型位置时，不同的变形组合值对地基-基础-空间钢框架结构共同作用的影响。计算模型为条形基础、四层纯钢框架结构，中硬地基参数。

(1)地表变形对基础和地基变形的影响

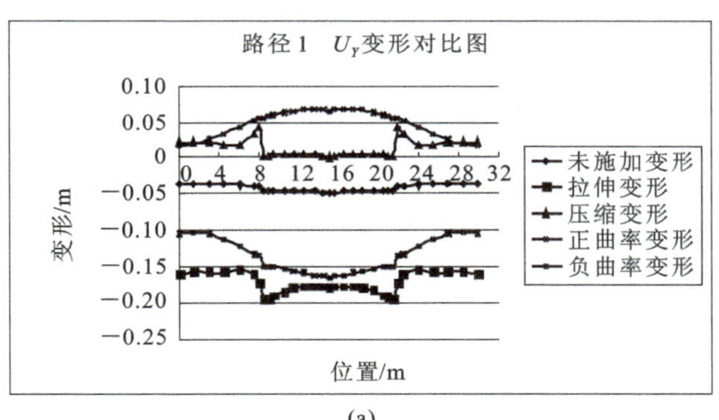

(a)

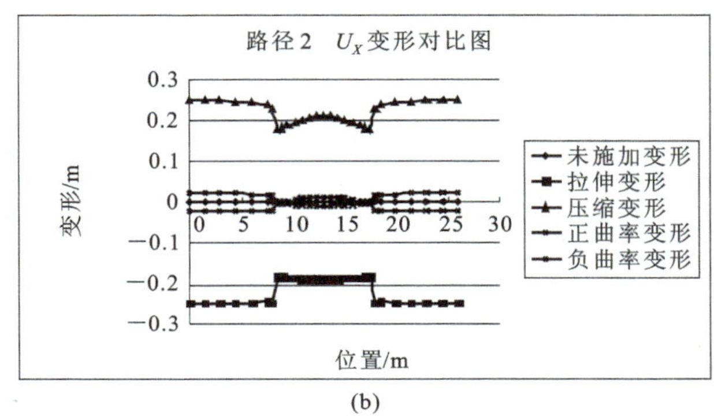

(b)

图 4-55 地表变形对基础和地基变形的影响

(a)沿拉伸方向的竖向变形；(b)垂直于拉伸方向的水平变形

图 4-55 表示不同地表变形对基础和地基变形的影响。由图 4-55 (a)可见，由于上部荷载和地基自重产生下沉，基础下沉略大于周围地基下沉，压缩变形和正曲率变形首先抵消荷载产生的竖向变形，正曲率变形和拉伸变形均使条形基础产生向上弯曲变形，而负曲率变形使条形基础产生向下弯曲变形。由图 4-55(b)可见，对于水平拉伸和压缩变形，建筑物基础阻止其变形，因此条形基础的水平拉伸和压缩变形小于地基变形，条形基础的水平拉伸变形为地基水平拉伸变形的 75%，与焦作冯营矿拉伸区实测建筑水平拉伸变形为对应地基水平拉伸变形的 71%～84%一致。条形基础水平压缩变形为地基水平压缩变形的 76.2%，与邢台东庞矿压缩区实测建筑压缩变形为对应地基压缩变形的 63%～82%一致。

(2)地表变形对框架结构的影响

由图 4-56(a)、(b)可见，不同地表变形引起框架的梁柱内力变化是不同的。地表压缩变形对条形基础的框架结构梁弯矩几乎没有影响。拉伸变形和正曲率变形对梁弯矩的影响是一致的，主要是使梁中柱位置的梁端负弯矩增加幅度较大，在边柱处梁端负弯矩减小，这主要是由于拉伸变形和正曲率变形均使条形基础产生凸形弯曲。负曲率变形对梁弯矩的影响与正曲率变形相反；随着层数的增加，采动地表变形引起的梁弯矩减小的幅度不大。由图 4-56(c)、(d)可见，对于柱的影响主要集中在底层，压缩变形使左边柱底部的弯矩增幅较大，对中柱影响不大；拉伸变形对左边柱弯矩影响极小，但使中柱底部弯矩增幅较大，正曲率变形使左边柱底部弯矩减小，但使中柱两端弯矩增大。负曲率变形使左边柱底部弯矩大幅增加，但使中柱底部弯矩减小。对比图 4-56 (e)、(f) 可见，各类地表变形对于二层以上框架结构柱的弯矩影响非常小。

(3)结构形式的抗变形特性

多层钢结构的常用结构形式主要有纯钢框架结构和带支撑钢框架结构。针对这两种结构形式，研究在水平拉伸(压缩)变形和正(负)曲率变形作用下的结构抗变形性能，采用条形基础、中硬地基。

4 种地表变形引起的纯钢框架和带支撑钢框架结构梁柱弯矩的变化见图 4-57。由图可见，当支撑布置在两端单跨平面内(图 4-43)，与地表变形方向垂直时，对于条形基础，在压缩变形和正(负)曲率变形作用下，结构形式对梁弯矩影响不大；在拉伸变形作用下，带支撑钢框架中柱处的梁两端负弯矩增大较多，边柱处梁的负弯矩减小更多，带支撑钢框架能明显改善柱的受力能力。

在地表变形的作用下，纯钢框架和带支撑钢框架的柱脚水平变形和柱脚竖向变形，柱脚轴力和柱脚剪力及最大第一主应力的变化情况见表 4-39、表 4-40。

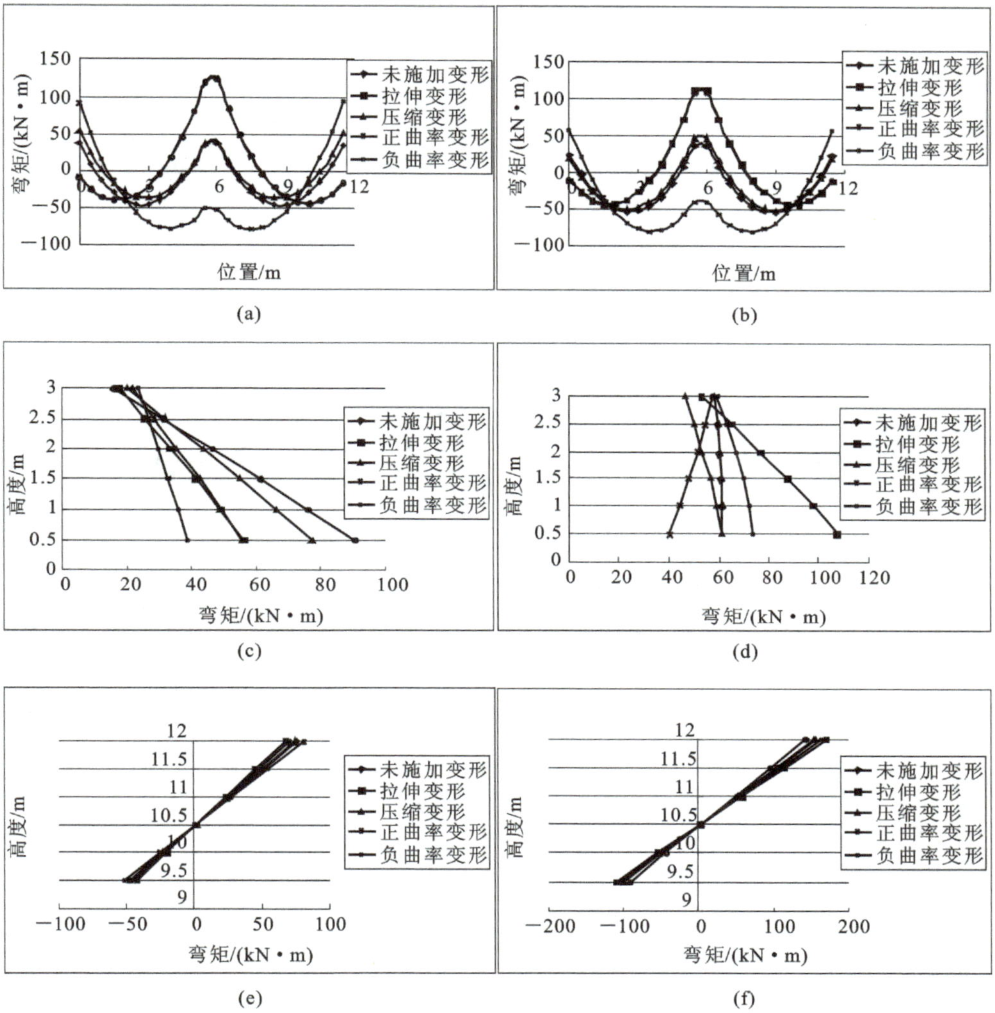

(a)

(b)

(c)

(d)

(e)

(f)

图 4-56 地表变形对条形基础钢框架梁柱弯矩的影响

(a)底层梁弯矩对比图;(b)四层梁弯矩对比图;(c)底层左边柱弯矩对比图;
(d)底层中柱弯矩对比图;(e)四层左边柱弯矩对比图;(f)四层中柱弯矩对比图

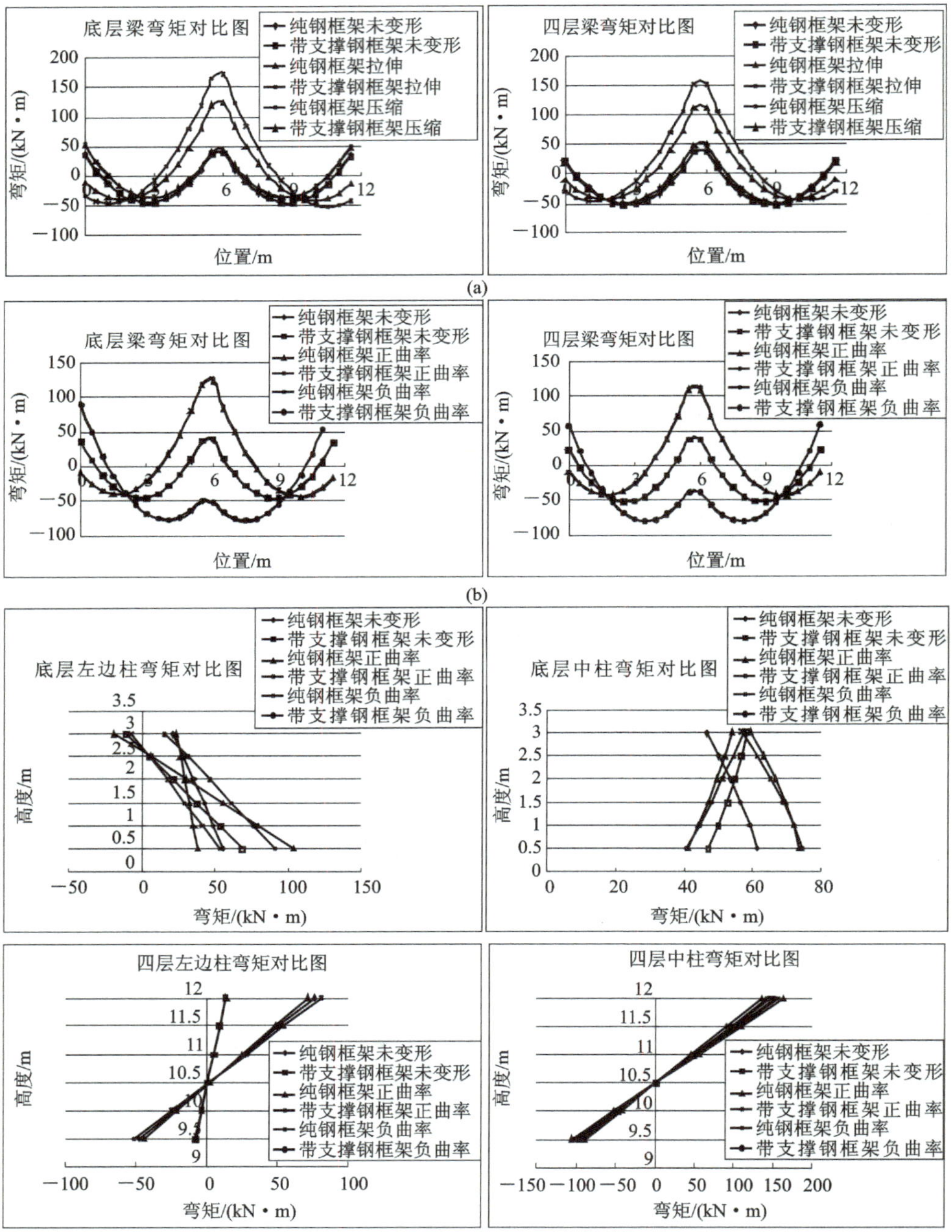

(a)

(b)

(c)

图 4-57　地表变形对两种结构的梁、柱弯矩的影响

(a)两种结构的梁在水平拉伸(压缩)变形作用下的弯矩图;

(b)两种结构的梁在正(负)曲率变形作用下的弯矩图;(c)两种结构的柱在正(负)曲率变形作用下的弯矩图

表 4-39 **水平变形对两种结构的作用**

地表变形		水平拉伸变形				水平压缩变形			
框架形式		纯钢框架		带支撑钢框架		纯钢框架		带支撑钢框架	
柱的位置		左边柱	中柱	左边柱	中柱	左边柱	中柱	左边柱	中柱
柱脚水平变形/m	未变形	-3.81×10^{-4}	-6.83×10^{-6}	-4.22×10^{-4}	-8.83×10^{-6}	3.81×10^{-4}	-6.83×10^{-6}	-4.22×10^{-4}	-8.83×10^{-6}
	变形	−0.184	−0.18	−0.184	−0.180	0.184	0.180	0.184	0.180
柱脚竖向变形/m	未变形	−0.046	−0.0483	−0.046	−0.048	0.002	0.001	0.002	0.001
	变形	−0.193	−0.179	−0.194	−0.179	−0.046	−0.048	−0.046	−0.048
柱脚剪力/kN	未变形	14.21	0.565	14.334	0.73	14.21	0.565	14.334	0.73
	变形	18.41	3.13	18.844	3.48	38.041	1.135	37.97	1.38
柱脚轴力/kN	未变形	−548	−1060	−509	−1040	−548	−1060	−509	−1040
	变形	−379	−1400	−345	−1390	−539	−1080	−495	−1060
最大第一主应力/MPa	未变形	134		129		134		129	
	变形	160		157		138		133	

表 4-40 **曲率变形对两种结构的作用**

施加变形		正曲率变形				负曲率变形			
结构形式		纯钢框架		带支撑钢框架		纯钢框架		带支撑钢框架	
柱的位置		左边柱	中柱	左边柱	中柱	左边柱	中柱	左边柱	中柱
柱脚水平变形/m	未变形	-3.81×10^{-4}	-6.83×10^{-6}	-4.22×10^{-4}	-8.83×10^{-6}	-3.81×10^{-4}	-6.83×10^{-6}	-4.22×10^{-4}	-8.83×10^{-6}
	变形	-3.12×10^{-3}	-9.58×10^{-5}	-3.20×10^{-3}	-1.23×10^{-4}	3.20×10^{-3}	-9.04×10^{-6}	3.15×10^{-3}	-8.54×10^{-6}
柱脚竖向变形/m	未变形	−0.046	−0.048	−0.046	−0.048	−0.046	−0.048	−0.046	−0.048
	变形	0.058	0.066	0.058	0.066	−0.151	−0.164	−0.151	−0.164
柱脚剪力/kN	未变形	14.21	0.565	14.334	0.73	14.21	0.565	14.334	0.73
	变形	14.485	2.426	14.9	2.89	20.576	−1.29	20.44	−1.44
柱脚轴力/kN	未变形	−548	−1060	−509	−1040	−548	−1060	−509	−1040
	变形	−440	−1280	−405	−1270	−663	−821	−619	−805
最大第一主应力/MPa	未变形	134		129		134		129	
	变形	149		145		162		119	

由图 4-57、表 4-39、表 4-40 对比分析可见，在水平拉伸(压缩)变形和正(负)曲率 4 种变形的单独作用下，条形基础带支撑钢框架最大第一主应力均小于纯钢框架，且柱脚的轴力减小，边柱轴力减小的幅度大于中柱，由于带支撑钢框架垂直于所分析的平面框架并布置在其两端，则钢框架设置支撑对柱脚的变形和剪力影响不大。

(4)组合变形对共同作用的影响

根据采动区地表变形组合规律研究成果，结合现场开采条件，分别研究建筑物在下沉盆地的两个典型位置(图 2-1)，即下沉盆地主剖面的拉伸区、压缩区，分别研究组合变形对独立基础纯钢框架结构、条形基础纯钢框架结构的影响规律。将两个典型位置的地表组合变形计算结果，施加在地基底部单元相应的节点上，框架结构的计算结果见表 4-41 和表 4-42。

由表 4-41 和表 4-42 对比分析得知，两个典型位置的地表变形组合都使独立基础纯钢框架结构柱脚产生较大的水平变形和竖向变形，相同位置条形基础纯钢框架结构的两柱脚水平变形大幅减小，在拉伸区仅为独立基础的 22%，基础形式对柱脚竖向变形的影响不大。在拉伸区，独立基础和条形基础的框架结构柱顶都产生较大的侧移，条形基础的框架柱端侧移比独立基础的框架柱端侧移减少了 11.9%。下沉盆地主剖面压缩区的框架柱端侧移较小，分别是拉伸区独立基础和条形基础的框架柱顶侧移的 30%和 16.2%，该结果与平面框架的计算结果一致。

表 4-41　组合变形对独立基础纯钢框架结构的变形和内力作用

位置		拉伸区		压缩区	
结构形式		纯钢框架(独立基础)			
柱的位置		左边柱	中柱	左边柱	中柱
柱脚水平变形/m	未变形	1.003×10^{-3}	1.983×10^{-6}	1.003×10^{-3}	1.983×10^{-6}
	变形	−0.420	−0.391	0.163	0.053
柱脚竖向变形/m	未变形	−0.042	−0.047	−0.042	−0.047
	变形	−0.549	−0.452	−0.404	−0.314
柱顶侧移/m	未变形	6.447×10^{-5}	-4.7975×10^{-6}	6.447×10^{-5}	-4.7975×10^{-6}
	变形	−0.579	−0.580	−0.173	−0.174
柱脚剪力/ kN	未变形	−20.456	−0.018	−20.456	−0.018
	变形	146.49	39.950	147.88	9.549
柱脚轴力/ kN	未变形	−573.64	−1003.5	−573.64	−1003.5
	变形	−496.16	−1159.4	−724.79	−710.38
最大第一主应力/MPa	未变形	126		126	
	变形	345		345	

表 4-42 组合变形对条形基础框架结构的变形和内力作用

位置		拉伸区		压缩区	
结构形式		纯钢框架(条形基础)			
柱的位置		左边柱	中柱	左边柱	中柱
柱脚水平变形/m	未变形	-3.81×10^{-4}	-6.84×10^{-6}	-3.81×10^{-4}	-6.84×10^{-6}
	变形	−0.400	−0.398	0.081	0.073
柱脚竖向变形/m	未变形	−0.046	−0.048	−0.046	−0.048
	变形	−0.567	−0.476	−0.379	−0.279
柱顶侧移/m	未变形	-2.21×10^{-4}	-2.77×10^{-4}	-2.21×10^{-4}	-2.77×10^{-4}
	变形	−0.511	−0.512	−0.081	−0.083
柱脚剪力/kN	未变形	−14.413	−0.547	−14.413	−0.547
	变形	−16.698	−4.554	−35.848	5.566
柱脚轴力/kN	未变形	−548	−1060	−548	−1060
	变形	−362	−1390	−563	−987
最大第一主应力/MPa	未变形	134		134	
	变形	345		345	

在两个典型位置的地表组合变形的作用下，独立基础的柱脚剪力增加幅度较大。不同的变形组合对柱脚轴力的作用不同。拉伸区组合变形使边柱轴力减小，中柱轴力增大，条形基础的柱脚轴力变化幅度大于独立基础；压缩区组合变形使边柱轴力增大，中柱轴力减小，条形基础的柱脚轴力变化幅度小于独立基础。

(5)组合变形与单一变形的比较

拉伸区组合变形主要是水平拉伸变形和不均匀下沉，压缩区组合变形主要是水平压缩变形和不均匀下沉。将拉伸区(压缩区)组合变形引起的梁弯矩变化与纯拉伸(纯压缩)变形引起的框架梁弯矩变化进行比较，见图 4-58，组合变形引起的框架结构的内力比单一变形的大，而且是非对称的，比较时取地表组合变形中的水平拉伸(压缩)变形值与纯拉伸(压缩)变形值相同。计算采用纯钢框架条形基础，由图 4-58(a)可见，地表拉伸变形为 12mm/m 时，纯拉伸变形引起的梁端负弯矩比没有变形影响时增大了 231.83%，变化大的边柱梁端负弯矩比没有变形影响时增大了 25.69%，组合变形引起的中柱处梁端负弯矩比没有变形影响时增大了 431.47%，有不均匀下沉的边柱梁端负弯矩变化小，而另一边柱处梁端负弯矩变化大，与没有变形影响时相比变化率为 275.18%，而且跨中弯矩大幅增加并向边柱偏移。

由图 4-58(b)可见，地表压缩变形为 12mm/m 时，纯压缩变形对条形基础框架结构内力的影响不大，而组合变形引起的中柱处梁端负弯矩比没有变形影响时增大了 95.19%，不均匀下沉量大的边柱处梁端负弯矩比没有变形影响时增大了 193.43%，另一边柱梁端负弯矩比没有变形影响时减小了 66.26%。通过比较可以得出，组合变形比单一变形对建筑物影响更大。

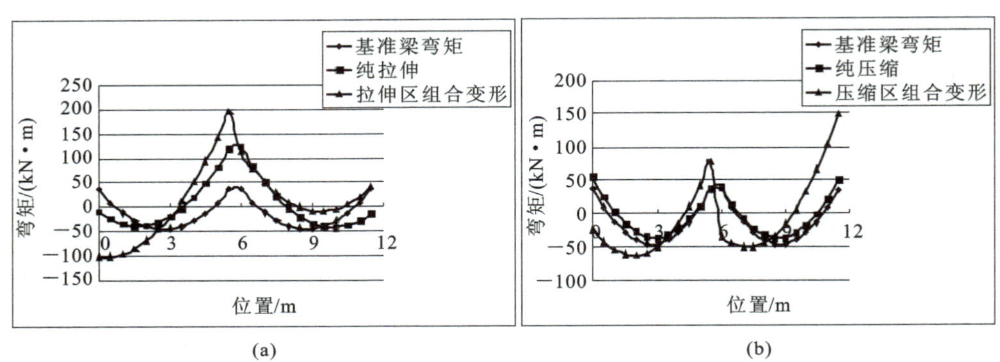

图 4-58　组合变形与单一变形引起的框架梁弯矩对比

(a)拉伸区组合变形与纯拉伸；(b)压缩区组合变形与纯压缩

5 采动区地基-基础-框架结构共同作用的力学模型

采动区框架结构抗变形试验和有限元分析研究，揭示了采动区地基-基础-框架结构共同作用的规律和机理。为了进一步提出采动区框架结构的抗变形计算方法，本章将建立采动区地基-基础-框架结构共同作用的力学模型，分析采动过程中上部框架结构变形和内力等变化规律及主要因素的影响规律，为采动区上方框架结构设计、加固提供理论依据。以往的研究主要针对采动区地基、基础和砖混结构共同作用问题，将上部砖混结构、基础简化为纯弯曲梁模型。但多层框架结构以集中力和弯矩的形式作用于基础梁，因而不能采用纯弯曲梁模型研究采动区上方多层框架结构。框架结构受力和变形的特点是：在竖向荷载作用下，框架的竖向变形以剪切变形为主，即各柱之间产生相对竖向错动。独立基础的底面积较小，可不考虑地表变形引起的弯矩作用，所以，地基、独立基础和框架结构共同作用可简化为弹性地基上的剪切梁模型；而条形基础长度较大，必须考虑地表变形引起的弯矩作用，所以，地基、条形基础和框架结构共同作用可简化为弹性地基上的剪弯梁模型。

5.1 力学模型的建立

5.1.1 共同作用微分方程的建立

由于地表下沉盆地随采煤工作面的推进而移动，建筑物位于下沉盆地的不同位置，所受到的地表移动变形影响不同，同时建筑物内各点的移动变形及应力大小也各不相同。通过建立地表下沉和地面建筑物两个既相互独立又相互联系的坐标系，研究建筑物地基、基础和框架结构的共同作用问题。

建立图 5-1 所示的两个坐标系。地表下沉坐标系为 $w_1(x)O_1x$，原点 O_1 建立在最大下沉起始点对应的地表点上，横坐标指向工作面推进方向，纵坐标指向下；地面建筑物坐标系为 $w(s)Os$，原点 O 建立在建筑物左端，与地表下沉坐标系原点 O_1 的距离为 x，横坐标轴 s 轴与 x 轴指向一致，纵坐标轴指向下。建筑物内任意点 s 的下沉值为 $w(s)$、对应点的地表下沉值为 $w_1(x+s)$。

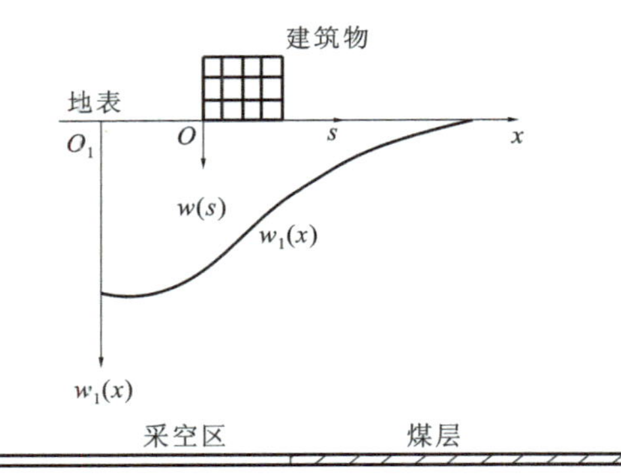

图 5-1　地面建筑物与地表下沉坐标系

(1)基本假设

条形基础和独立基础的计算简图见图 5-2。根据采动区上方地基-基础-框架结构特征作如下简化：

①地基的应力-应变关系满足 Winkler 弹性地基模型，根据 Winkler 弹性地基理论，地基反力与建筑物切入地基值成正比：

$$\sigma_d(s) = k[w(s) - w_1(x+s)] \tag{5-1}$$

式中　$\sigma_d(s)$——建筑物底部地基上任意一点所受的地基反力，kN/m^2；

k——地基基床系数，kN/m^3；

$w(s)$——建筑物内任意点 s 的下沉值，m；

$w_1(x+s)$——对应于建筑物内任意点 s 的地表下沉值，m。

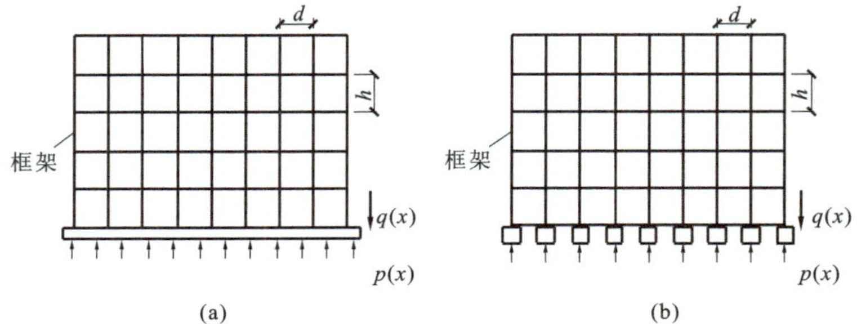

图 5-2　条形基础和独立基础的计算简图

(a)条形基础；(b)独立基础

②将多层框架结构连续化处理后，框架竖向变形简化为剪切变形；条形基础考虑弯曲变形，将条形基础与框架结构简化为弹性地基上的剪弯梁，将独立基础与框架结构简化为弹性地基上的剪切梁。

条形基础的剪弯梁挠曲微分方程见式(5-2)，独立基础的剪切梁挠曲微分方程见式(5-3)。

$$EJ\frac{\mathrm{d}^4 w(x)}{\mathrm{d}x^4}-(GF+g)\frac{\mathrm{d}^2 w(x)}{\mathrm{d}x^2}=q(x)-p(x) \tag{5-2}$$

$$-GF\frac{\mathrm{d}^2 w(x)}{\mathrm{d}x^2}=q(x)-p(x) \tag{5-3}$$

式中 $p(x)$——地基反力，$\mathrm{kN/m^2}$；

$q(x)$——框架结构传来的竖向荷载，$\mathrm{kN/m^2}$；

EJ——基础梁的弯曲刚度，$\mathrm{kN\cdot m^2}$；

GF——框架的竖向剪切刚度，kN；

g——底层柱端的约束线刚度，kN。

$$GF=\frac{12}{d\left(\frac{1}{K_b}+\frac{1}{K_c}\right)},\quad K_b=\frac{\sum EI_b}{d}\text{ 及 }K_c=\frac{\sum EI_c}{h},\quad g=\frac{6K_{c1}}{d}$$

式中 $\sum EI_b$——同一开间各层梁的抗弯刚度之和，$\mathrm{kN\cdot m^2}$；

$\sum EI_c$——同一根柱各层柱的抗弯刚度之和，$\mathrm{kN\cdot m^2}$；

K_{c1}——框架底层柱的线刚度，$\mathrm{kN\cdot m}$；

d——柱的间距，m。

当基础较高，考虑刚度影响时，$g=\dfrac{6(1+r)K_{c1}}{d(1-r)^3}$，其中 r 为刚域长度系数。

③根据矿山开采沉陷学有关理论，采用三角函数法描述地表下沉曲线，地表下沉曲线可表示为

$$w_1(x)=w_0\left(1-\frac{x}{L}+\frac{1}{2\pi}\sin\frac{2\pi x}{L}\right) \tag{5-4}$$

式中 $w_1(x)$——距 O_1 点距离为 x 位置的地表下沉值，m；

w_0——最大下沉值，m；

L——半盆地长(最大下沉点至下沉盆地边界点的距离)，m。

地表倾斜为

$$i_1(x)=-2\frac{w_0}{L}\sin^2\frac{\pi x}{L} \tag{5-5}$$

地表曲率为

$$k_1(x)=-2\pi\frac{w_0}{L^2}\sin\frac{2\pi x}{L} \tag{5-6}$$

式中　$i_1(x)$——与 O_1 点距离为 x 位置的地表倾斜值，m。

$k_1(x)$——与 O_1 点距离为 x 位置的地表曲率值，m^{-1}。

(2)共同作用的微分方程

将式(5-1)代入式(5-2)、式(5-3)，分别得到弹性地基上剪弯梁、剪切梁的挠曲微分方程，见式(5-7)和式(5-8)。

$$EJ\frac{d^4}{ds^4}w(s)+a\frac{d^2}{ds^2}w(s)+kw(s)=q_q+kw_0\left[1-\frac{x+s}{L}+\frac{1}{2\pi}\sin\left(2\pi\frac{x+s}{L}\right)\right] \tag{5-7}$$

$$GF\frac{d^2}{ds^2}w(s)+kw(s)=q_q+kw_0\left[1-\frac{x+s}{L}+\frac{1}{2\pi}\sin\left(2\pi\frac{x+s}{L}\right)\right] \tag{5-8}$$

式中　a——相关系数，$a=-(GF+g)$，kN；

q_q——框架结构传来的等效均布地基反力，kN/m^2。

式(5-7)、式(5-8)即为采动区上方条形基础、独立基础的框架结构共同作用的微分方程。

5.1.2　边界条件

①由于建筑物的两端为自由端，没有集中力，剪力为零，即当 $s=0$，$s=l$ 时

$$\frac{d^3}{ds^3}w(s)=0$$

其中，l 为建筑物长度，单位为 m。

②条形基础的建筑物两端为自由端，弯矩为零，即当 $s=0$，$s=l$ 时

$$\frac{d^2}{ds^2}w(s)=0$$

根据采动区地表下沉曲线和上述边界条件，求解条形基础及独立基础的建筑物挠曲线方程，再由挠曲线方程分别求解地基附加反力、建筑物附加内力和附加变形。

5.2　微分方程求解

5.2.1　剪弯梁共同作用微分方程求解

根据欧拉方程的解法，第一步，求对应齐次欧拉方程的解，称之为原方程的补解。

令 $w=e^{\lambda s}$，$b=\dfrac{a}{EJ}$，$q=\dfrac{k}{EJ}$，其中 λ 为待定系数，代入式(5-7)，得

$$\lambda^4 + b\lambda^2 + q = 0$$

解出

$$\lambda_{1,2} = \pm \frac{1}{2}\sqrt{-2b + 2\sqrt{b^2 - 4q}}, \quad \lambda_{3,4} = \pm \frac{1}{2}\sqrt{-2b - 2\sqrt{b^2 - 4q}}$$

得到齐次解为

$$w(s) = c_1 e^{d_1 s} + c_2 e^{-d_1 s} + c_3 e^{d_2 s} + c_4 e^{-d_2 s}$$

其中，$d_1 = \frac{1}{2}\sqrt{-2b+2\sqrt{b^2-4q}}$，$d_2 = \frac{1}{2}\sqrt{-2b-2\sqrt{b^2-4q}}$，$c_1$、$c_2$、$c_3$、$c_4$ 为待定系数。

第二步，求原方程[式(5-7)]的一个特解。

令特解 $w^* = E_1 + E_2 s + E_3 \sin\frac{2\pi s}{L} + E_4 \cos\frac{2\pi s}{L}$，将此式代入式(5-7)，根据方程两边对应系数相等的原则，整理得

$$E_1 = \frac{q_q}{k} + w_0 - w_0\frac{x}{L}$$

$$E_2 = -\frac{w_0}{L}$$

$$E_3 = \frac{kw_0 \cos\frac{2\pi x}{L}}{2\pi\left[EJ\left(\frac{2\pi}{L}\right)^4 - a\left(\frac{2\pi}{L}\right)^2 + k\right]}$$

$$E_4 = \frac{kw_0 \sin\frac{2\pi x}{L}}{2\pi\left[EJ\left(\frac{2\pi}{L}\right)^4 - a\left(\frac{2\pi}{L}\right)^2 + k\right]}$$

令

$$h = \frac{kw_0}{2\pi\left[EJ\left(\frac{2\pi}{L}\right)^4 - a\left(\frac{2\pi}{L}\right)^2 + k\right]}, \quad m = \frac{2\pi}{L}$$

将补解与特解相加，即得式(5-7)的通解：

$$w(s) = c_1 e^{d_1 s} + c_2 e^{-d_1 s} + c_3 e^{d_2 s} + c_4 e^{-d_2 s} + \frac{q_q}{k} + w_0 - \frac{w_0}{L}(x+s) + h\sin[m(x+s)] \tag{5-9}$$

第三步，求待定系数。

对式(5-9)两边求导：

$$\frac{d^2}{ds^2}w(s) = c_1 d_1^2 e^{d_1 s} + c_2 d_1^2 e^{-d_1 s} + c_3 d_2^2 e^{d_2 s} + c_4 d_2^2 e^{-d_2 s} - hm^2 \sin[m(x+s)]$$

$$\frac{d^3}{ds^3}w(s) = c_1 d_1^3 e^{d_1 s} - c_2 d_1^3 e^{-d_1 s} + c_3 d_2^3 e^{d_2 s} - c_4 d_2^3 e^{-d_2 s} - hm^3 \cos[m(x+s)]$$

根据边界条件可得

$M(0)=0$：

$$c_1 d_1^2+c_2 d_1^2+c_3 d_2^2+c_4 d_2^2-hm^2\sin(mx)=0$$

$M(l)=0$：

$$c_1 d_1^2 e^{d_1 l}+c_2 d_1^2 e^{-d_1 l}+c_3 d_2^2 e^{d_2 l}+c_4 d_2^2 e^{-d_2 l}-hm^2\sin[m(x+l)]=0$$

$Q(0)=0$：

$$c_1 d_1^3-c_2 d_1^3+c_3 d_2^3-c_4 d_2^3-hm^3\cos(mx)=0$$

$Q(l)=0$：

$$c_1 d_1^3 e^{d_1 l}-c_2 d_1^3 e^{-d_1 l}+c_3 d_2^3 e^{d_2 l}-c_4 d_2^3 e^{-d_2 l}-hm^3\cos[m(x+l)]=0$$

通过上述 4 个式子，可解出待定系数 c_1、c_2、c_3、c_4。

5.2.2 剪切梁共同作用微分方程求解

第一步，求对应齐次欧拉方程的解。

令 $w=e^{\lambda s}$，其中 λ 为待定系数，代入式(5-8)，得

$$\lambda^2+q=0$$

解出

$$\lambda_{1,2}=\pm\sqrt{-q}$$

得到齐次方程所对应的补解为

$$w(s)=c_1 e^{\sqrt{-q}s}+c_2 e^{-\sqrt{-q}s}$$

式中 c_1，c_2——待定系数。

第二步，求原方程的一个特解。

令特解 $w^*=E_1+E_2 s+E_3\sin\dfrac{2\pi s}{L}+E_4\cos\dfrac{2\pi s}{L}$，将上式代入式(5-8)，根据方程两边对应系数相等的原则，整理得

$$E_1=\frac{q_q}{k}+w_0-w_0\frac{x}{L}$$

$$E_2=-\frac{w_0}{L}$$

$$E_3=\frac{kw_0\cos\dfrac{2\pi x}{L}}{2\pi\left[-a\left(\dfrac{2\pi}{L}\right)^2+k\right]}$$

$$E_4=\frac{kw_0\sin\dfrac{2\pi x}{L}}{2\pi\left[-a\left(\dfrac{2\pi}{L}\right)^2+k\right]}$$

最后，将补解与特解相加，即得通解：

$$w(s)=c_1 e^{\sqrt{-q}s}+c_2 e^{-\sqrt{-q}s}+E_1+E_2 s+h\sin[m(x+s)] \tag{5-10}$$

其中，$q=\dfrac{k}{EJ}$，$h=\dfrac{kw_0}{2\pi\left[-a\left(\dfrac{2\pi}{L}\right)^2+k\right]}$，$m=\dfrac{2\pi}{L}$。

第三步，求待定系数。

对式(5-10)两边求导：

$$\frac{\mathrm{d}}{\mathrm{d}s}w(s)=c_1\sqrt{-q}e^{\sqrt{-q}s}-c_2\sqrt{-q}e^{-\sqrt{-q}s}-\frac{w_0}{L}+hm\cos[m(x+s)]$$

$$\frac{\mathrm{d}^2}{\mathrm{d}s^2}w(s)=-c_1 q e^{\sqrt{-q}s}-c_2 q e^{-\sqrt{-q}s}-hm^2\sin[m(x+s)]$$

$$\frac{\mathrm{d}^3}{\mathrm{d}s^3}w(s)=-c_1 q\sqrt{-q}e^{\sqrt{-q}s}+c_2 q\sqrt{-q}e^{-\sqrt{-q}s}-hm^3\cos[m(x+s)]$$

根据边界条件可得：

$Q(0)=0$：

$$-c_1 q\sqrt{-q}+c_2 q\sqrt{-q}-hm^3\cos[m(x)]=0$$

$Q(l)=0$：

$$-c_1 q\sqrt{-q}e^{\sqrt{-q}l}+c_2 q\sqrt{-q}e^{-\sqrt{-q}l}-hm^3\cos[m(x+l)]=0$$

通过上述2个式子，可解出待定系数 c_1、c_2。

至此，式(5-9)和式(5-10)中的系数已全部解出，式(5-9)为微分方程(5-7)的解，式(5-10)为微分方程(5-8)的解，即采动地表变形引起建筑物内任意点的下沉值。应用MATHCAD软件将上述计算过程编程进行求解。

5.3 框架结构变形及附加应力求解

5.3.1 采动区框架结构变形计算

(1)条形基础框架结构变形计算

①建筑物附加下沉值为建筑物下沉值减去开采前建筑物自重引起的下沉值，得

$$w(s)=c_1 e^{d_1 s}+c_2 e^{-d_1 s}+c_3 e^{d_2 s}+c_4 e^{-d_2 s}+w_0-w_0\frac{x}{L}-\frac{w_0}{L}s+h\sin[m(x+s)] \tag{5-11}$$

②建筑物的附加倾斜为下沉值的一阶导数，可以求出任意位置框架柱脚的转角：

$$\theta(s)=c_1d_1\mathrm{e}^{d_1s}-c_2d_1\mathrm{e}^{-d_1s}+c_3d_2\mathrm{e}^{d_2s}-c_4d_2\mathrm{e}^{-d_2s}-\frac{w_0}{L}+hm\cos[m(x+s)] \tag{5-12}$$

③建筑物的附加曲率为倾斜的一阶导数，即

$$k(s)=c_1d_1^2\mathrm{e}^{d_1s}+c_2d_1^2\mathrm{e}^{-d_1s}+c_3d_2^2\mathrm{e}^{d_2s}+c_4d_2^2\mathrm{e}^{-d_2s}-hm^2\sin[m(x+s)] \tag{5-13}$$

(2)独立基础框架结构变形计算

建筑物附加下沉值：

$$w(s)=c_1\mathrm{e}^{\sqrt{-q}s}+c_2\mathrm{e}^{-\sqrt{-q}s}+w_0-w_0\frac{x}{L}-\frac{w_0}{L}s+h\sin[m(x+s)] \tag{5-14}$$

建筑物的倾斜：

$$\frac{\mathrm{d}}{\mathrm{d}s}w(s)=c_1\sqrt{-q}\mathrm{e}^{\sqrt{-q}s}-c_2\sqrt{-q}\mathrm{e}^{-\sqrt{-q}s}-\frac{w_0}{L}+hm\cos[m(x+s)] \tag{5-15}$$

5.3.2 采动区建筑物内力计算

(1)条形基础建筑物内力计算

①条形基础的附加弯矩为

$$\begin{aligned}M(s)&=EJ\frac{\mathrm{d}^2}{\mathrm{d}s^2}w(s)\\&=EJ\left\{c_1d_1^2\mathrm{e}^{d_1s}+c_2d_1^2\mathrm{e}^{-d_1s}+c_3d_2^2\mathrm{e}^{d_2s}+c_4d_2^2\mathrm{e}^{-d_2s}-hm^2\sin[m(x+s)]\right\}\end{aligned} \tag{5-16}$$

②条形基础的附加剪力为

$$\begin{aligned}Q(s)&=EJ\frac{\mathrm{d}^3}{\mathrm{d}s^3}w(s)\\&=EJ\left\{c_1d_1^3\mathrm{e}^{d_1s}-c_2d_1^3\mathrm{e}^{-d_1s}+c_3d_2^3\mathrm{e}^{d_2s}-c_4d_2^3\mathrm{e}^{-d_2s}-hm^3\cos[m(x+s)]\right\}\end{aligned} \tag{5-17}$$

③框架底层柱端对条形基础的约束而产生的附加约束线弯矩为

$$\begin{aligned}m_i&=g_i\frac{\mathrm{d}w(s)}{\mathrm{d}s}\\&=g_i\left\{c_1d_1\mathrm{e}^{d_1s}-c_2d_1\mathrm{e}^{-d_1s}+c_3d_2\mathrm{e}^{d_2s}-c_4d_2\mathrm{e}^{-d_2s}-\frac{w_0}{L}+hm\cos[m(x+s)]\right\}\end{aligned} \tag{5-18}$$

④框架结构梁的附加剪力。

每个柱距间框架梁所受的附加总剪力可由下式计算：

$$V_i = (GF_i + g_i)\frac{\mathrm{d}w(s)}{\mathrm{d}s}$$
$$= (GF_i + g_i)\left\{c_1 d_1 \mathrm{e}^{d_1 s} - c_2 d_1 \mathrm{e}^{-d_1 s} + c_3 d_2 \mathrm{e}^{d_2 s} - c_4 d_2 \mathrm{e}^{-d_2 s} - \frac{w_0}{L} + hm\cos[m(x+s)]\right\} \tag{5-19}$$

式中 m_i——第 i 根柱底层柱端的附加约束线弯矩，kN · m；

g_i——第 i 根柱底层柱端的约束线刚度，kN；

V_i——第 i 个柱距间框架梁的附加总剪力，kN；

GF_i——第 i 个柱距间框架梁的总剪切刚度，kN。

⑤框架结构梁柱内力。

地表变形引起的基础梁与框架柱节点处的竖向位移 S_i 和角位移 θ_i，可以采用有限元方法直接对柱脚施加强制位移和转角，计算出框架梁、柱的内力。也可以采用近似方法求解框架梁、柱的内力。

a. 梁柱剪力。

将求出的框架附加总剪力按每个柱距间框架各层梁的剪切刚度分配到各层框架梁上，得到梁跨中剪力为

$$V_{ij} = V_i \frac{GF_{ij}}{GF_i} \tag{5-20}$$

框架底层柱 i 端部对条形基础的约束而产生的等效剪力：

$$V_{1i} = g_i \theta_i \tag{5-21}$$

$$GF_i = \frac{12}{d_i\left(\dfrac{1}{K_{\mathrm{b}i}} + \dfrac{1}{K_{\mathrm{c}i}}\right)},\quad K_{\mathrm{b}i} = \frac{\sum EI_{\mathrm{b}i}}{d_i},\quad K_{\mathrm{c}i} = \frac{\sum EI_{\mathrm{c}i}}{h_i}$$

$$GF_{ij} = \frac{12}{d_i\left(\dfrac{1}{K_{\mathrm{b}ij}} + \dfrac{1}{K_{\mathrm{c}ij}}\right)},\quad K_{\mathrm{b}ij} = \frac{EI_{\mathrm{b}ij}}{d_i},\quad K_{\mathrm{c}ij} = \frac{EI_{\mathrm{c}ij}}{h_i}$$

式中 V_{ij} ——第 i 个柱距间第 j 层框架梁跨中的剪力；

V_{1i} ——底层第 i 根柱对基础梁的约束等效剪力；

GF_{ij} ——第 i 个柱距间第 j 层框架梁的剪切刚度，kN；

$\sum EI_{\mathrm{b}i}$ ——第 i 个柱距间各层梁的抗弯刚度之和，kN · m²；

$\sum EI_{\mathrm{c}i}$ ——第 i 根柱各层柱的抗弯刚度之和，kN · m²；

$EI_{\mathrm{b}ij}$ ——第 i 个柱距间第 j 层梁的抗弯刚度，kN · m²；

$EI_{\mathrm{c}ij}$ ——第 i 个柱距间第 j 层柱的抗弯刚度，kN · m²。

b. 按反弯点法求出各层梁柱的弯矩。

梁端弯矩：

$$M_{ij} = V_{ij} d_i / 2$$

底层柱底部与条形基础的约束而产生的柱脚约束弯矩：

$$M_{1i} = g_i \theta_i \tag{5-22}$$

(2)独立基础建筑物内力计算

基础的附加剪力为

$$\begin{aligned} Q(s) &= EJ \frac{\mathrm{d}^3}{\mathrm{d}s^3} w(s) \\ &= EJ \left\{ -c_1 q \sqrt{-q} \mathrm{e}^{\sqrt{-q}s} + c_2 q \sqrt{-q} \mathrm{e}^{-\sqrt{-q}s} - h\cos[m(x+s)]m^3 \right\} \end{aligned} \tag{5-23}$$

上部结构的附加剪力为

$$\begin{aligned} V_i &= GF_i \frac{\mathrm{d}}{\mathrm{d}s} w(s) \\ &= GF_i \left\{ c_1 \sqrt{-q} \mathrm{e}^{\sqrt{-q}s} - c_2 \sqrt{-q} \mathrm{e}^{-\sqrt{-q}s} - \frac{w_0}{L} + h\cos[m(x+s)]m \right\} \end{aligned} \tag{5-24}$$

5.4 框架结构动态变形规律及影响因素

地下开采引起地表发生水平拉伸、水平压缩、倾斜、曲率、不均匀沉降等变形，位于采动区上方的建筑物也随之发生变形，建筑物产生附加内力，地基产生附加反力。只有掌握地表建筑物附加变形及附加内力、地基附加反力随工作面开采的分布变化规律和大小，才能有针对性地设计采动区建筑物结构，对已有建筑物采取科学、合理的加固措施，尽可能减少采动对建筑物的损坏，从而达到安全可靠、经济合理地保护采动区建筑物的目的。因此，研究采动区建筑物附加变形、附加内力和地基附加反力变化规律对采动区上方建筑物设计、加固具有重要的意义。

计算分析的基本条件：地表最大下沉值 $w_0=1.0$m，地表下沉半盆地长度 $L=200$m，基础梁的弯曲刚度为 1×10^6kN·m^2、剪切刚度为 1×10^5kN，地基的基床系数为 5×10^4kN/m^3，建筑物的长度为 20m。根据矿山开采沉陷学有关理论，采用三角函数预计法描述地下开采后的地表下沉曲线、地表倾斜曲线和地表曲率曲线，结果见图 5-3，由此得到建筑物在下沉盆地的最不利位置，$x=0$m：地表下沉为最大值，$x=100$m：地表倾斜为最大值，$x=50$m 和 $x=150$m，地表分别出现最大负曲率和最大正曲率。

采动引起的建筑物下沉、倾斜和曲率变化规律见图 5-4(建筑物为条形基础，除特别指出为独立基础外，本章均为条形基础)。对比图 5-3 和图 5-4 可见，在采动影响下，建筑物变形与相应位置处地表变形基本一致，随着采动影响加剧，建筑物下沉值增大，在下沉盆地的盆底，建筑物下沉量达到最大；建筑物位于下沉盆地的盆

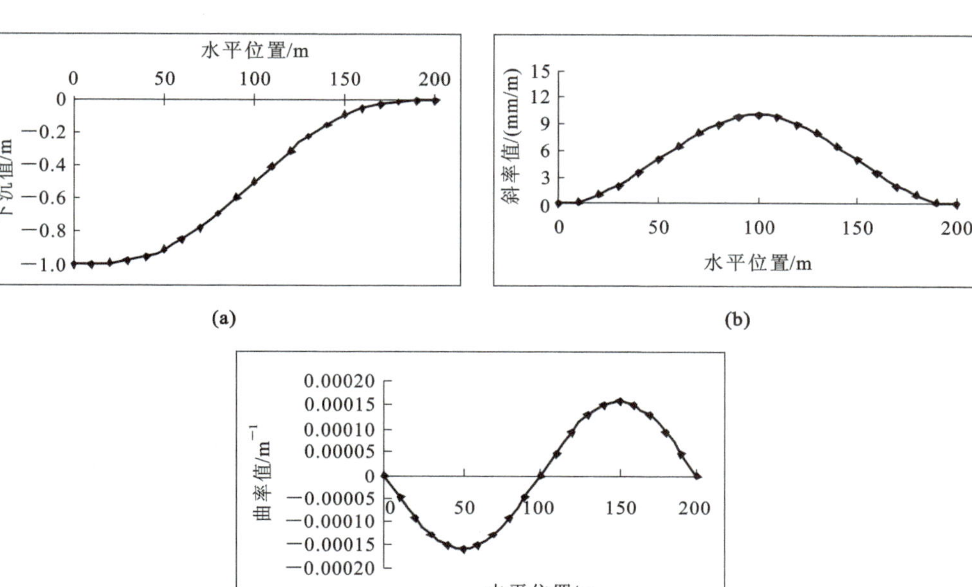

图 5-3 采动引起的地表下沉、倾斜和曲率变化曲线

(a)地表下沉曲线；(b)地表倾斜曲线；(c)地表曲率曲线

底和始动位置，倾斜较小，拐点(半盆地长的 1/2)附近达到最大；建筑物位于拐点附近，曲率最小，位于下沉盆地的盆底和始动位置，曲率较大，位于地表下沉盆地最大正、负曲率(半盆地长的 3/4、1/4)附近，达到最大正曲率、负曲率。采动区上方建筑物变形规律与大量现场实测结果基本吻合。

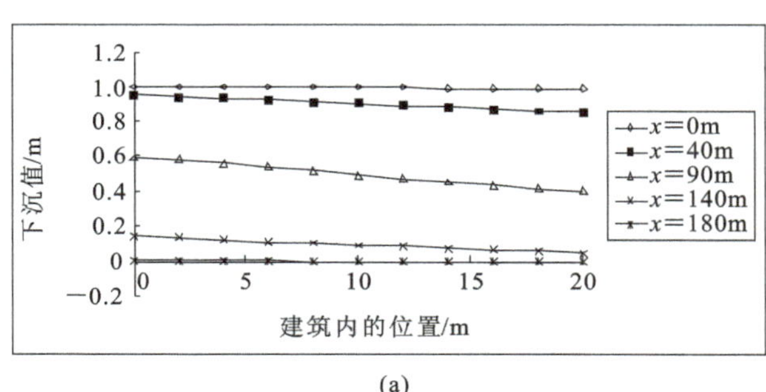

(a)

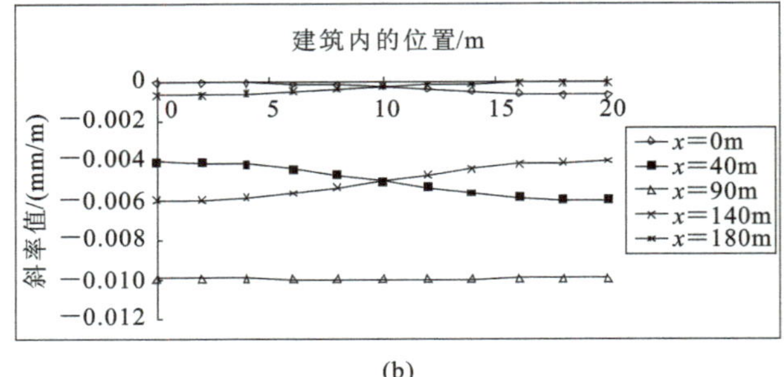

(b)

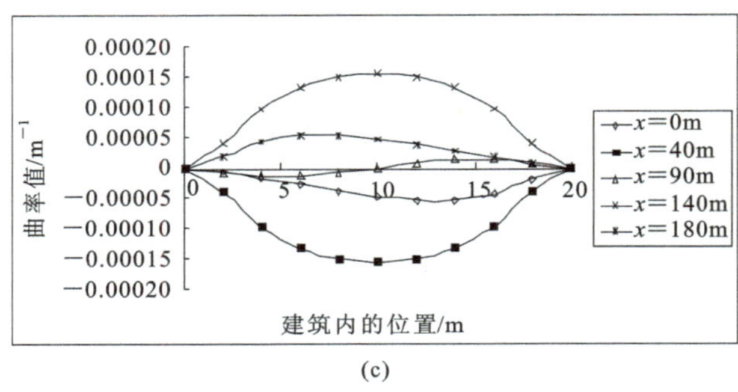

(c)

图 5-4 采动过程中建筑物变形规律

(a)建筑物下沉曲线;(b)建筑物倾斜曲线;(c)建筑物曲率曲线

采动过程中,除了建筑物与回采工作面的相对位置(即建筑物位于下沉盆地的位置)对建筑物变形有显著的影响外,基础梁弯曲刚度及建筑物长度对建筑物的曲率也有显著的影响,见图 5-5。

由图 5-5 可见:

①随着基础梁弯曲刚度增加,曲率减小。基础梁弯曲刚度从 5×10^5kN·m^2 增加至 2×10^6kN·m^2 时,曲率减小不显著,从 2×10^6kN·m^2 增加至 4×10^6kN·m^2 时,曲率减小显著,即增加基础梁弯曲刚度有利于减小建筑物的附加变形。基础梁弯曲刚度对基础附加剪力和附加弯矩的影响规律为:随着基础梁弯曲刚度增大,基础附加剪力和附加弯矩也增大,即从受力状况分析,增加基础梁弯曲刚度不利,也不经济。

②随着建筑物长度的增加,建筑物的曲率增加,尤其是建筑物长度由 12m 增加到 20m 时,曲率增加了 42.2%;随着建筑物长度的进一步增加,最大曲率增加幅度较小,但达到较大曲率的建筑物长度显著增大,即增大建筑物长度增加了建筑物的附加变形。因此,采动区上方建筑物长度(沿回采工作面推进方向)不宜过长。

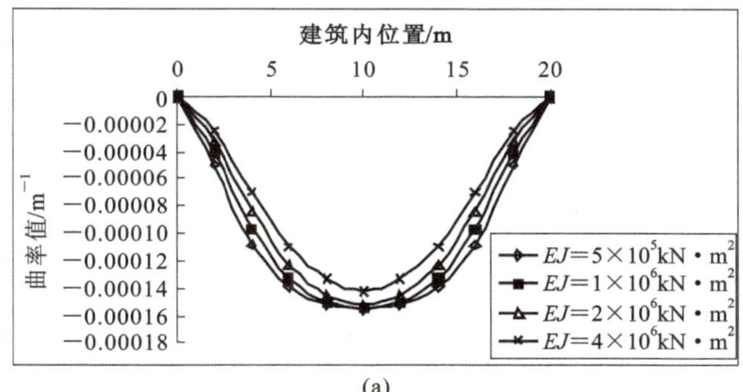

(a)

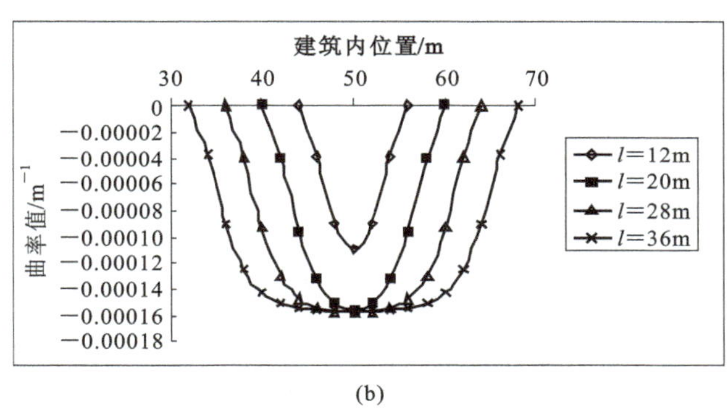

(b)

图 5-5 基础梁弯曲刚度和建筑物长度对建筑物变形的影响规律

(a)基础梁弯曲刚度;(b)建筑物长度

5.5 附加内力动态变化规律及影响因素

应用上述采动区地基-基础-框架结构共同作用的力学模型,计算、分析采动区上方建筑物附加内力、地基附加反力的分布变化规律和主要影响因素。计算分析的基本条件与5.4节相同。

5.5.1 框架结构附加内力动态变化规律及影响因素

地下开采后,位于地表下沉曲线不同位置,框架结构附加剪力的变化规律见图5-6,基础梁弯曲刚度、基床系数、上部结构剪切刚度对框架结构附加剪力的影响规律分别见图5-7、图5-8、图5-9。

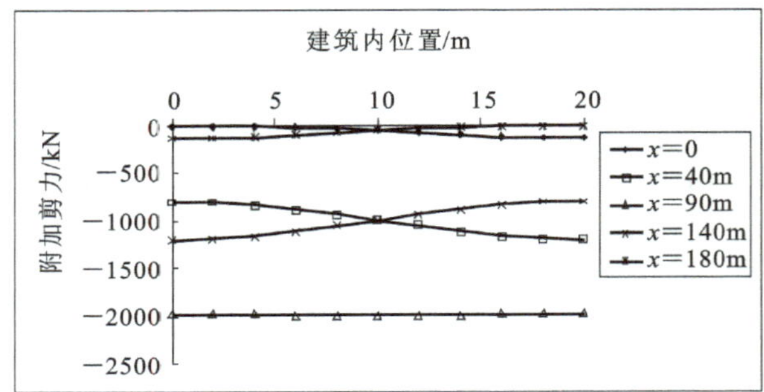

图 5-6　采动过程中框架结构附加剪力的变化规律

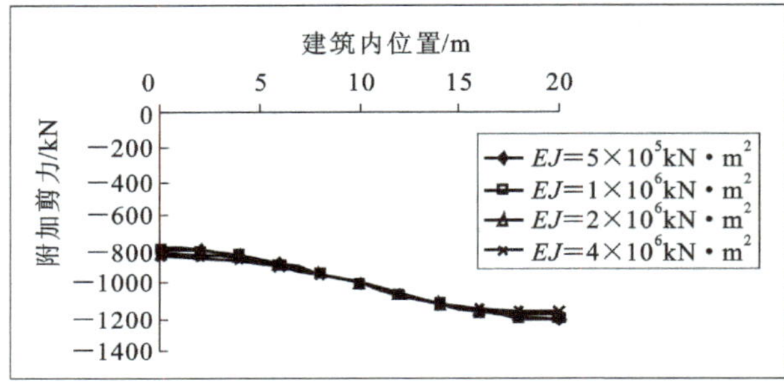

图 5-7　基础梁弯曲刚度对框架结构附加剪力的影响

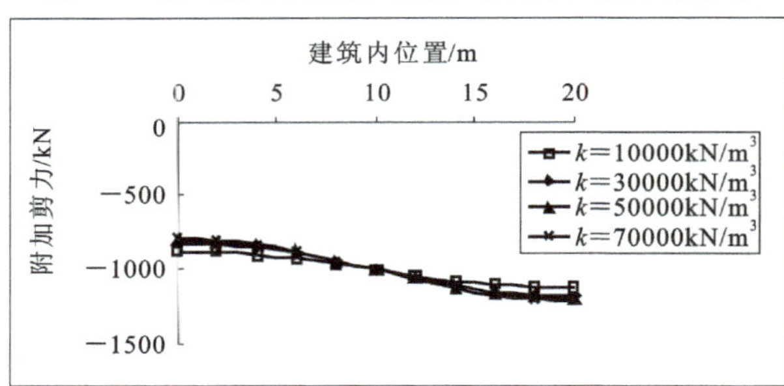

图 5-8　基床系数对框架结构附加剪力的影响

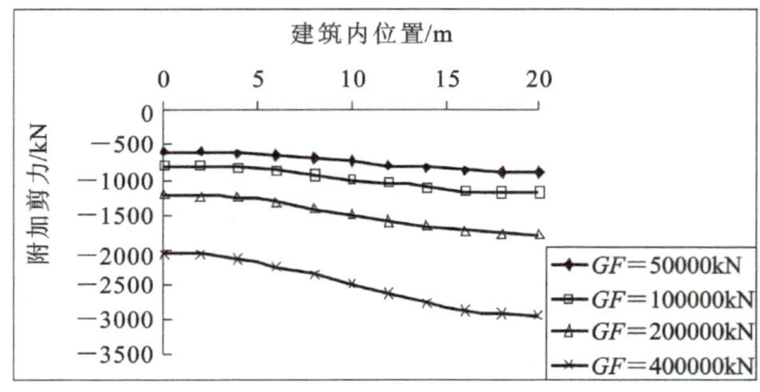

图 5-9　上部结构剪切刚度对框架结构附加剪力的影响

由图 5-6～图 5-9 可见，采动区框架结构的附加剪力变化规律为：

①随着采动影响的增大，即从下沉盆地的始动位置开始到最大下沉量的盆底，框架结构的附加剪力逐渐增大，在拐点位置达到最大，随后减小，在盆底位置，减小到 0。

②建筑物中心位于拐点（$x=90$m）附近，框架结构的附加剪力达到最大；位于最大负曲率（$x=40$m）、最大正曲率（$x=140$m）附近，框架结构的附加剪力较大；建筑物位于下沉盆地的盆底（$x=0$m）或下沉盆地的起始（$x=180$m）附近，上部结构的附加剪力较小。

③基础梁弯曲刚度、基床系数对框架结构的附加剪力影响不大，即地基的力学性质对框架结构的附加剪力影响不大；而框架结构的剪切刚度对附加剪力影响较大，随着框架结构剪切刚度增大，附加剪力增大。

5.5.2 基础梁附加剪力、附加弯矩动态变化规律及影响因素

地下开采过程中，基础梁附加剪力和附加弯矩的动态变化过程见图 5-10，基床系数、基础梁弯曲刚度、建筑物长度对基础梁附加剪力、附加弯矩的影响规律见图 5-11～图 5-13，采动过程中独立基础附加剪力的变化规律见图 5-14。

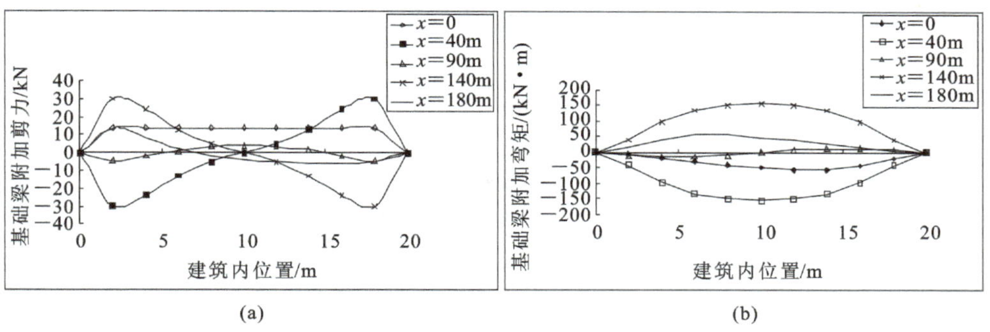

图 5-10 采动过程中基础梁附加剪力、附加弯矩的变化规律

(a)基础梁附加剪力；(b)基础梁附加弯矩

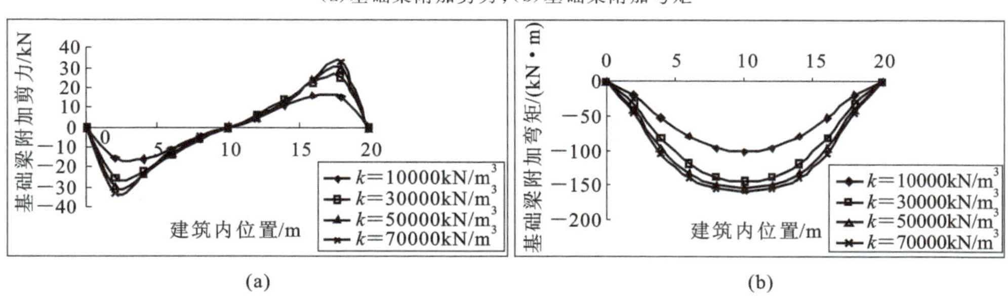

图 5-11 基床系数对基础梁附加剪力、附加弯矩的影响

(a)基床系数对基础梁附加剪力的影响；(b)基床系数对基础梁附加弯矩的影响

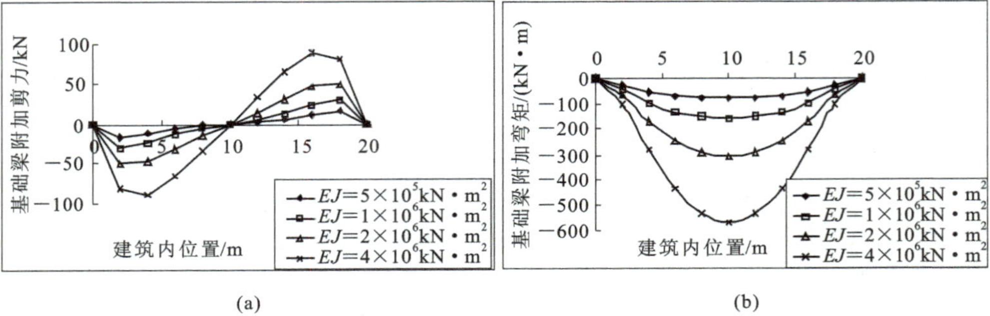

图 5-12　基础梁弯曲刚度对基础梁附加剪力、附加弯矩的影响

(a)基础梁弯曲刚度对基础梁附加剪力的影响；(b)基础梁弯曲刚度对基础梁附加弯矩的影响

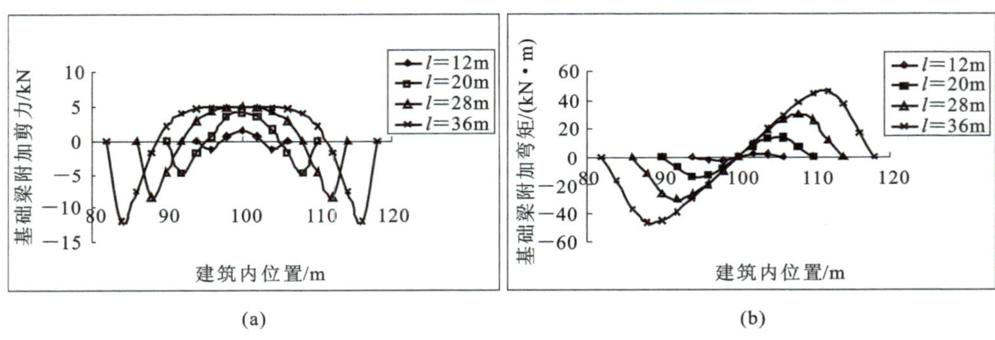

图 5-13　建筑物长度对基础梁附加剪力、附加弯矩的影响

(a)建筑物长度对基础梁附加剪力的影响；(b)建筑物长度对基础梁附加弯矩的影响

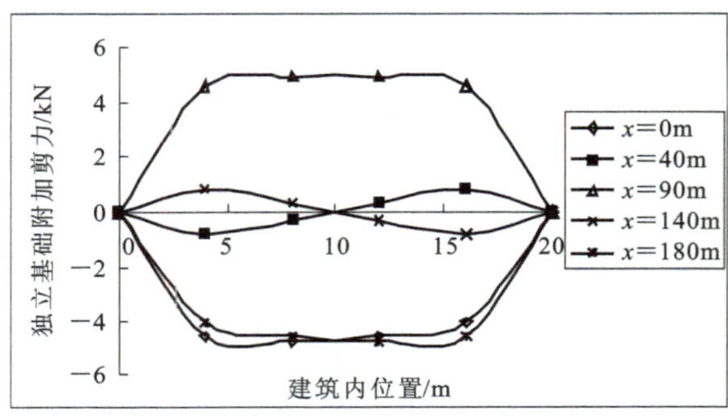

图 5-14　采动过程中独立基础附加剪力的变化规律

由图 5-10～图 5-14 可见，基础梁附加剪力和附加弯矩的分布、变化规律及主要因素的影响规律如下：

①建筑物位于盆底，条形基础梁的附加剪力、附加弯矩变化较小；位于最大负曲率（$x=40$m）或最大正曲率（$x=140$m）附近时，基础梁的附加剪力变化较大，并由最小值变化到最大值，附加弯矩达到最大值。上述附加剪力、附加弯矩的变化规律表明：当建筑物位于最大正曲率或最大负曲率时，条形基础梁受力状况最不利，设计时应重点考虑。

②基床系数对基础梁附加剪力、附加弯矩的影响规律为：随着基床系数增大，条形基础梁附加剪力、附加弯矩增大，但基床系数增大到一定数值以后，附加剪力、附加弯矩增加量较小。

③基础梁弯曲刚度对基础附加剪力、附加弯矩的影响规律为：随着基础梁弯曲刚度增大，条形基础梁最大附加剪力、最大附加弯矩呈线性增大趋势。

④建筑物沿工作面推进方向的长度对条形基础附加剪力、附加弯矩的影响规律为：随着建筑物长度增大，基础梁附加剪力、附加弯矩增大，但建筑物长度增大到一定数值以后，拐点附近建筑物中部的附加剪力、附加弯矩增加量较小，接近端部的附加剪力、附加弯矩显著增大，即采动区上方建筑物沿工作面推进方向的长度不宜过大，考虑建筑物的使用功能和基础梁的附加剪力和附加弯矩的增加情况，建议采动区上方建筑物沿工作面推进方向的长度不超过 20m，即半盆地长的 1/10。

对比图 5-10、图 5-14 可见：

①采动过程中，独立基础、条形基础的附加剪力相差较大，独立基础附加剪力较小，条形基础附加剪力较大。

②独立基础的附加剪力：不均匀沉降较大的区域（地表移动下沉盆地的边缘，$x=0$m、$x=180$m 附近，拐点 $x=90$m 附近），独立基础的附加剪力较大；不均匀沉降较小的区域（地表移动下沉盆地的最大正、负曲率，$x=40$m、$x=140$m 附近），独立基础的附加剪力较小，即独立基础的附加剪力主要由不均匀沉降引起，与条形基础的附加剪力变化规律不同。

③条形基础的附加剪力：在地表移动下沉盆地的最大正、负曲率（$x=40$m、$x=140$m）附近，条形基础的附加剪力不仅数值较大，而且变化较大；而在曲率变化较小的区域（地表移动下沉盆地的边缘，$x=0$m、$x=180$m 附近，拐点 $x=90$m 附近），条形基础的附加剪力较小，即条形基础的附加剪力主要由曲率的差异引起。

5.5.3 地基附加反力动态变化规律及影响因素

采动过程中地基附加反力的变化规律及各主要因素对地基附加反力的影响规律见图 5-15～图 5-17。

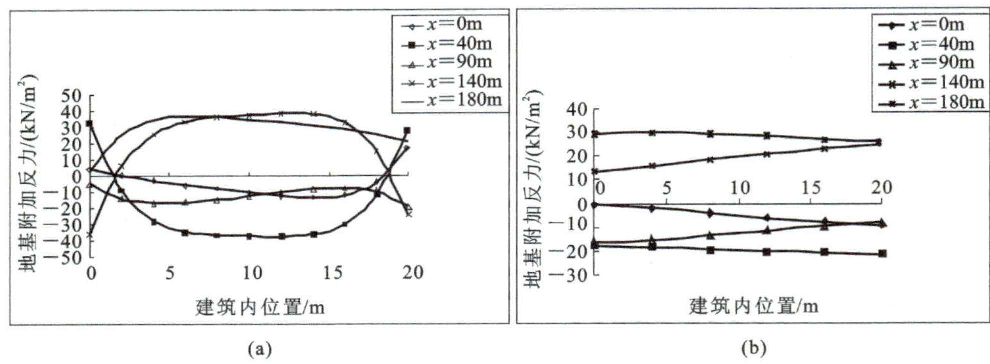

图 5-15　采动过程中地基附加反力的变化规律

(a)条形基础;(b)独立基础

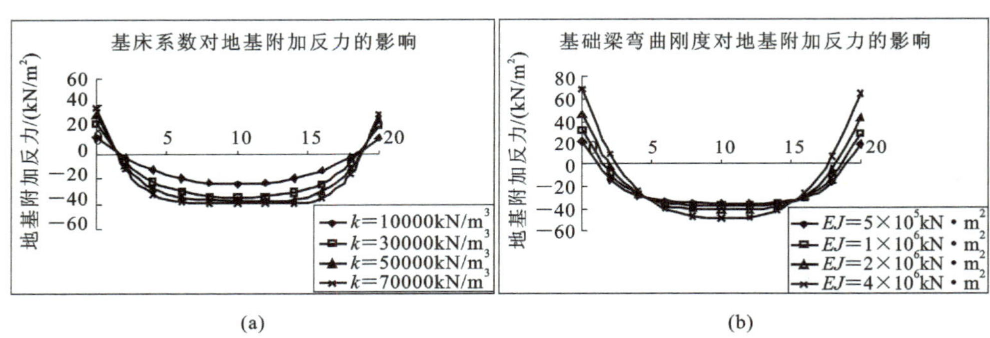

图 5-16　基床系数、基础梁弯曲刚度对地基附加反力的影响

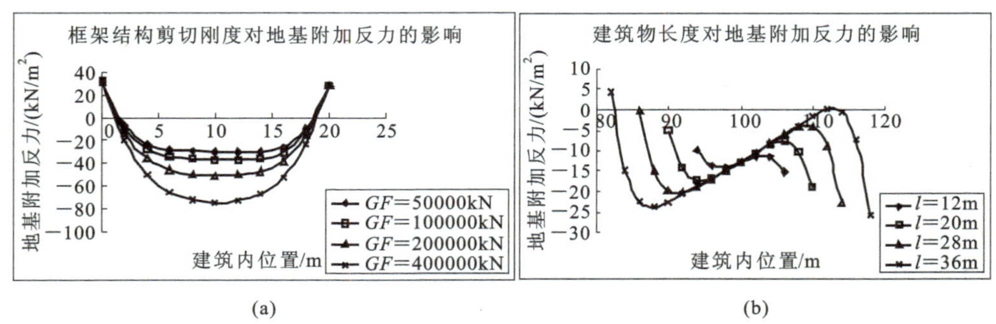

图 5-17　框架结构剪切刚度、建筑物长度对地基附加反力的影响

由图 5-15～图 5-17 可见，采动过程中地基附加反力的变化规律及各主要因素对地基附加反力的影响规律为：

①开始受采动影响时($x=180$m)，建筑物基础下沉量大于地基下沉量，基础切入地基，地基附加反力开始增加；在正曲率区域，地基附加反力分布呈凸形，即基础

附加反力中部大、两端小，而在最大正曲率（$x=140\text{m}$）附近，基础附加反力中部达到最大，两端出现负值，即建筑物中部切入地基而加载、两端地基与基础之间的法向力减小而卸载。

②建筑物位于拐点（$x=90\text{m}$）附近、下沉盆底，地表曲率变形最小，引起的地基附加反力较小。

③建筑物位于负曲率区域，地基附加反力分布呈凹形，即基础中部附加反力为负，两端附加反力为正，而在最大负曲率（$x=40\text{m}$）附近，基础反力在两端达到最大，即建筑物两端切入地基而加载、中部地基与基础之间的法向力减小而卸载。

④受工作面采动影响，地表曲率变形决定地基附加反力。当建筑物位于最大正曲率或最大负曲率时，地基附加反力最大，地基、基础受力状况最不好，并且基础两端和中部均出现附加反力最大值，设计时应重点考虑。

⑤基床系数对地基附加反力的影响规律为：随着基床系数增大，地基附加反力增大，但基床系数增大到一定数值以后，附加反力增加量较小。

⑥基础梁弯曲刚度对地基附加反力的影响规律为：随着基础梁弯曲刚度增大，地基附加反力增大。

⑦框架结构剪切刚度对地基附加反力的影响规律为：随着框架结构剪切刚度增大，地基附加反力增大。

⑧建筑物沿工作面推进方向的长度对基础附加反力的影响规律为：随着建筑物长度增大，地基附加反力增大。

⑨采动区上部地基、基础的附加内力变化规律与数值模拟结果基本吻合。

6 采动区框架结构自适应变形的试验及理论分析

研究表明，地表不均匀沉降作用是引起框架结构附加内力和附加变形增大的主要因素。如果能消除框架结构的不均匀沉降，即可显著改善框架结构的抗变形能力。为此，在掌握采动区框架结构抗变形机理的基础上，本书提出了框架结构自适应不均匀沉降变形的方法，并发明了自适应不均匀沉降变形的支座装置，对支座装置进行了构造设计和力学性能试验，进行框架结构自适应变形的试验研究，提出了采动区框架结构自适应抗变形的设计要点。

6.1 框架结构自适应变形的工作机理

6.1.1 自适应不均匀沉降变形的方法

采动区地表不均匀沉降是随着地下采煤工作面的推进而逐渐扩大的，因而地表的沉降范围也是逐渐扩大的，地表的不均匀沉降使采动区框架结构建筑物的部分地基与建筑物基础接触不紧密或脱开，暂时退出工作；而未受采动影响的地基仍处于工作状态。随着地下采煤工作面的不断推进，受采动影响的地基部分不断扩大，即退出工作状态的地基范围在扩大。最终建筑物在整个地表变形影响范围内处于地表正曲率或负曲率变形区。因此，采动区地基与基础间的变形状态是不断调整的，甚至会出现“悬空”的现象。自适应不均匀沉降支座装置的设计思想就是通过支座装置自动响应基础与地基之间的变形不协调，通过支座自动伸长来弥补框架结构柱脚下的不均匀沉降量，达到保持上部结构稳定的目的。自适应不均匀沉降支座装置利用支座自动伸长，吸收了地表不均匀沉降作用于结构的大变形能，从而对结构形成保护。

第 6 章彩图

6.1.2 自适应不均匀沉降支座的机械原理

我们研发了一种新型框架结构自适应不均匀沉降的支座装置，并将该新型框架结构自适应不均匀沉降的支座装置安装在柱脚下。该装置有较大的抗压、抗弯及抗剪承载力，承担上部框架结构传来的荷载作用，同时该装置无轴向抗拉能力，受拉即可自动伸长，并保持其抗压、抗弯和抗剪承载力，利用支座的自动伸长消除地表不均匀沉降对框架结构的不利影响。

(1)自适应不均匀沉降支座伸长原理

自适应不均匀沉降支座需要解决支座无轴向受拉功能，但同时其具有较大轴向受压功能这一看似矛盾的问题，这是设计难点之一。我们从已有的相关支座装置中寻找类似工作原理的机械结构——拉伸弹簧。相对而言，拉伸弹簧的恢复力能保持直线，可以保证机构的稳定性。该思路可以很好地解决支座无轴向受拉功能的问题，解决支座响应地表变形灵敏度的问题，同时具有较大轴向受压功能。支座伸长机构构造图如图 6-1 所示。

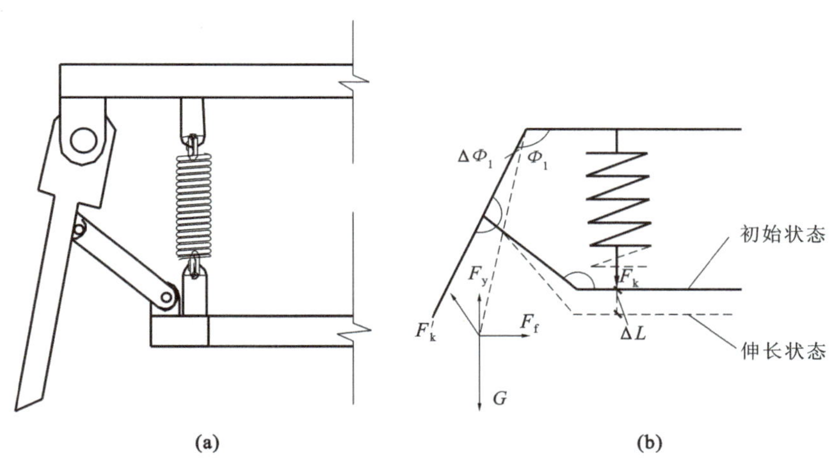

图 6-1 支座伸长机构构造图

(a)机构构造图；(b)机构受力分析图

对图 6-1 进行分析，选择合适的拉伸弹簧，假设其弹簧刚度为 K。选择一个活动支撑板进行分析，支撑板支撑在阶梯台阶上。在初始状态时，拉伸弹簧受拉伸长 L，根据胡克定律，拉伸弹簧中存在弹簧变形恢复力 $F_k = KL$；在无地表变形作用时，支撑板处于平衡状态，受力分析见图 6-1(b)，竖向荷载主要有上部荷载传来的重力 G 和台座上部 F_y，水平荷载有台座传来的摩擦力 F_f，同时支撑板还受到因 F_k 传递至连杆上的斜向力 F_k'，活动支撑板在上述力的作用下形成静力平衡。当地表发生变形时，地基和基础之间出现“悬空”，基础下沉时，与基础固接的底座向下运动，阶梯台座和支撑板脱开，无接触，摩擦力消失，此时支撑板受到各方向力，有绕上部连接点向上转动的趋势，转动角度达到 $\Delta\Phi_1$ 的时候，向上升至相对应的台阶，转动角度，直至摩擦力增大重新达到静力平衡，停止转动。当地表变形继续加大，悬空区域扩大，导致基础下沉量增大，支撑板继续向上转动，自动伸长调节基础的不均匀沉降差。

(2)自适应不均匀沉降支座自锁原理

自适应不均匀沉降支座需要解决支座伸长后的自锁问题，这是设计的另一个难点。自适应不均匀沉降支座装置充分利用机械中的摩擦自锁原理，实现了支座装置的设计目的，若支座有向下的趋势，会带动楔形块向下，特别是弹簧使楔形块的运动趋势一直是向下的，楔形块越往下挤，压力就越大，会把内芯卡住，从而利用楔形形状摩擦自锁原理实现自锁。楔形块受力图见图 6-2。

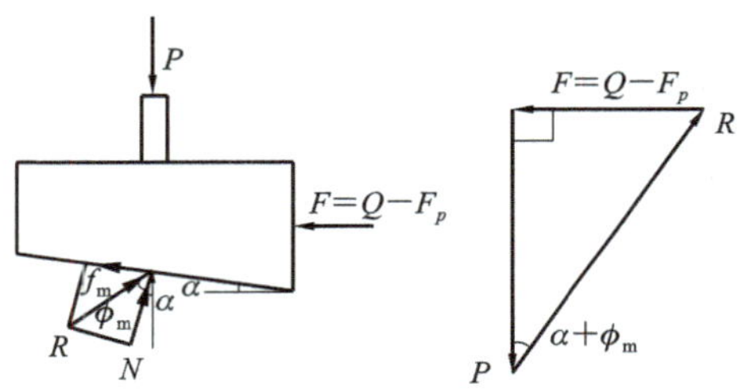

图 6-2　楔形块受力图

6.1.3　自适应不均匀沉降支座的工作原理

本设计研发的新型框架结构自适应不均匀沉降支座装置应具有以下性能：较大的抗压、抗弯及抗剪承载力，无轴向抗拉能力，一旦受拉即伸长，并保持其抗压、抗弯和抗剪承载力；随沉随伸，有较高的灵敏度，一旦不均匀沉降产生即可自动响应，利用支座自动伸长消除不均匀沉降的不利影响。该装置位于框架结构的柱底面与基础顶面交接处，与框架柱和独立基础用螺栓连接，便于安装和拆卸，并可以随时更换和维护，具有广泛的实用性。根据设计目的，支座装置必须解决下面几个问题：①支座承载力；②支座受拉自锁；③支座的受拉敏感性。为了解决上述问题，结合机械原理，我们先后设计了图 6-3～图 6-5 所示的几个方案。

经过多种设计方案对比、完善，最后确定了自适应不均匀沉降支座装置的构造：主要由上支撑筒、支撑杆、圆环板托架、连杆、拉伸弹簧、弹簧调节螺栓和拉销、圆台底座等部分构成，如图 6-6 所示。初始安装状态是将拉伸弹簧预拉，支撑杆随机构运动设置在底座，底座和基础固接，上支撑筒和柱脚用螺栓连接。受地表不均匀沉降变形作用时，圆台底座和上部结构脱开，拉伸弹簧的变形恢复力带动圆环板托架向上运动，圆环板托架带动连杆运动，连杆推动支撑杆克服和圆台底座之间的

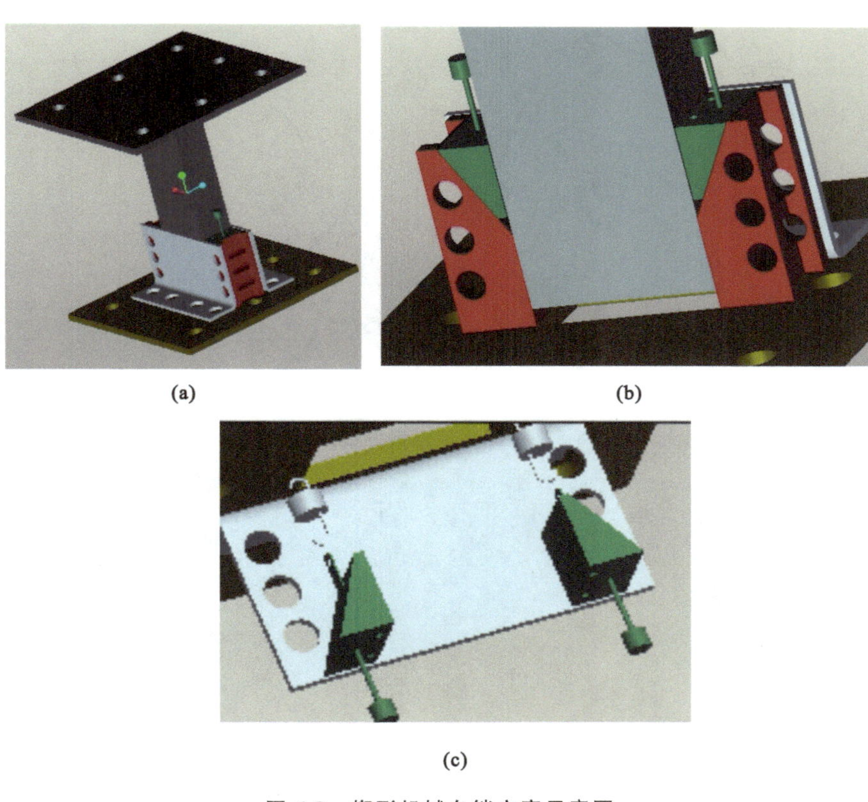

图 6-3 楔形机械自锁方案示意图

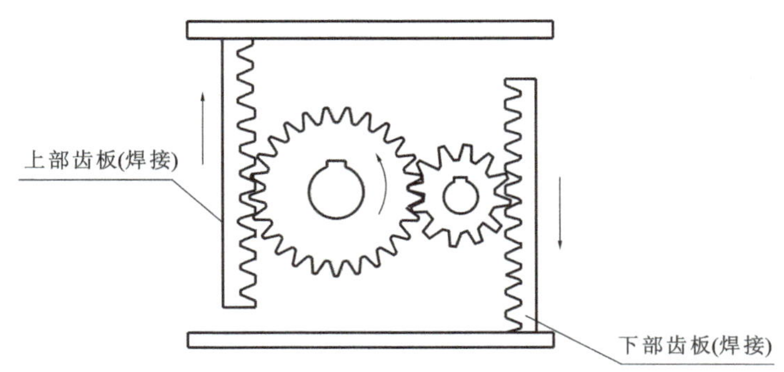

图 6-4 齿轮齿条传动方案示意图

摩擦力,既可以实现向上伸长,又可以保证支座上部结构的稳定性。自适应变形支座装置完成竖向伸长后,上部结构的重力荷载由支撑杆承担。该支座装置结构相对合理,装配简单,且受力明确,能够实现框架结构自适应地表不均匀沉降变形所需要的功能。

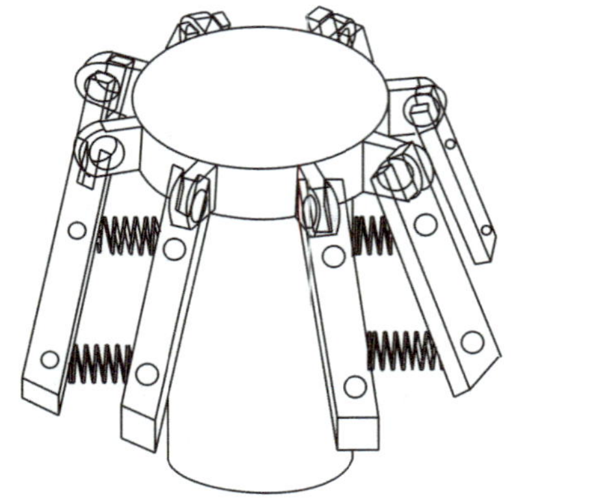
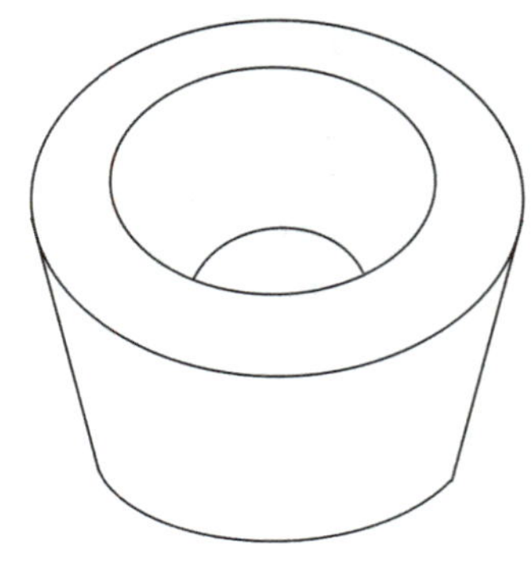

图 6-5 拉杆压簧自锁方案示意图

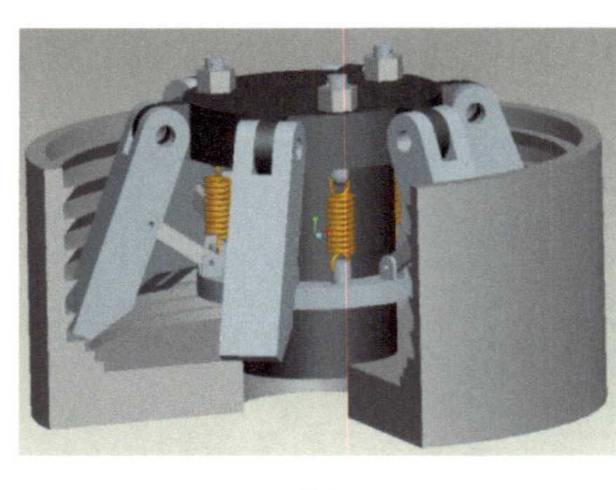
(a)

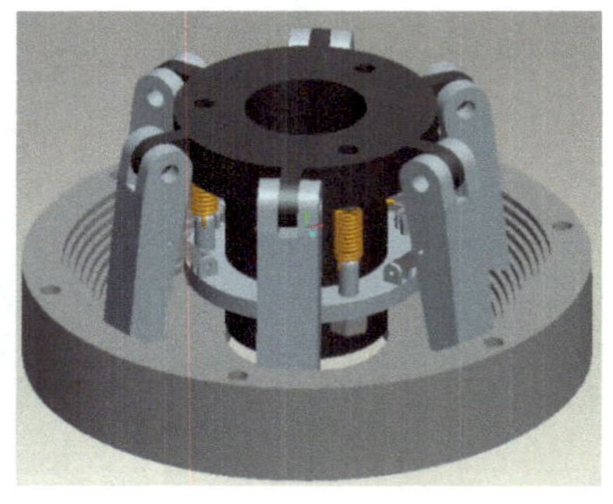
(b)

图 6-6 自适应不均匀沉降支座装置

为了方便和柱脚连接，对自适应不均匀沉降支座进行了二次优化设计，按照柱脚尺寸设计螺栓连接孔，考虑支撑杆接触面问题，将原来的圆形台座变成方形台座，每一个台座为由厚方钢板加工成的阶梯形，支撑杆则变成可以绕螺栓连接耳活动的支撑钢板，同时为了保证支座的稳定性和水平方向的抗变形能力，增加了上下圆钢管组合而成的内外套筒，其余构件设计思路不变。因此，确定了最后的“自适应不均匀沉降支座装置”。该支座构件加工相对简单，避免了工序复杂的机械加工，缩短了加工周期，同时支座性能相对前两种方案也更优异，最终自适应不均匀沉降支座的各构件组成示意图如图 6-7 所示。

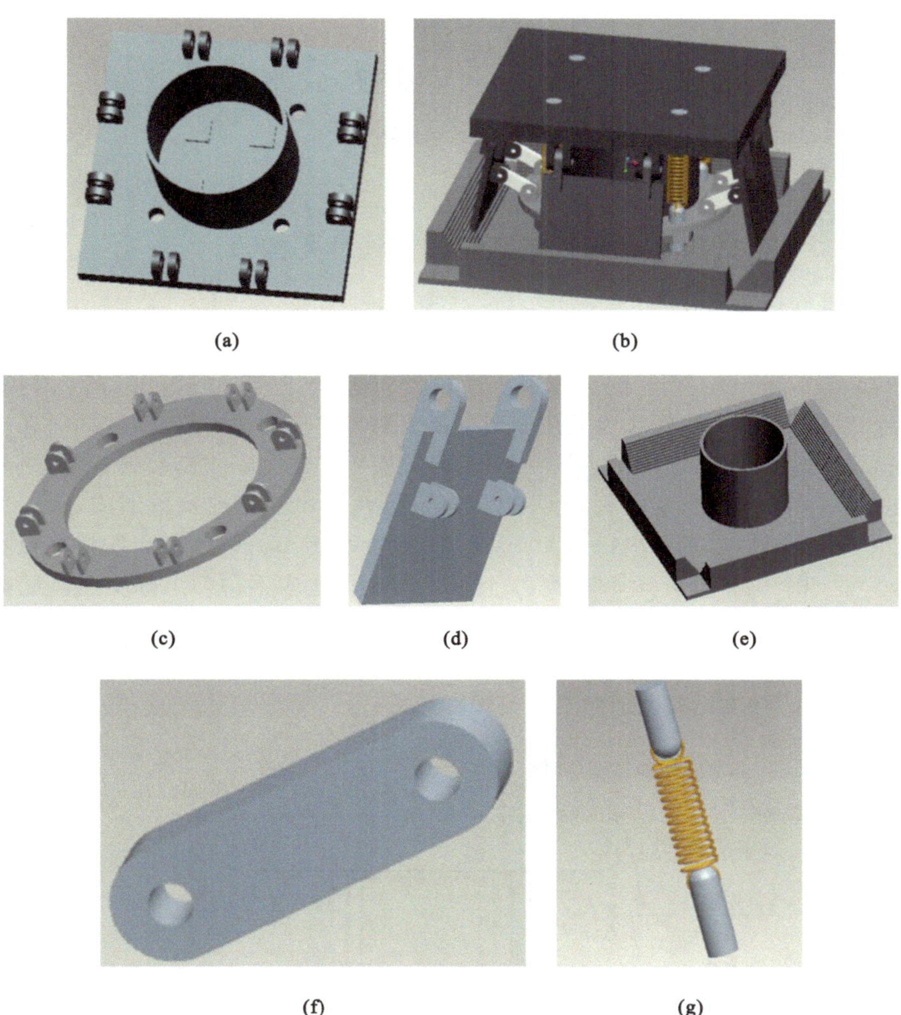

图 6-7 自适应不均匀沉降支座整体构造外观图与构件三维示意图

(a)整体构造图;(b)上盖构件仰视图;(c)圆环板托架示意图;

(d)支撑板示意图;(e)底座示意图;(f)连杆示意图;(g)拉伸弹簧及调节螺栓示意图

6.2 框架结构自适应不均匀沉降支座可靠性的试验研究

6.2.1 自适应不均匀沉降支座试件设计和构造

(1)试件构造简介

由图6-8可以看出，支座由以下四大部分构成。第一部分为上连接盖，主要由330mm×330mm×12mm的方钢板和外径为203mm、壁厚为18mm、高为140mm的厚圆钢管焊接而成，每边设置用于与下部支撑板连接的两对连接耳，同时在圆钢管四周对称设置弹簧连接销；第二部分为自适应不均匀沉降支座装置构件，主要由上支撑杆、带坡口的下支撑板和两个螺栓连接板、四个连杆连接件组成；第三部分为是中托架部分，分别由内径为205mm、外径为280mm、厚为8mm的托环板和对称布置的四个拉伸弹簧调节螺栓，八个用于连接自适应不均匀沉降支座装置板的连杆连接件，四个拉伸弹簧组成；第四部分为底座，底座由430mm×430mm×12mm的钢板和四个300mm×50mm×50mm的阶梯板以及外径为165mm、壁厚为12mm、高为130mm的圆形下套筒焊接而成。

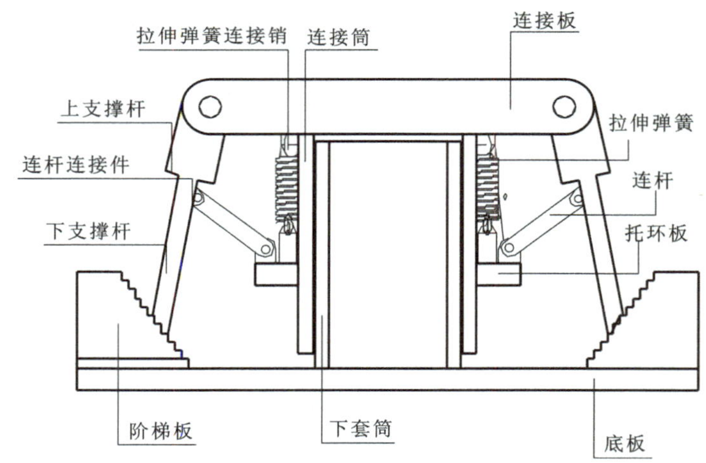

图6-8 自适应不均匀沉降支座整体构造图

(2)支座拉伸弹簧设计与计算

本支座装置的弹簧采用拉伸弹簧。弹簧的选择对于机构作用的发挥起着至关重要的作用。下面就支座拉伸弹簧的设计与计算进行说明。

圆柱螺旋拉伸弹簧的主要几何尺寸如图 6-9 所示，包括外径 D、中径 D_2、节距 t、螺旋升角 α 及簧丝直径 d 等。弹簧的旋向可以是右旋或左旋，一般选择右旋。为方便和上部插销连接，拉簧选择半圆钩环形。设计弹簧时必须满足以下要求：有足够的强度，符合载荷变形特性的要求(即满足刚度条件)。具体计算过程为：

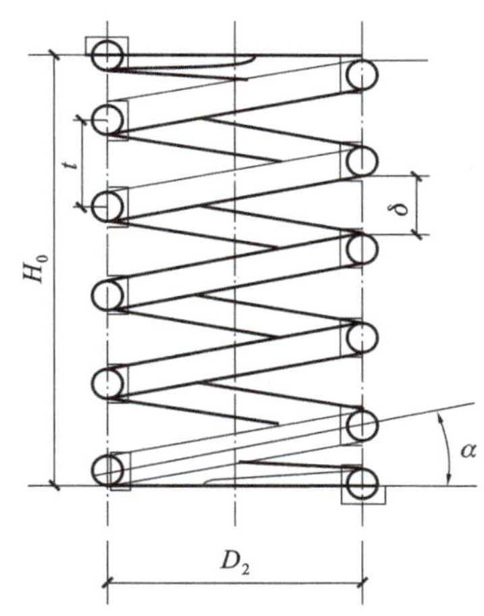

图 6-9 弹簧的几何尺寸

拉伸弹簧在机构中的工作荷载只需克服托架和连杆的重力，经计算约为 30N，工作载荷比较小，对弹簧刚度要求不高，但其量程需要满足支座伸长要求。已知支座竖向调节高度是 45mm，同时要保证自动伸长的长度要小于支座临界值，即在整个支座装置中保证弹簧始终处在负荷状态，存在竖直向上的弹性恢复力。这就意味着需要同时选择合理的弹簧圈数、弹簧直径。一般弹簧(图 6-9)设计都需要进行校核，为了使设计精确，本支座采用试算法，查阅弹簧设计手册，初步选择 LⅢ1.6×18×15，即直径 d 为 1.6mm，外径 D 为 18mm，有效圈数为 15。根据弹簧设计手册中相关公式进行检验、验算：在轴向载荷 F 的作用下，弹簧产生轴向变形量 λ，截取微段弹簧丝(当弹簧螺旋升角 α 很小时)，微段弹簧丝产生的轴向变形为

$$\mathrm{d}\lambda = \frac{D_2}{2}\mathrm{d}\varphi = \frac{D_2}{2} \cdot \frac{T\mathrm{d}s}{GI_p} = \frac{8FD_2^2}{G\pi d^4}\mathrm{d}s \tag{6-1}$$

轴向变形量为

$$\lambda = \int_0^L \mathrm{d}\lambda = \frac{8FD_2^2}{G\pi d^4}L \tag{6-2}$$

式中　G——材料的切变模量(钢：$G=8\times10^4\,\mathrm{N/mm^2}$，铜：$G=4\times10^4\,\mathrm{N/mm^2}$)。

其他符号意义同前。

若弹簧参与变形的圈数为 n，则弹簧丝的总长度 $L=nD_2$。由此可得，弹簧的轴向变形量为

$$\lambda = \frac{8FD_2^2 n}{G\pi d^4} = \frac{8FC^3 n}{Gd} \tag{6-3}$$

经换算后，弹簧的刚度 k 为

$$k = \frac{F}{\lambda} = \frac{Gd^4}{8D_2^3 n} = \frac{Gd}{8C^3 n} \tag{6-4}$$

根据选取的弹簧结构尺寸和几何参数，可算得：

弹簧螺旋比：

$$C = \frac{D^2}{d} = \frac{16 - 1.6}{1.6} = 9$$

弹簧刚度：

$$k = \frac{8 \times 10^4 \times 1.6}{8 \times 9^3 \times 15} = 1.46(\text{N/mm}^2)$$

取间距 δ=3mm，总圈数 n_1=15+2=17(圈)。

其自由高度：

$$H_0 = n\delta + (n_1 - 0.5)d = 15 \times 3 + (17 - 0.5) \times 1.6 \approx 71(\text{mm})$$

设置上下锚栓总长度为30mm，支座上下底座在机构的初始状态高度差是140mm，考虑弹簧预拉的弹性恢复力及伸长长度，且最小弹性恢复力大于30N，当支撑板处于台座的最上端时，弹簧的最小伸长长度和最小弹性恢复力为

$$\lambda_{\min} = 140 - (30 + 71) - 45 \times 0.633 = 10.515(\text{mm})$$

$$F_{\min} = 7 \times 14.6 = 102.2(\text{N}) > G_{\max} = 30\text{N}$$

可以满足机构运动的弹性恢复力要求。本支座的弹簧长度和刚度在安装的时候同时可以通过刚度调节螺旋进行微调，以保证活动支撑板的同步性。

6.2.2 自适应不均匀沉降支座力学性能物理试验

(1)试验目的和内容

自适应不均匀沉降支座力学性能物理试验的主要目的和内容如下。

①通过轴心受压和偏心受压的力学性能试验研究支座的竖向承压性能，包括支座的刚度、强度，以及支座的失效荷载和破坏形式等。该部分试验内容分为两阶段：试验初期阶段，为支座试加载阶段，主要验证其竖向承载力能否满足框架抗地表变形受到的上部荷载；试验后期阶段，在完成框架抗地表变形试验后，对该支座进行加载破坏试验，分析支座在竖向荷载作用下的最薄弱位置，检验支座设计的有效性，并为支座改进提供试验依据。

②建立同物理试验模型相对应的ANSYS有限元模型，进行计算分析，将计算结果与通过支座装置力学性能物理试验得到相关试验数据作对比，对有限元计算进行验证，为建立足尺寸平面模型及进一步建立全局3D有限元模型做准备；并且将试验所得结果同各层次的有限元计算相结合进行分析，提炼最终研究结论，提出支座装置设计改进方法。

(2)试验方案

①轴心受压试验。

自适应不均匀沉降支座轴心受压和偏心受压都在中国矿业大学结构实验室电液伺服万能试验机上进行，通过电液伺服系统控制加载速率，试验得出的数据更精确，试验示意图如图6-10所示。通过受力分析可知，支座竖向荷载的传递机理是

上部荷载通过板盖间高强螺栓传递至四个活动支撑板,支撑板传递至阶梯形台座,台座传递至底座,底座传递至基础。选取支座工作状态中伸长机构的任意位置进行加载,先调节支座支撑板使其进入工作状态,而后加载,加载速度通过电液伺服万能试验机中设置的位移控制选项来控制,保持 0.02mm/s 的加载速度进行加载,同时通过数据采集仪采集数据。首先开始的是前期试加载试验,加载至支座工作荷载的安全倍数即可,待框架变形试验完成后,再进行后期支座承载力极限试验。试验现场装置图见图 6-11。

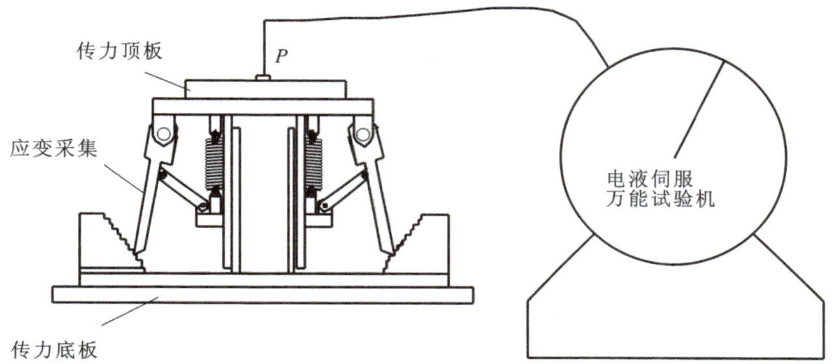

图 6-10 轴心受压试验示意图

图 6-11 轴心受压试验现场装置图

②偏心受压试验。

由于结构柱脚受较大轴心压力,并向柱脚传递较大的弯矩,因此通过偏心受压试验,可以检测支座受偏心压力的能力。在试验后,通过偏压加载直至试件破坏,找出支座破坏形式,如图 6-12 所示。

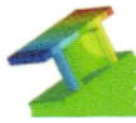

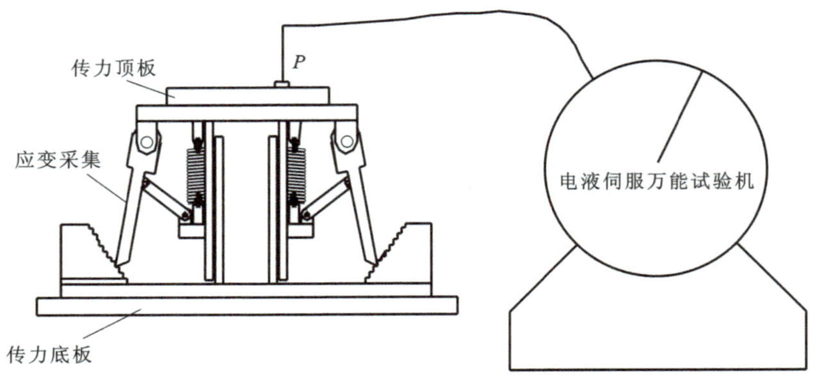

图 6-12　偏心受压试验示意图

(3)试验结果分析

①支座前期加载试验。

在轴心压力和偏心压力作用下，绘制了支座装置的荷载-应变曲线，如图 6-13 所示。从图中我们可以看出，在偏心压力作用下，靠近力作用一侧的支座装置应变随荷载增加速度略小于轴心受压试验时，支座装置在上部荷载达到 400kN 左右时候，仍然处于弹性状态。通过计算分析可知，试验中的框架自重和模拟的上部固定荷载，三个支座承受的重力总和不到 4kN。因此，由前期加载试验可知，支座完全可以在框架抗地表变形中使用，其承载力、刚度、稳定性等性能完全符合试验要求。

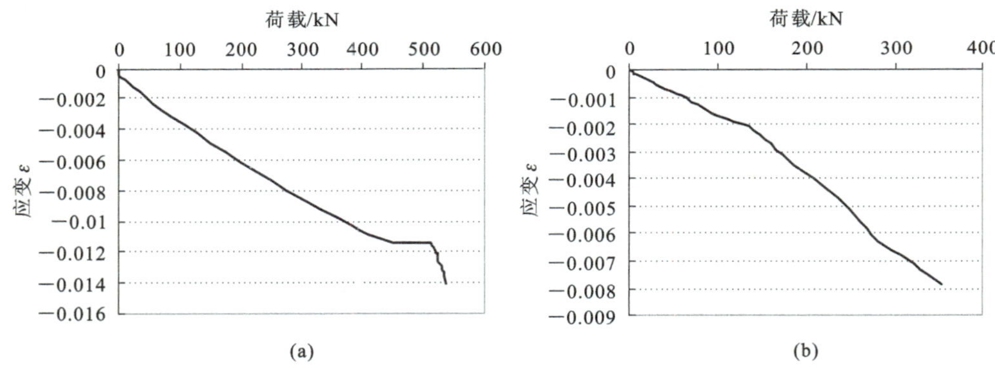

图 6-13　支座前期加载试验阶段荷载-应变曲线示意图

(a)在轴心压力作用下荷载-应变曲线；(b)在偏心压力作用下荷载-应变曲线

②支座后期破坏加载试验。

支座后期破坏加载试验是在支座完成框架结构抗地表变形性能试验结束后进行的，因为在模拟抗地表变形中，支座由机械运动实现自动伸长，各构件完全处于弹性状态，试验结束后，支座性能并不受影响，可以反复使用。

由于支座需要分别进行轴心受压和偏心受压破坏加载试验，因此选择两个支座分别进行轴心受压和偏心受压加载。支座破坏情况如图 6-14 所示。通过观察试验现象，发现其中两个活动支撑板中有一个已经达到屈曲极限，引起支撑板上部连接螺栓受剪力冲切破坏，从而导致荷载和应变突然发生变化。

(a) (b)

(c) (d)

图 6-14 支座破坏情况

(a)支座初始状态图；(b)轴心受压破坏图；(c)偏心受压破坏图；(d)支座连接螺栓冲切破坏图

由试验得出的数据和试验现象可知，对于支座设计，板盖连接螺栓需选择高强螺栓，同时保证承受上部荷载时，四个支撑板均匀受力，即机械加工精度需要有保障，支座在偏心受压时候，其承载力完全满足设计要求，证明支座的整体稳定性符合要求。此外，支撑板屈曲破坏，导致支座失效，属于延性破坏，表明支座构造设计合理，同时支座在轴心受压破坏和偏心受压破坏的时候，其竖向伸长机构并没有失效，只需更换破坏构件，即可重新进入工作状态，这可以大大提高支座的实用性。

6.2.3 自适应不均匀沉降支座有限元分析

利用 ANSYS 软件建立支座的有限元模型，进行受力分析，与支座装置力学性能物理试验得到的相关数据进行对比，验证和校核有限元模型的合理性，同时验证各构件在理想工作状态下的受力分布情况以及承载力是否能满足要求。

(1)支座有限元模型的建立

支座的材料采用 Q235 钢材，弹性模量为 2.1×10^{3} MPa，泊松比为 0.3，密度为 7.8×10^{-9} kg/mm^{3}。

①支座网格划分。

从 Pro/E 导进的机械装配图，首先需要对模型图进行修改，去除零散的边和小面。考虑支座的整体机构运动，网格单元采用一阶线性四面体单元 SOLID 92，以控制网格划分，使其计算符合精度和变形要求。

为了使网格划分得更精确，考虑支座各面的接触属性及机构特征，分别对上部构件实体圆套筒和上部钢板进行网格划分，对中间托架部分以及下底座各个部分分别进行网格划分，下部分从中心向边缘网格单元尺寸减小。图 6-15 为自伸长支座的网格划分示意图。

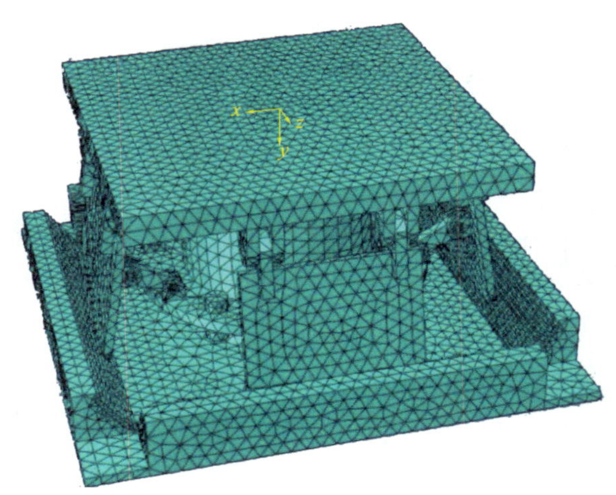

图 6-15 自伸长支座的网格划分示意图

②支座弹簧单元。

因支座和支撑板采用高强螺栓进行连接，ANSYS 对支座进行的不是动态分析，而主要是考查静力荷载作用下的支座性能，所以弹簧单元可选择实体单元，采用常规的实体单元 SOLID 45 建模。弹簧单元作为一种约束关系，可以表征其在机构中的作用。上部支撑板和底座之间的接触，以及其他构件的接触采用的是面-

面接触算法，以求符合实际支座工作情况，采用通用接触可以模拟接触面法线方向和切线方向作用，结构受力简单，建模分析过程易控制；同时根据试验得出的结果对底座施加位移边界。

③支座接触单元。

接触单元采用 TARGE 170 和 CONTACT 174 两个单元。TARGE 170 是三维三节点目标单元，与相关接触单元联用，来模拟面-面接触。TARGE 170 接触单元仅需设置实常数 R_1 和 R_2，R_1 和 R_2 用来确定目标单元的尺寸和形状。利用 ANSYS 自带的接触向导来生成解除对，程序则会根据实体模型单元的形状自动选择最佳形状目标单元。CONTACT 174 单元为三维四节点低阶四边形面-面接触单元，接触单元通过设置材料参数、相关实常数以及关键选项来描述其接触性能。

④支座约束与荷载定义。

支座约束定义相对比较简单，实际受力的时候，可以认为支座的底座是固接的，主要施加位移约束，以限制整体支座各方向水平位移及转动。加载方式为静力加载，支座的上部荷载非常小，单个支座承受的荷载不足 2kN。因此，为了验证支座在竖向荷载下的承载力，采用和试验中施加荷载一致的加载方式，逐级增加荷载直至构件出现屈服现象，荷载以面荷载形式施加于支座上部，支座的约束及加载如图 6-16 所示。

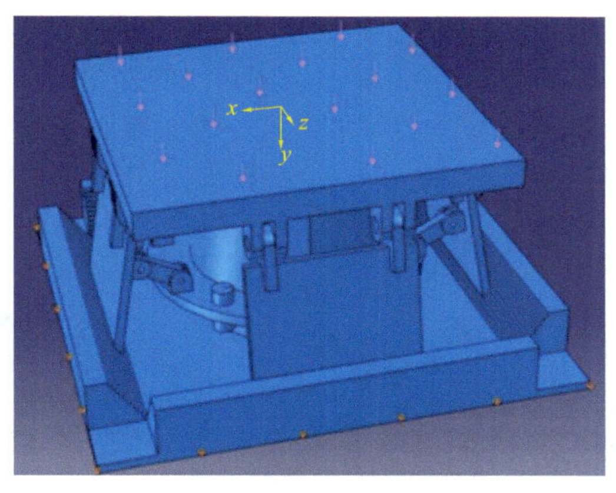

图 6-16　支座的约束及加载示意图

(2)自适应不均匀沉降支座承载力有限元计算

通过有限元计算的支座竖向加载分析结果与试验结果对比可知，两者结果比较接近。在轴心受压作用下，试验中得出的屈曲荷载是 778kN；在有限元分析中，在上部荷载达到 930kN 时，支座中的支撑板出现屈服应力。支座的有限元变形示意图的支撑板屈曲破坏与物理试验体现出一致性。两者的比较说明，支座的有限元建模分析的网格划分、参数定义、单元选择是合理的，而且对于较复杂的机械结构分析，可以采用 Pro/E 等专门机械设计软件和有限元软件的接口连接，并进行分析，其可靠度和精度都可以满足设计要求。其中，支座的变形示意图(图 6-17)显示，支座在承受较大荷载时，上连接板和套筒连接区域内有较大变形，增加上连接板厚度可以防止出现较大变形。对有限元模型建模的探索和验证，为支座在结构中的整体建模提供了重要的参考价值。

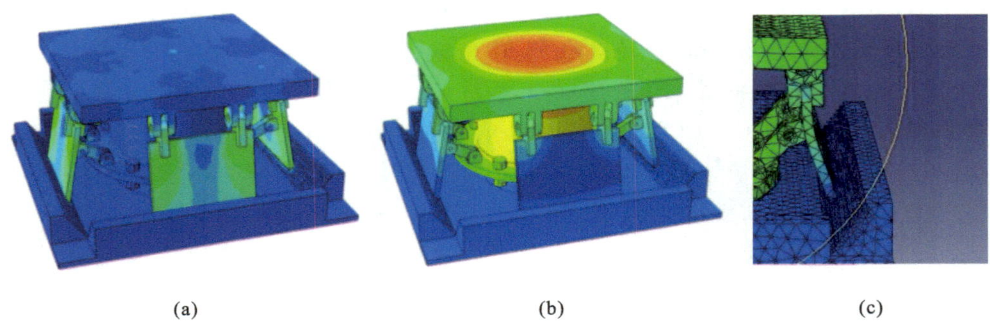

图 6-17　较大荷载作用下支座有限元计算结果

(a)支座等效应力分布云图；(b)支座变形示意图；(c)支座变形图支撑板处局部放大示意图

(3)自适应不均匀沉降支座抗水平变形的有限元模型

有限元计算时，荷载加载分为两部分：一是模拟支座装置的加载，即计算支座安装时的受力；二是模拟地表水平变形试验中的压缩加载，每次加载 0.98kN，总共施加 20 步。在地表水平变形作用下，支座有限元模型中的网格划分和接触面定义如图 6-18(a)、(b)所示，得出支座的等效应力分布如图 6-18(c)所示。同时通过有限元分析得出支座在 X、Y、Z 三个方向的位移，如图 6-19 所示。

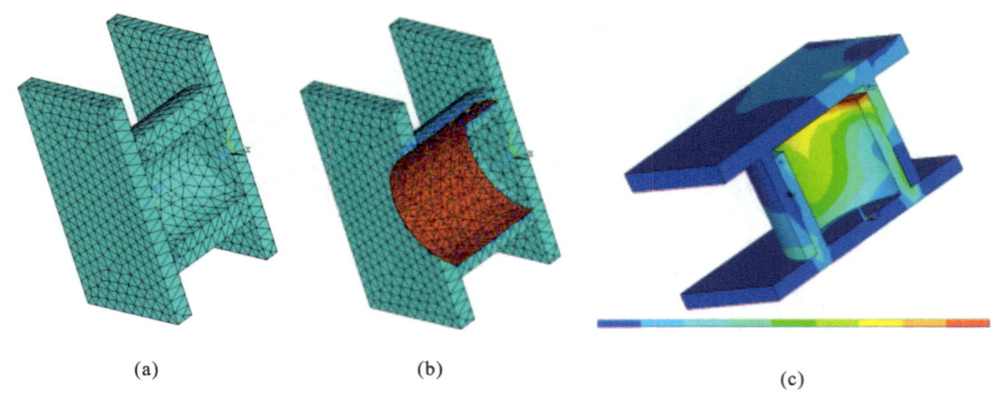

图 6-18　地表水平变形作用下支座的有限元模型及分析结果

(a)网格划分图；(b)接触面定义；(c)支座的等效应力分布示意图

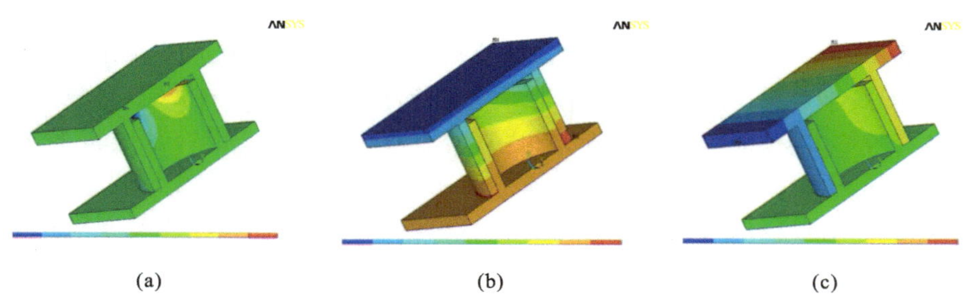

(a) (b) (c)

图 6-19 支座在 X、Y、Z 方向的位移示意图

(a)X 方向;(b)Y 方向;(c)Z 方向

当支座底板受到来自基础的水平方向地表变形作用时,最不利位置在和底板连接的内套筒顶端,沿着水平力施加方向(Y 方向)出现的变形最大区域是在内外套筒的下部以及底部;此外,在 X 方向,即水平面中与 Y 垂直方向,支座的两套筒间也存在位移,集中在内套筒上部位置;Z 方向(即沿着套筒竖向方向)的变形相对集中于上顶板套筒的边缘部位。有限元模拟相对理想化,但实际中套筒受水平地表变形作用的规律还是相近的,所以我们可以通过有限元计算结果对支座的构造设计提出以下设计建议:降低支座的高度,同时增加内套筒的壁厚,以提高支座的抗地表变形性能,由于水平变形将带来 Z 方向的变形,因此对该支座需增加抗拔措施;同时还可以在内外套筒之间增设缓冲阻尼材料,在一定范围内更好地提高支座的抗水平地表变形能力。

6.3 框架结构自适应变形的试验研究

6.3.1 试验目的和内容

本自适应不均匀沉降支座的主要功能是通过支座自动伸长来调节基础高度,减小地表不均匀沉降对框架结构的不利影响。为了验证其竖向自动伸长性能并研究该支座装置对钢框架结构的保护效果,取一榀两跨的缩比钢框架,将支座安装在钢框架柱脚与基础之间,对竖向地表变形作用下支座性能进行试验研究,分析上部结构附加内力和附加变形的分布规律。

考虑实验室设备以及试验条件,本试验选取一原型为两跨四层平面钢框架中的一榀横向底层框架,按照 1∶3 的比例进行尺寸缩比,并适当调整框架梁柱截面,原型钢框架层高为 3300mm,横向两跨,跨度为 6000mm,梁柱节点为刚节点,节点域设有加劲肋。根据相似理论,试验中钢框架梁柱的几何尺寸、混凝土基础几何尺寸，按几何缩比 1∶3、面积缩比 1∶9、截面惯性矩缩比 1∶81 进行设计，缩比后框架层高为 1100mm，跨度为 2000mm。试验试件尺寸如表 6-1 所示。由于试验场地安装问题，将基础更换为可以锚固在地槽中的钢板基础。支座安装时，首先分别加工好各构件部分，按照四大组成部分组装好，然后将中托架安装在上连接盖上，设置好四个拉伸弹簧，通过螺栓调节好四个螺栓的刚度和初始状态长度。将第一、二、三部分安装好以后，需要对支座进行预拉，即将支座的四个支撑板安装在底座的初始位置，通过预拉拉伸弹簧，使得支撑板内收，通过套筒上的销杆固定锁住，将支座的上部组装好，安装在底座套筒上。和柱脚基础进行连接的时候，先将支座的底座部分和基础钢板焊接，再将支座的上部安装在支座底部上，调节好支座水平度，再和柱脚进行焊接。支座准备工作时，拔掉销杆，即可发挥支座机构的作用。

表 6-1 试验试件尺寸

跨度/mm	高度/mm	柱截面/mm	梁截面/mm	基础尺寸/mm
2000	1100	100×100×6×8	100×100×6×8	400×400×300

进行竖向抗地表变形试验，包括三种工况：不均匀沉降、正曲率变形和负曲率变形(其中不均匀沉降分别包括 A 柱抬升和 C 柱抬升两种情况)。试件分为两组，分别是：①无支座装置的试件——开放式空腹钢框架 SFe(Empty Shrink Ratio Experiment Frame)；②带支座框架的试件——SFb(Shrink Ratio Experiment Frame with Bearing)，即安装了支座装置的一榀框架。支座装置将框架试件和基础分开，柱脚和支座装置上顶板相连，基础与支座装置下底板相连。为了避免螺栓滑移带来的影响，以及考虑实验室现场条件，采用钢板基础，支座和上部结构的连接及支座和基础均采用焊接进行可靠连接，焊接形式为围焊角焊缝。

需测量及观测的项目包括：①对基础施加的作用力；②柱脚位移；③柱端应变；④梁端应变；⑤梁跨中应变；⑥基础位移。

6.3.2 试验加载方案设计

物理试验中对试件的加载主要包括两方面：①试件上固定荷载的加载，模拟作用于框架上的恒荷载；②对柱底基础进行的荷载或位移加载，模拟作用于框架上的地表变形。试验试件简图如图 6-20 所示。

(1)固定荷载加载方案

每组试件均在框架梁四分点上施加两个集中荷载，以模拟楼板传递至梁上的恒荷载，可通过固定夹具施加重力荷载得到。通过计算可知，在框架梁四分点位置上施加的集中荷载为 882N，在试验现场就地取材，使用实验室钢块作为加载重物，通过称重得到所需固定荷载所对应的重量。

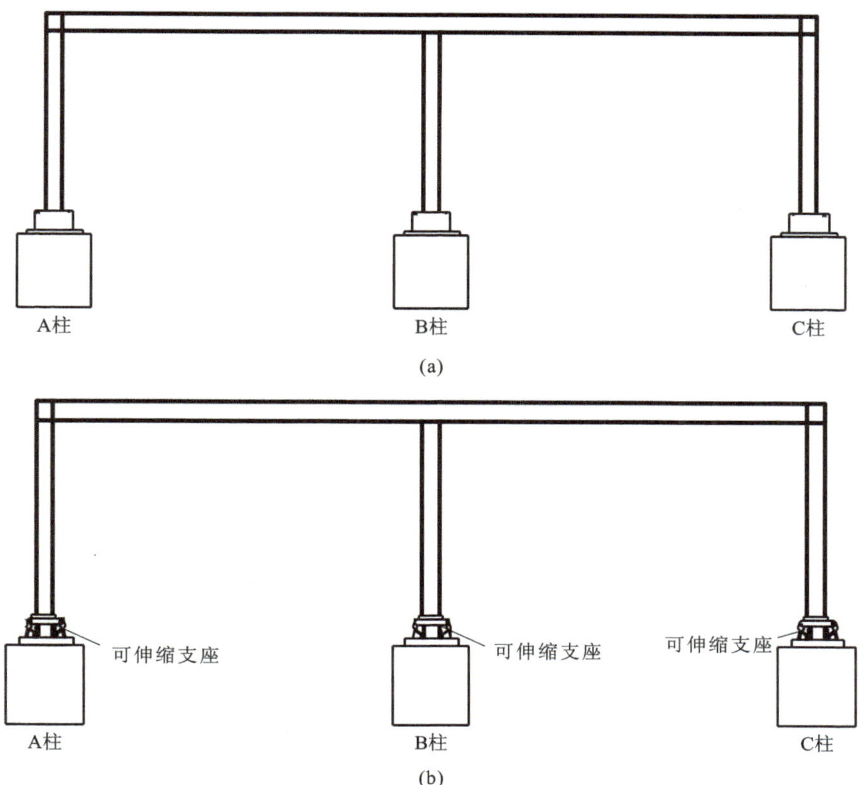

图 6-20 试验试件简图

(a)不安装支座的纯钢框架(SFe);(b)安装支座的钢框架(SFb)

(2)竖向地表变形加载方案

采动区地表变形按方向可分为水平地表变形和竖向地表变形两类。在竖向地表变形作用下,地基土体下沉,地基反力也产生变化并传递至上部结构中,引起结构内力重分布,改变地基与上部结构间的平衡关系,上部结构则在自重和荷载作用下产生相应变形直至与下部地基间形成新的平衡,实质就是建筑物上部结构、基础与地基自我调节的一个过程。考虑地表变形传递机理以及实验室条件,因为使用的 5t 千斤顶无法控制其下降过程,框架和支座基础都是对称结构,所以在不均匀沉降地区,分别对 A 柱和 C 柱倾斜工况进行试验模拟。竖向地表变形的加载采用位移控制的方式,每级加载 1mm。加载具体方法为:B 柱基础固定,通过千斤顶分别对 A 柱和 C 柱基础施加一定大小和方向的荷载或位移,从而模拟作用于基础的地表变形,具体方式如表 6-2 所示。

表 6-2　地表变形加载方案

变形类型	B 柱基础	A 柱基础	C 柱基础	每级加载
A 柱倾斜	固定	底面向上升	固定	1mm
C 柱倾斜	固定	固定	底面向上升	1mm
正曲率变形	底面向上升	固定	固定	1mm
负曲率变形	固定	底面向上升	底面向上升	1mm

6.3.3　试验装置和设备

本试验在中国矿业大学结构实验室里进行，试验器材及装置包括电阻应变片、位移计、荷载传感器、千斤顶、数据采集系统等。采用 TDS303 数据采集仪对位移计以及应变片数据进行采集。试验装置见图 6-21～图 6-24。

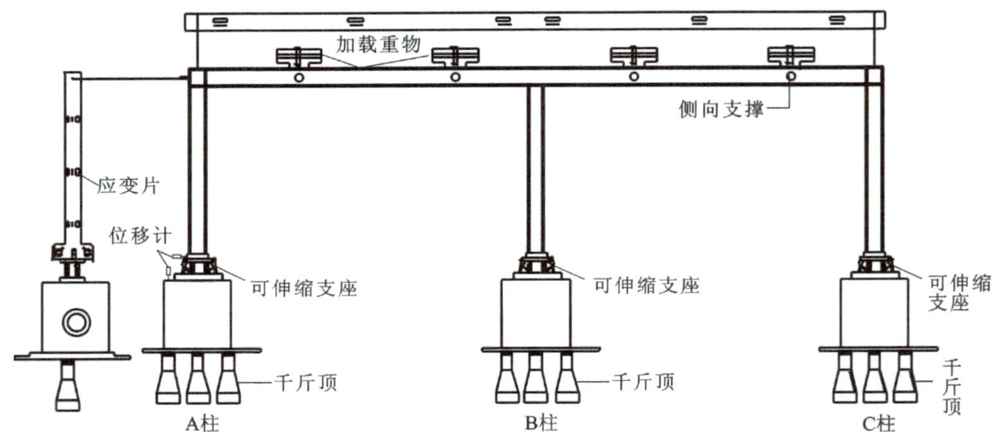

图 6-21　抗地表变形试验装置示意图

图 6-22　现场试验装置图

图 6-23 支座的安装

图 6-24 数据采集系统

6.3.4 试验结果处理与分析

为更好地研究支座竖向伸长性能,需要对已完成试验的数据采集仪采集的数据进行整理,通过框架柱脚与基础位移之间的变化规律来分析支座的竖向伸长性能,通过分析地表变形作用下的框架结构附加内力变化,研究支座性能对上部结构抗地表变形的影响规律。因此,需对所得试验数据进行如下处理:①地表变形位移-基础位移变化;②框架柱地表变形位移-应变变化;③框架梁地表变形位移-应变变化。

对数据进行初步处理后,对三种地表变形状态下的两组试验作进一步的对比分析。

(1)正曲率变形试验结果分析

地表倾斜变形导致地表产生向上凸起的正曲率变形,在地表变形过程中,处于正曲率变形区的建筑物地基与基础间为一点接触,易随地表变形而变化。正曲率变形使建筑物与地表的接触状态发生了变化,打破了建筑物的原始平衡状态,从而使建筑物体内产生了附加应力。当正曲率变形增大到一定程度时,会使建筑物产生破坏。本书通过固定两个边柱(A、C 柱),对中柱(B 柱)施加向上的位移来实现模拟正曲率变形造成的边柱和中柱沉降差。

本支座竖向伸长的调节范围是 45mm,对安装了支座装置的框架施加正曲率变形完成后,经观察发现安装支座装置的结构两边柱与中柱的沉降差比不安装支座装置时要小得多,显示支座具有较好的自适应调节高度的功能。如图 6-25 所示,C 柱下支座装置伸长明显,其四个活动支撑板在圆环托板的作用下调节步幅能保持一致,对基础沉降差的感应灵敏度较高。而 A 柱下的支座装置对沉降差的感应灵敏度较低,主要原因是:①加工精度问题,出厂时各支座的构件尺寸存在误差,从而影响支座机构的运动;②基础不在一个水平面,由于采用的基础是通过厚钢板焊接的大钢墩，其底部由于加工精度误差会造成不平。中柱（B 柱）下的支座装置在受到向上位移作用时几乎没有变化，这证明支座强度完全能满足要求，支座装置的高度无变化。

(a)

(b)

(c)

图 6-25　正曲率变形试验后支座装置变形图

（a）A 柱下支座装置；（b）B 柱下支座装置；（c）C 柱下支座装置

①框架沉降差随正曲率变形的变化规律。

在框架抵消正曲率变形作用下，为研究支座装置竖向伸长性能对结构附加内力和变形的影响规律，直观上可以通过比较基础沉降差和柱间沉降差的变化趋势来分析支座的主动调节竖向高度的性能优劣，需要知道在基础沉降不断增加时，上部框架边柱与中柱之间的沉降差变化，因此绘制了正曲率变形作用下边柱与中柱柱顶沉降差和基础沉降差的对比曲线，如图 6-26 所示。

从图 6-26 可以看出，边柱与中柱之间的沉降差比框架基础的沉降差要小得多，说明边柱和中柱间的沉降差的减小是支座伸长引起的，从而验证了支座自适应调节竖向高度的良好性能。从图中曲线可以看出，C 柱支座的自适应调节性能优于 A 柱支座，基础沉降差呈线性增长趋势，但是由于试验加载时采用人工手摇千斤顶加载，存在人为误差。为尽量减小误差，在采集数据时，间隔 10s 采集三次，然后取平均值。

试验数据和曲线走向表明，A 柱支座在 B 柱基础受到向上施加的位移时，支座装置对沉降差的影响不大，当施加位移值达到 15mm 左右，因为支座装置伸长的作用，框架沉降差开始下降，支座开始发挥作用。C 柱支座装置在受到正曲率变形作用时即感应到位移变化，从图 6-26(b)中 C-B 柱柱顶沉降差变化曲线可以看出，其曲线可看成由多段水平的折线组成。这反映了支座在调节竖向高度的动作趋向于一步一个台阶。符合支座的机械设计时的调节精度，5mm 一个台阶，由 C-B 柱柱顶沉降差曲线可以明显看出，C 柱下支座在施加位移 10～15mm 时，支座并未伸长，而当位移差超过 5mm 时，有了明显的变化。本支座设计的不足之处是调节精度不高，5mm 一级台阶可以设计成 1mm 或 2mm（更小精度）的调节范围，但这对加工精度提出了较高的要求。本支座设计调节极限是 45mm，所以在 B 柱基础上

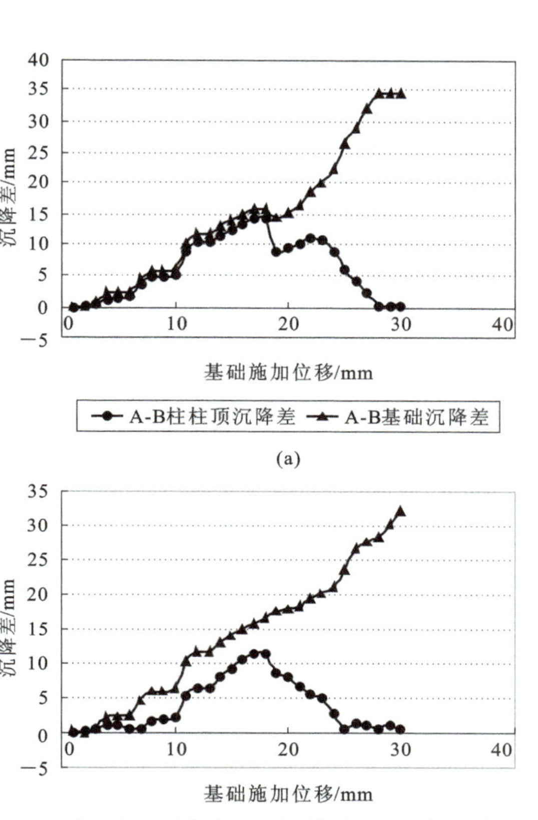

图 6-26 正曲率变形作用下边柱与中柱柱顶沉降差与基础沉降差对比图

(a)A-B 柱柱顶沉降差与基础沉降差;(b)C-B 柱柱顶沉降差与基础沉降差

施加位移至 34mm 时候,A、C 柱下基础支座的支撑板分别位于第 7、6 级台阶,未超出调节范围。

②框架柱底附加应变随正曲率变形的变化规律。

在正曲率变形作用下,不安装支座装置的框架柱脚变形与安装支座装置的框架柱脚变形的变化规律如图 6-27 所示。

由图 6-27 可以看出,在正曲率变形作用下,框架结构边柱柱脚产生附加应变值非常大。从两边柱 A 柱[图 6-27(a)]、C 柱[图 6-27(b)]的 SFe 沉降差-柱脚应变曲线可以看出,不安装支座的正常框架附加应变随地表变形变化曲线近似为斜直线;在地表变形较小时,安装了支座装置的框架柱脚应变的变化与未安装支座的框架基本一致,其原因是柱下支座未进入工作状态。而安装了支座装置的框架柱脚应变曲线是由多段波形线组成的,最大应变变化范围控制在 0.10 以内,表明支座

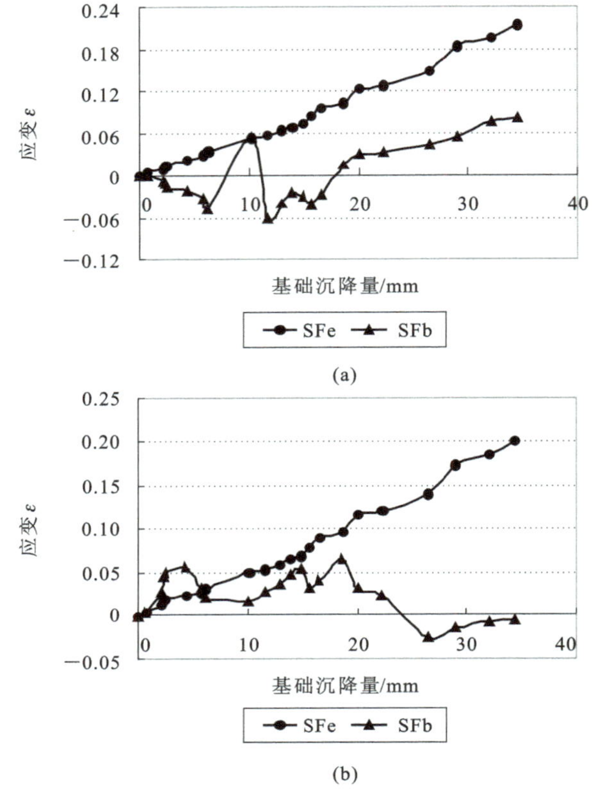

图 6-27 正曲率变形作用下边柱底外侧附加应变

(a)A 柱柱脚附加应变；(b)C 柱柱脚附加应变

的总体控制效果良好，支座的伸长有效地减小了正曲率变形带来的柱底附加应变。同时应注意，带支座的柱脚应变存在正负变化，这是因为支座在逐级升高的过程中，影响柱脚受力，存在拉压应力的变化。仔细分析带支座的 SFb 中边柱柱底的应变变化，A 柱柱底应变第一次发生变化，在沉降量大约为 10mm 时，A 柱下支座进入工作状态，自动伸长抵消了一部分沉降，柱脚附加应变值开始下降；因柱下支座工作性能发挥良好，在应变有突变时可以主动抵消变形，从而减小附加应变，当沉降量为 10～15mm 时，应变变化趋势明显，沉降量增大后，两支座较好地发挥了作用，其后每一次波形变化都是支座装置在起作用。在支座装置自动伸长进行调整之后，框架内力重新分布，随着施加位移的不断增加，框架柱脚间的沉降量增大，这时柱脚附加应变也随之增加，直到支座装置再次伸长抵消一部分位移差。支座加工时的精度欠缺直接影响机构的机械运动，从而降低了支座的结构响应灵敏度，表明实际过程中需重视构件的加工精度，确定允许的误差范围。

③框架梁附加应变随正曲率变形的变化规律。

在正曲率变形作用下，框架为对称结构，为节省篇幅，本处选择 AB 段框架梁进行分析，分别就不安装支座装置与安装支座装置的框架梁附加应变的变化规律进行研究，处理数据后得到图 6-28 所示的附加应变曲线图。

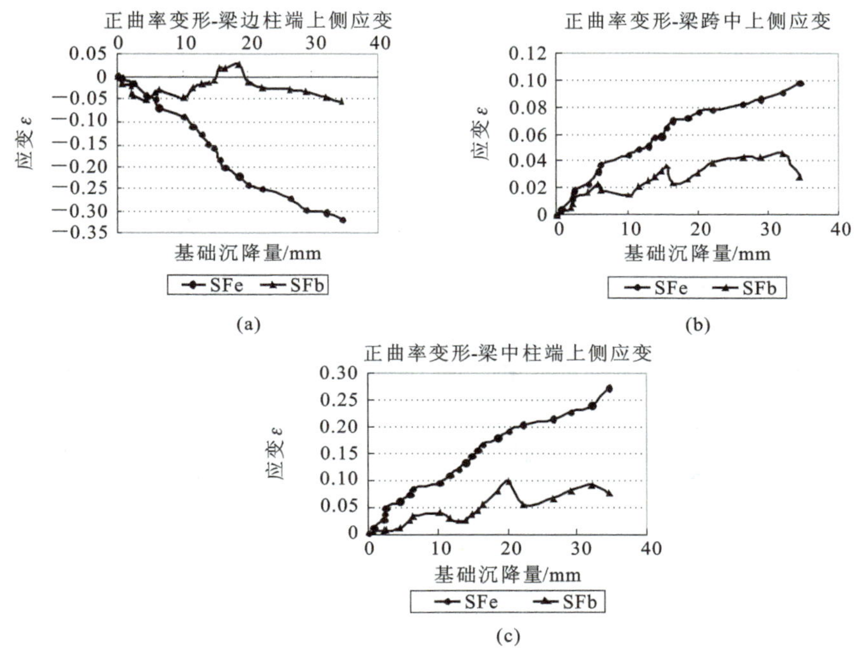

图 6-28 正曲率变形作用下梁上侧附加应变

(a)梁边柱端；(b)梁跨中；(c)梁中柱端

从图 6-28 可以看出，普通钢框架结构的框架梁附加应变明显大于安装了支座装置的试验框架。SFb 的框架梁附加应变整体变化范围较小，曲线整体趋于稳定。边柱下降量越大，框架梁变形越大，可看出普通框架结构的框架梁受正曲率变形影响很大，SFe 在试验模拟的正曲率变形区的框架梁附加变形曲线为一条斜直线，附加应变与沉降量呈线性关系，其最大附加应变值是 SFb 最大附加应变值的 4～5 倍。与框架柱脚附加应变随正曲率变形的曲线图相比，支座装置的安装，对框架梁内力重新分布的影响更大。边柱下降时，支座装置进行自动伸长补偿高度，柱脚沉降量比普通框架要小得多，因此 SFb 的框架梁变形要小得多。如图 6-28 所示，SFb 曲线中每一次波形变化都是由于框架梁受到支座装置伸长的影响，虽然装置对沉降差的补偿与其敏感性有关，无法完全实现一有沉降就立刻自动伸长，因此曲线较曲折，但是由于有支座的调整，总体框架梁因正曲率变形产生的变形变化是稳定的。每次调整之后，虽然应变又随施加位移值的增加而增加，但是曲线在两次波峰之间有一段类似直线的变化，说明支座装置在自动伸长之后的承载能力较强，在装置再次自锁之前能够承受上部荷载作用并且保持稳定，表明支座的伸长是根据调节精度逐级发挥作用的，随着继续施加位移，又产生新的沉降，引起了应变的增加。

(2)负曲率变形试验结果分析

虽然一般建筑物在处于最大正曲率位置时，地基反力最大，但在最大负曲率位置时地基反力也不容忽视，而且正、负曲率变形对钢框架结构内力变化的影响不同。为了观察支座装置在各种地表变形下的作用，本书通过固定中柱(B柱)，对两个边柱(A、C柱)施加向上位移的方式，模拟了负曲率变形造成的边柱和中柱的沉降差。试验完成之后的支座装置的变形如图6-29所示，可知两边柱下的支座装置变化不大，而中柱下的支座装置明显伸长。

(a)

(b)

(c)

图6-29　负曲率变形试验后支座装置变形图

(a)A柱下支座装置；(b)B柱下支座装置；(c)C柱下支座装置

①框架沉降差随负曲率变形的变化规律。

在负曲率变形的作用下，SFb试验框架的边柱与中柱的沉降差的变化如图6-30所示。

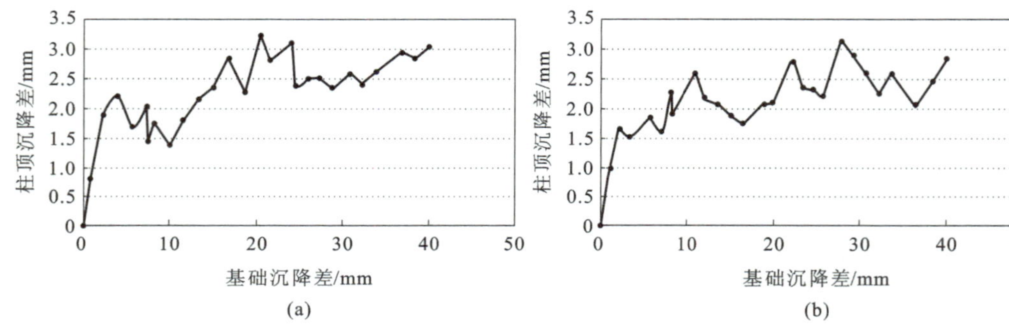

图6-30　负曲率变形作用下边柱与中柱柱顶沉降差与基础沉降差对比图

(a)A-B柱柱顶沉降差与基础沉降差；(b)B-C柱柱顶沉降差与基础沉降差

分析图 6-30 曲线变化规律和试验加载过程可知，B 柱支座装置对于基础的 A、C 两柱下基础的不均匀调节均呈阶梯形；仔细比较两柱的沉降差可发现，C 柱端的支座装置调节要较 A 柱端的支座装置调节更平稳。其原因是现场加载时，人工控制的 A、C 两端加载速率有人为误差，开始时 C 柱下千斤顶有些问题，所以 A 柱开始时加载速度比 C 柱快，对 A 柱基础施加荷载时产生位移较大，故 A 柱端和 B 柱端的沉降差值下降的变化趋势稍显陡峭，使得沉降差上升速度较快，而 C 柱端加载较慢，其基础的曲线变化如图 6-30(b)所示，波峰和波峰之间存在较深的缓冲段。因此，加载至 A、C 两柱基础位移控制值大致相近时，两边柱的沉降变形大致同步，支座装置感应调节效果较好，沉降差大幅下降。

②框架柱底附加应变随负曲率变形的变化规律。

在负曲率变形作用下，不安装支座装置的框架柱脚变形与安装支座装置的框架柱脚变形的变化规律如图 6-31 所示。

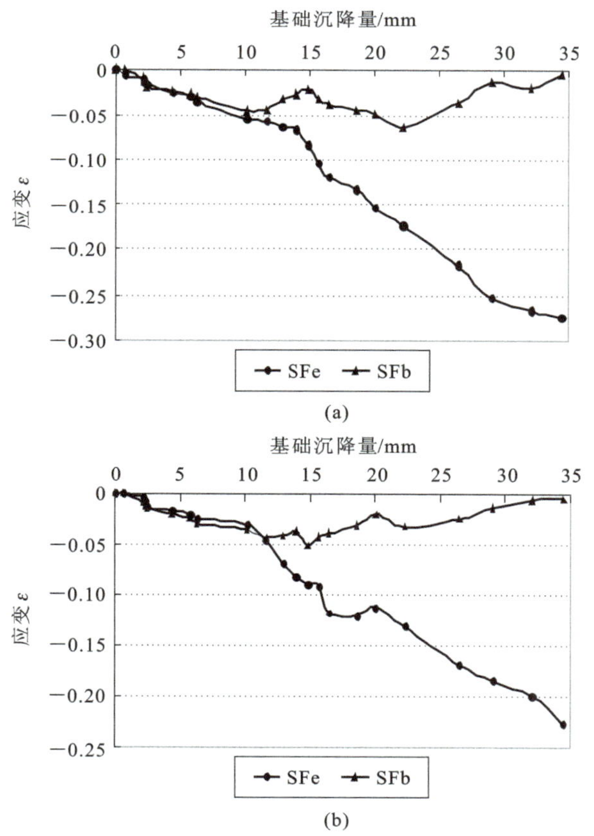

图 6-31 负曲率变形作用下边柱底外侧附加应变

(a)A 柱柱脚附加应变；(b)C 柱柱脚附加应变

从图 6-31 可以看出，在负曲率变形区，支座装置对减小由于地表变形产生的框架柱脚附加应变效果明显。SFb 试验框架柱脚的最大附加应变并不是发生在基础位移值最大时，A、C 柱柱脚最大附加应变皆出现在基础沉降量为 23mm 左右，最大值是无支座装置 SFe 的最大值的 1/10 左右。在施加位移到 10mm 左右，支座装置就自动伸长抵消部分柱间沉降差，有效地阻止柱脚附加应变的进一步增加，在此之前 SFb 和 SFe 曲线十分接近。对比图 6-31(a)、(b)，发现 C 柱负曲率变形作用下柱脚附加应变曲线比 A 柱负曲率变形作用下柱脚附加应变曲线整体变化趋势更平缓，主要是由于试验过程中对 A、C 柱下基础加载速率不同。从图 6-31(a)、(b)中 SFe 和 SFb 的柱脚附加应变的对比可以看出，自伸长支座的自适应调节很好地抵消了地板变形对柱脚带来的不利附加内力。

③框架梁附加应变随负曲率变形的变化规律。

在负曲率变形作用下，不安装支座装置与安装支座装置的框架梁 AB 段变形的变化规律如图 6-32 所示。在负曲率变形作用下，框架结构的内力变化呈对称分布，因此，这里仅对 AB 梁进行分析。

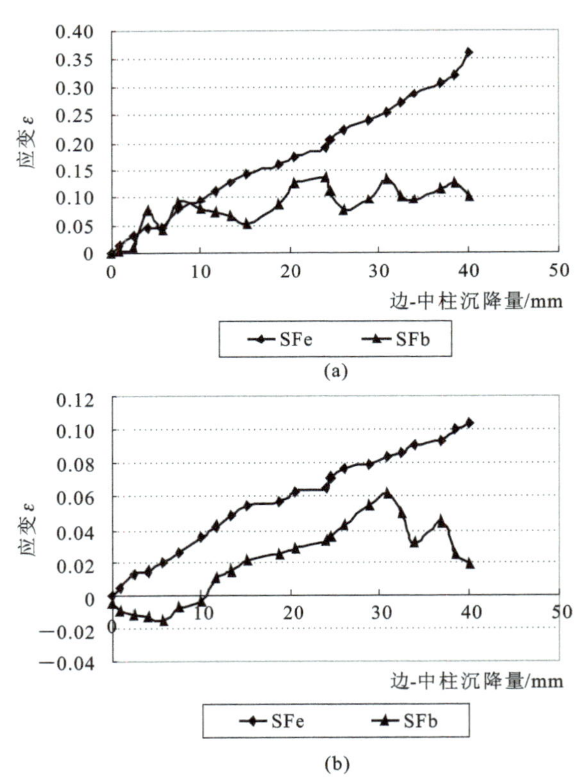

(a)

(b)

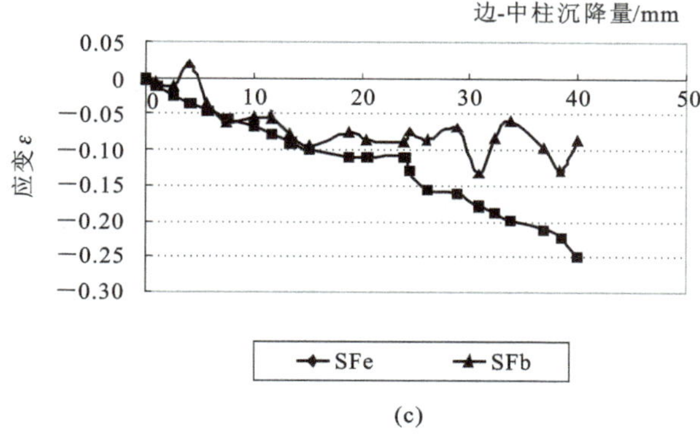

(c)

图 6-32 负曲率变形作用下框架梁上翼缘附加应变

(a)框架梁边柱端;(b)框架梁跨中;(c)框架梁中柱端

如图 6-32(b)所示,框架梁跨中受地表变形影响较小,框架安装了支座装置之后,对框架梁跨中附加变形曲线也有影响,其变化幅度减小了。由于梁跨中附加应变值较小,因此 SFb 的曲线并未呈明显的平直线变化,而是随着沉降量的增大保持缓慢增长,当沉降量增至 30mm 时,SFb 的附加应变明显减小,这是由于支座在该处自伸长步幅和边柱的抬升幅度一致,导致梁跨中应变有减小突变。由图 6-32(a)、(c)梁附加应变曲线变化图可知,支座装置对调节负曲率变形区的框架梁边柱端和中柱端的附加应变有显著效果。初始施加基础位移值时,SFb 曲线与 SFe 曲线一致或者附加应变增加速度略快;而当支座装置开始发挥效应时,在同等负曲率变形的情况下,安装了支座装置的框架梁的应变值要比没有安装支座装置的普通框架小得多。

(3)不均匀沉降变形试验结果分析

当地表由于不均匀沉降而倾斜时,将引起建筑物的倾斜,建筑物倾斜使其自重产生偏心附加倾覆力矩,承重结构内部将产生附加应力,使框架结构的某些部分长期处于一种高应力状态,而这往往会导致混凝土徐变的积累,因而产生了 P-Δ 效应的恶性循环,最终引起结构的破坏。框架结构倾斜后,地基反力也将重新分布,基础也有可能先于上部结构被破坏,影响建筑物的使用功能,甚至引起结构破坏。不均匀沉降变形的试验模拟,通过分别对 A 柱和 C 柱施加变形工况,研究不均匀沉降变形作用下支座的性能,以及其对上部结构内力的影响规律。试验中,对 A 柱基础施加向上位移时,固定 B、C 柱下基础,人为地给 A 柱柱脚下基础抬升作用,模拟不均匀沉降的产生。用同样的方法对 C 柱下基础施加向上位移。图 6-33 为不安装支座装置的 SFe 框架和安装支座装置的 SFb 框架在对 A 柱柱脚下基础施加完向上位移后的框架变形图。从图 6-33 可以得出,支座在柱脚下的自伸长在一定程度上减弱了不均匀沉降对上部结构的影响, SFb 框架结构倾斜程度明显比 SFe

框架结构要小，但是没有完全消除其影响，可以通过分析框架柱底和框架梁附加应变，研究支座的自伸长性能对上部结构附加变形的影响规律。为节省篇幅，本书选取对 A 柱基础抬升的倾斜工况进行研究。

(a)

(b)

图 6-33　倾斜试验后框架变形图

(a)倾斜试验后 SFe 框架变形图；(b)倾斜试验后 SFb 框架变形图

①框架沉降差随倾斜不均匀沉降的变化规律。

地表不均匀沉降导致上部结构的内力重新分布，而内力变化又会反过来影响地表的沉降。但是在试验中不能体现这种相对作用，另外由于人工加载速度过快，上升端边柱快速抬升，影响上升端柱脚下支座装置的响应。如图 6-34 所示，上升端 A 柱下的支座装置在基础抬升过程中产生一定的伸长位移，B 柱下支座装置则较好地感应基础沉降差，自伸长效果明显。

在试验中柱脚安装的三个支座伸长量对比情况见图 6-34。试验表明：在不均匀沉降工况下，研发设计的支座装置自动伸长效果很显著。试验中边柱与中柱沉降差的曲线见图 6-35。

(a)

(b)

(c)

图 6-34　倾斜不均匀沉降试验后支座装置变形图

(a)A 柱下支座装置；(b)B 柱下支座装置；(c)C 柱下支座装置

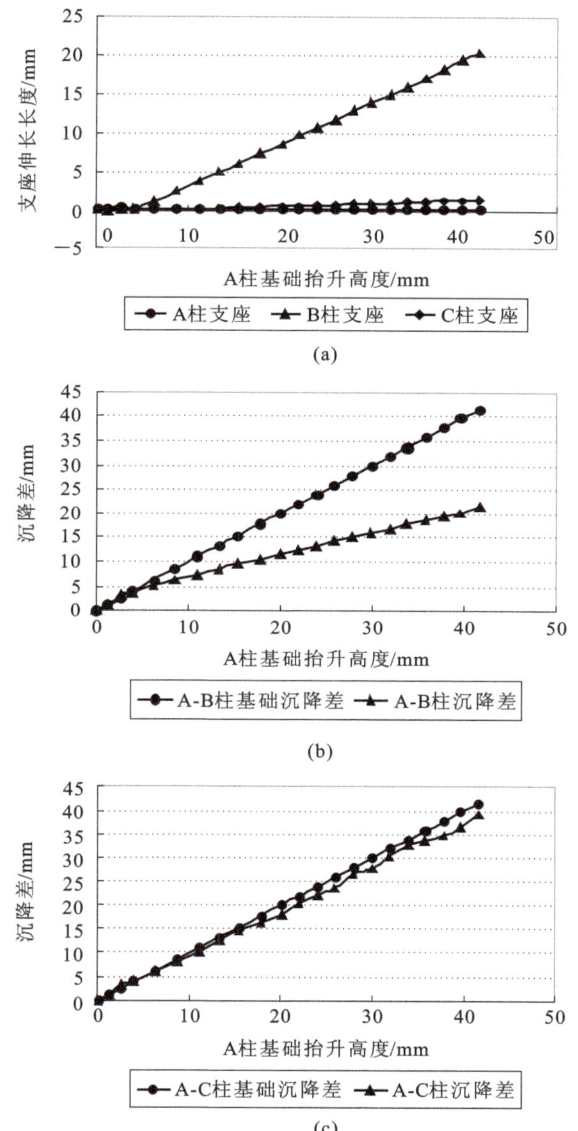

图 6-35 倾斜变形作用下边柱与中柱沉降差与基础沉降差对比

(a)三柱支座伸长长度对比图;(b)A-B 柱沉降差与基础沉降差对比;(c)A-C 柱沉降差与基础沉降差对比

试验中模拟倾斜不均匀沉降时,是通过抬升 A 柱下的基础。通过图 6-35 可以发现,对于 B 柱支座,其伸长长度一直保持在 A 柱支座抬升的高度一半,通过边柱-中柱沉降差与基础沉降差对比图可以得知,柱下基础对于基础受拉的感应效果是比较明显的,支座受拉及时自动伸长,基础受压时支座则不发生变形。通过分析图 6-35(a)中 C 柱支座的高度变化曲线可看出,基础的支座上部和下部两端受压时，支座的伸长机构不发挥作用，这是本支座设计时的局限性；从 A-C 柱沉降差与基础沉降差的对比中可以看出来，支座在上下都承压的状态下其装置并未失效，即不影响上部结构发挥作用。

通过图 6-35(b)可以看出，柱下支座在基础下沉时，基础下沉自伸长作用发挥理想，以近乎直线的调节方式自适应抵消地表变形带来的位移差。通过抬升 A 柱下基础实现位移沉降差的加载方式并不能完全模拟实际地基不均匀下沉引起的沉降，试验中基础向上抬升的力传递至相邻支座是通过框架结构柱实现的，这一误差反而消除了因人工加载导致的加载速度不一致而出现的位移变化，也是本试验设计的局限所在，即不能完全模拟地表变形下地基土的动态变化过程。此外，因支座上下部之间并无约束，整个框架可以简化为在 C 柱下基础处以铰支座连接方式连接，整个框架的加载类似框架绕 C 柱基础发生的变形，但是因为有支座作用，框架梁保持在一个平面内。

②框架柱底附加应变随不均匀沉降的变化规律。

在不均匀沉降作用下，不安装支座装置的框架柱脚变形与安装支座装置的框架柱脚变形的变化规律如图 6-36 所示。

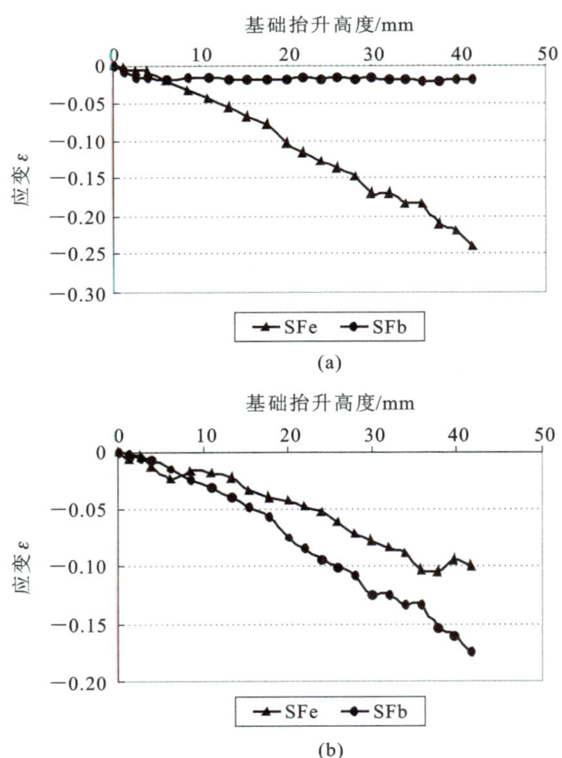

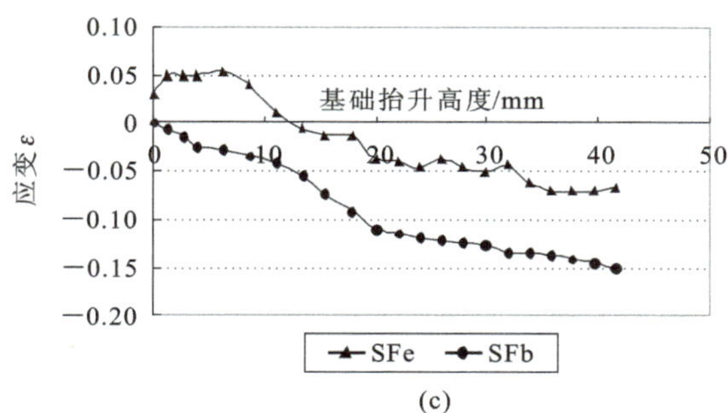

(c)

图 6-36 倾斜变形作用下边柱柱脚外侧附加应变

(a)A 柱柱脚附加应变;(b)B 柱柱脚附加应变;(c)C 柱柱脚附加应变

图 6-36(a)中的 SFb 框架的 A 柱柱脚附加应变随 A 柱基础下沉的曲线与 SFe 框架结构的曲线对比分析表明,柱下支座装置有效减小了 A 柱柱脚附加应变,其对基础不均匀下沉引起的不利附加应变的减弱发挥了很好的作用,在整个变形过程中其柱脚的位移变化趋于直线,最大附加应变的减弱幅度达到 85%左右,表明支座自动伸长后有效减小了地表不均匀沉降对框架结构的影响。以图 6-36(b)所示的曲线上可以看出,B 支座的柱脚应变减小一半左右,主要原因是 C 柱支座其实并未进入工作状态,而无法减小结构附加应变,所以可以知道在不均匀沉降的过程中,尤其是当地基上拱导致结构整体向上变形时,该支座的调节效果并不理想,在今后可以设计出自动抵消上拱变形的装置。而从 C 柱柱脚的应变曲线可以看出,虽然支座发挥的作用有限,但是 B 柱支座的伸长还是为整体结构的不利附加应变的减小做出了贡献,相对无支座框架的内力变化,有支座框架还是偏安全的。

③框架梁附加应变随不均匀沉降的变化规律。

在不均匀沉降试验中,框架结构属于非对称受力,所以不能如正、负曲率选取对称的一半框架梁进行分析,此处选择有代表性的最不利内力集中处——框架梁 A 柱端和框架梁 B 柱端应变变化进行分析。

从图 6-37 中可以看出,在基础沉降差较小时,支座装置对消除地表不均匀沉降的作用不明显,因为此时支座并未进入工作状态。从图 6-37(a)中可以看出,在基础沉降差小于 10mm 时,支座装置对减小框架梁 A 柱端的附加应变作用不大,SFb 框架梁边柱端应变与 SFe 试验框架大致相同,但是在支座装置自动调节后,在不均匀沉降作用下框架梁 A 柱端附加变形曲线基本维持在水平直线变化趋势,支座装置效果较理想。图 6-37(a)、(b)中的曲线变化规律相近,支座自伸长调节的敏感性相对较强,这主要是因为 B 柱支座及时伸长发挥作用。

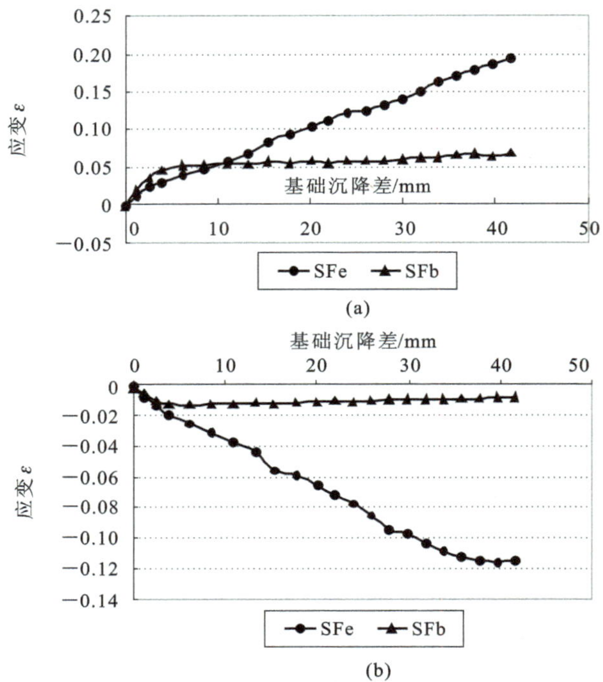

图 6-37　倾斜变形作用下框架梁上侧附加应变

(a)框架梁 A 柱端;(b)框架梁 B 柱端

6.4　带支座框架结构抗变形性能研究

6.4.1　有限元模型的建立

有限元数值模拟试验的框架原型为两跨四层平面钢框架,跨度为 6000mm,层高为 3300mm。根据研究内容的需要,建立同物理试验试件相对应的 1∶3 几何缩比的平面有限元模型,用于物理试验的试算以及与物理试验作直接的对比。有限元模型构件尺寸及相关描述见表 6-3,分为缩尺试验 SFe 框架有限元模型(图 6-38)和缩尺试验 SFb 框架有限元模型(安装了自适应变形支座)(图 6-39)。地表变形加载工况同物理试验,包括不均匀沉降、正曲率变形、负曲率变形。

表 6-3 有限元模型构件尺寸及相关描述

模型类别	构件	单元类型	模型尺寸/mm	备注
模型组	梁柱	BEAM 188	100×100×6×8	钢 Q235
	基础	SOLID 65	400×400×300	混凝土 C20
	支座	LINK 10 和 COMBIN 39	0.5	—

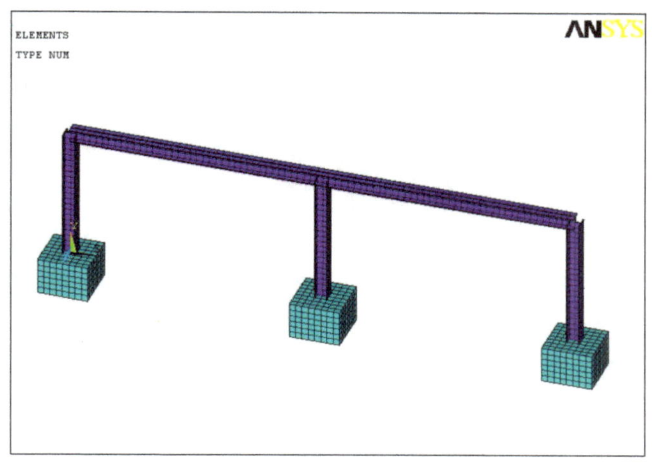

图 6-38 缩尺试验 SFe 框架有限元模型

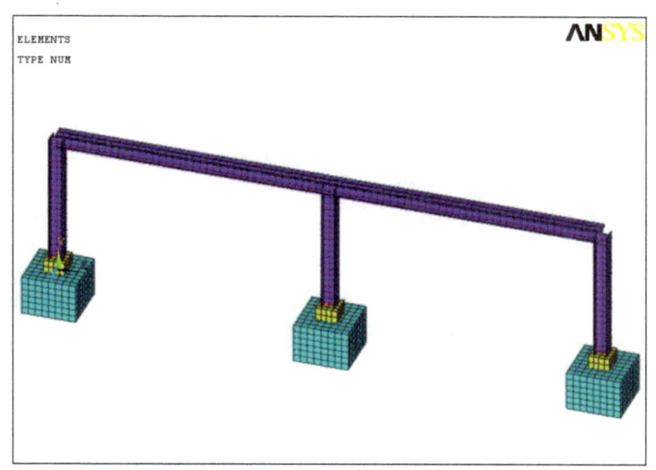

图 6-39 缩尺试验 SFb 框架有限元模型

钢框架结构的基础为钢筋混凝土独立基础，采用 ANSYS 有限元分 SOLID 65 单元模拟。钢框架梁柱单元采用 BEAM 188 单元模拟。框架结构中梁柱节点均为刚性节点，节点域设加劲肋，柱脚与基础为刚性连接。ANSYS 中，梁柱单元类型相同，两者存在公共节点，连接时默认为刚接，而柱与基础单元不同，本书通过建立约束方程，实现基础表面与柱脚的变形协调，形成刚性柱脚。

缩尺试验 SFb 框架有限元模型中，自适应变形支座的有限元模拟是通过设置高级非线性弹簧单元来实现的。根据支座的设计思路，可以假定支座的轴向受压刚度足够大，当承受上部荷载时不发生变形，而其轴向受拉刚度则足够小，受地表不均匀沉降变形作用时即可伸长。从 ANSYS 单元库中选择用三维仅受拉或仅受压杆的 LINK 10 单元和具有非线性功能的 COMBIN 39 单向单元组合来模拟支座装置的性能和在受力过程中的变化。设置 LINK 10 单元为仅受拉杆，LINK 10 单元有独一无二的双线性刚度矩阵特性，能够使其成为一个轴向仅受拉或仅受压杆单元。用 LINK 10 单元模拟支座装置时，使其仅在轴向受拉而松弛，如果单元受压，刚度就消失。COMBIN 39 有轴向和扭转功能，轴向选项(longitudinal)代表轴向拉压单元，每个节点具有 3 个自由度：沿节点坐标轴 X、Y、Z 的平动，不考虑弯曲和扭转。扭转选项(torsional)代表纯扭单元，每个节点具有 3 个自由度：绕节点坐标轴 X、Y、Z 的转动，不考虑弯曲和轴向荷载。选择 COMBIN 39 单元的轴向功能。采用这样的单元组合，可以表现出支座装置受拉伸长而受压自锁的特性，在 ANSYS 计算过程中，支座一旦承受压应力，LINK 10 单元立即退出工作，同一位置转为 COMBIN 39 进行工作。

6.4.2 有限元模型与物理试验模型的变形情况比较

为了验证有限元建模的合理性，将有限元模型与物理试验模型进行比较，通过有限元模型的计算，可以推测模型的未来趋势。下面对两模型的变形情况进行比较：

(1)框架边柱底外侧翼缘附加应变比较

在三种竖向地表变形作用下，物理试验模型和有限元模型两组模型的框架边柱柱脚附加应变的比较如图 6-40～图 6-42 所示。

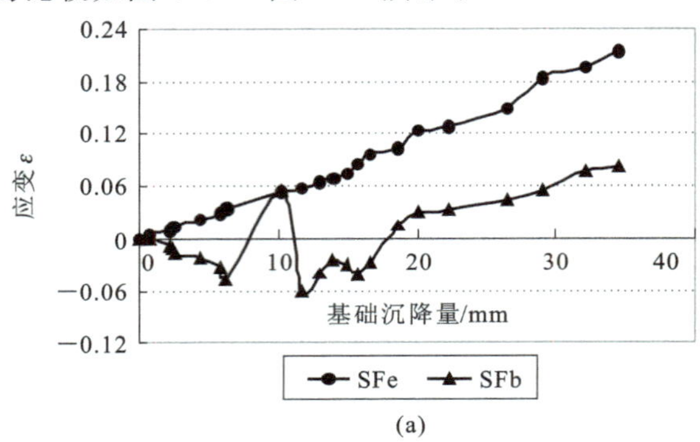

(a)

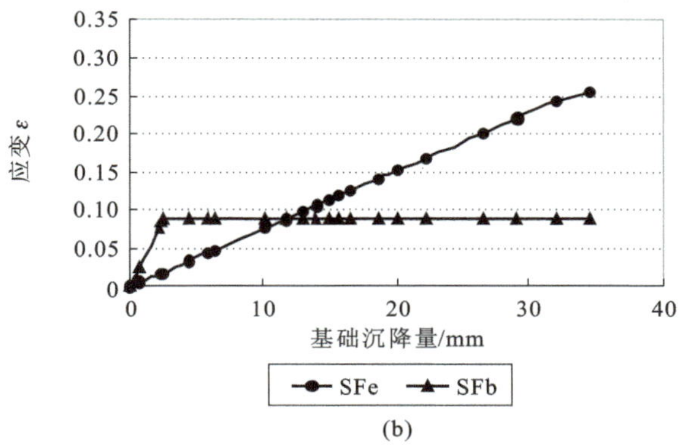

(b)

图 6-40　正曲率变形作用下边柱底外侧附加应变

(a)物理试验模型中 A 柱柱脚附加应变；(b)有限元模型中 A 柱柱脚附加应变

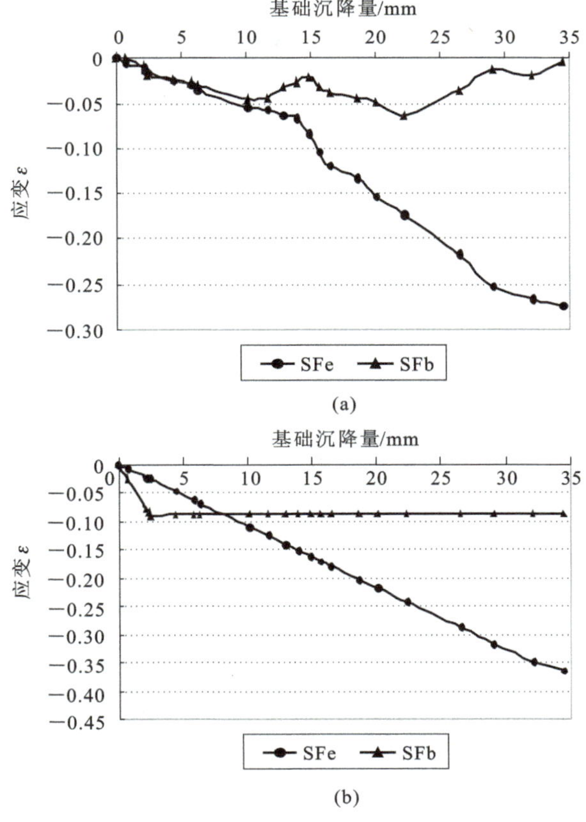

(b)

图 6-41　负曲率变形作用下边柱底外侧附加应变

(a)物理试验模型中 A 柱柱脚附加应变；(b)有限元模型中 A 柱柱脚附加应变

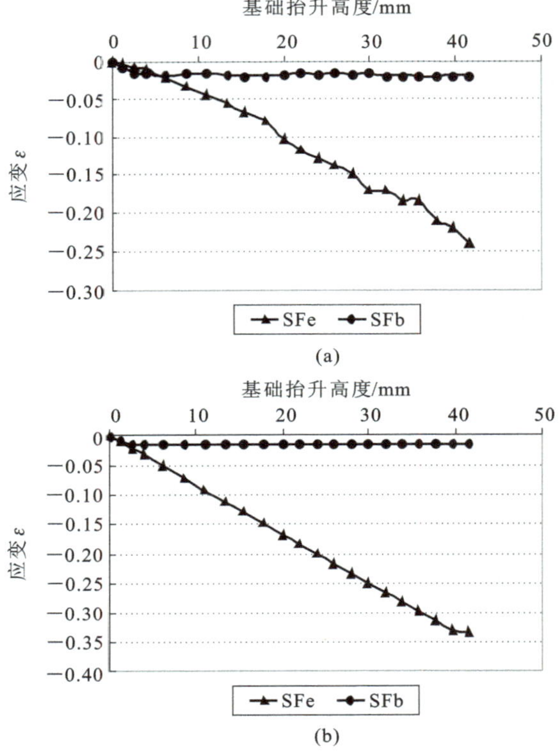

图 6-42　倾斜变形作用下边柱底外侧附加应变

(a)物理试验模型中 A 柱柱脚附加应变;(b)有限元模型中 A 柱柱脚附加应变

分析图 6-40～图 6-42 中曲线变化规律可以发现,没有安装支座装置框架(SFe)的物理试验结果和有限元模拟结果的趋势基本一致,边柱柱脚的附加应变均随地表竖向变形的增加而呈线性增加,有限元模拟结果略大于物理试验结果。而安装了支座装置框架(SFb)的有限元模型与物理试验模型相比,因为用弹簧和拉杆单元共同模拟支座装置,所以结果非常理想,从三组有限元分析结果(表 6-4)可知,当沉降量大于 2mm 左右时,支座装置即能够发生自动伸长,在沉降差连续增加的时候,支座装置可以持续地伸长以补偿结构的不均匀沉降,直至到达设计的调节范围的最大值。

表 6-4　**边柱柱底外侧翼缘附加应变随竖向地表加载值回归公式对比**

地表变形	框架类型	物理试验模型	有限元模型
正曲率变形	SFe	$\varepsilon=0.0413S+0.0038$	$\varepsilon=-0.0095S^2+0.0865S-0.0087$
	SFb	$\varepsilon=-0.00018S^2+0.0313S+0.022$	$\varepsilon=\begin{cases}0.036S(S\leqslant 2)\\0.088(S>2)\end{cases}$

续表

地表变形	框架类型	物理试验模型	有限元模型
负曲率变形	SFe	$\varepsilon=-0.0643S-0.0145$	$\varepsilon=0.0079S^2-0.0843S+0.0073$
	SFb	$\varepsilon=-0.063Ln(S)-0.074$	$\varepsilon=\begin{cases}-0.037S(S\leqslant 2)\\-0.089(S>2)\end{cases}$
倾斜变形	SFe	$\varepsilon=-0.0306S-0.0061$	$\varepsilon=-0.0632S-0.0033$
	SFb	$\varepsilon=-0.0017S^3+0.0146S^2-0.0367S+0.0138$	$\varepsilon=\begin{cases}-0.039S(S\leqslant 2)\\-0.145(S>2)\end{cases}$

因此，在理想状态下，支座装置发挥作用后，上部框架结构柱脚始终处于同一平面，不受地表竖向变形的影响，虽然地表变形逐渐增加，但是对上部框架结构来说，不存在不均匀沉降的影响，因此在支座装置发挥作用之后，框架柱脚的附加应变的增加值为零。而在物理试验中，支座装置的作用机理并不完全等效于理想的非线性弹簧，同时加载速率不一致、支座加工误差等多种因素会影响试验结果，使其和有限元分析结果存在一定的差异。

(2)框架梁边柱端上侧附加应变比较

在三种竖向地表变形作用下，有限元模型和物理试验模型两组模型的框架梁边柱A端附加应变的比较如图6-43～图6-45所示。

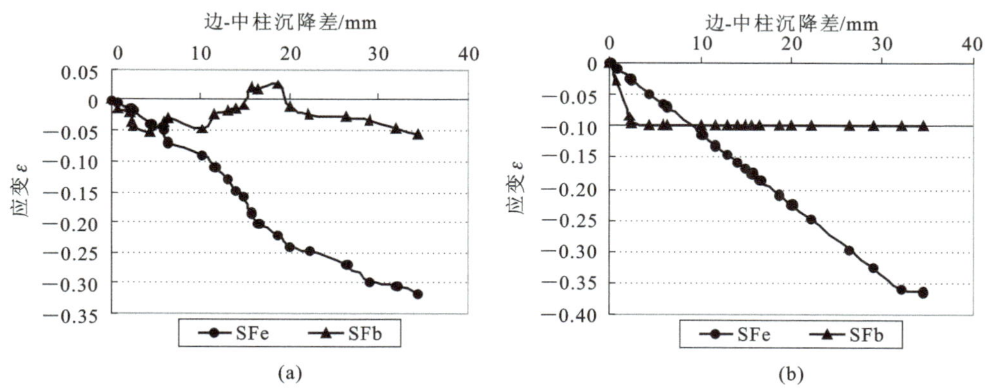

图6-43　正曲率变形作用下框架梁边柱端上侧附加应变

(a)物理试验模型中框架梁边柱端附加应变；(b)有限元模型中框架梁边柱端附加应变

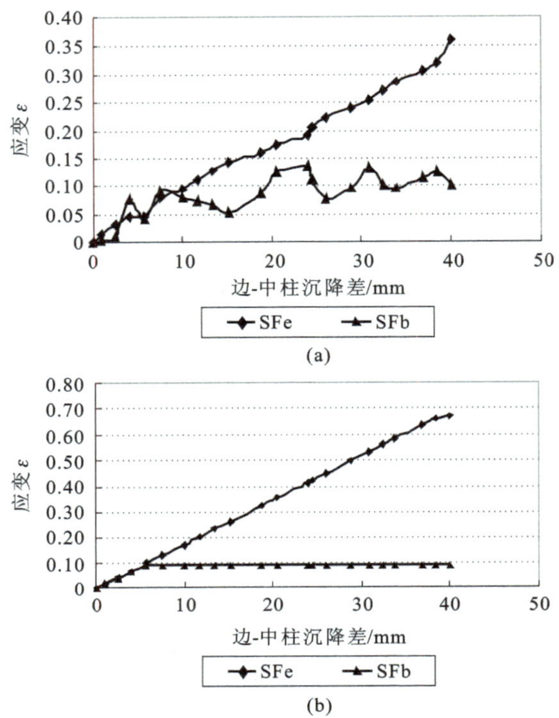

图 6-44　负曲率变形作用下框架梁边柱端上侧附加应变

(a)物理试验模型中框架梁边柱端附加应变；(b)有限元模型中框架梁边柱端附加应变

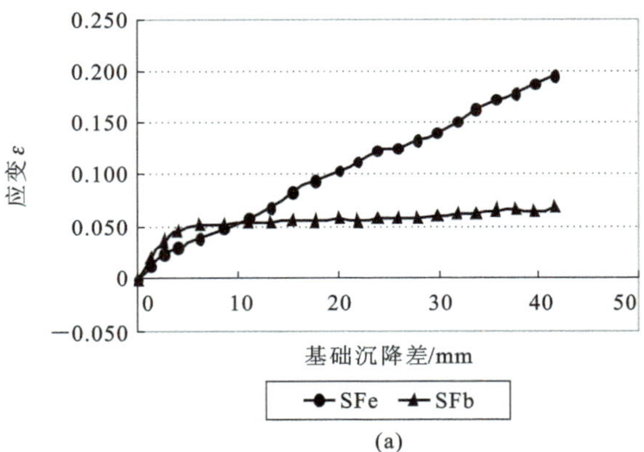

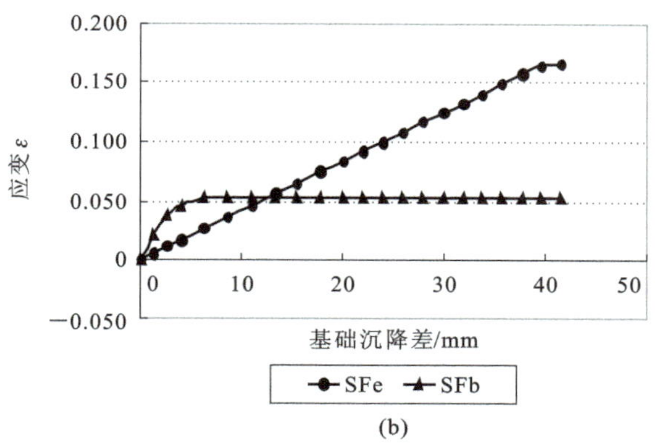

(b)

图 6-45 倾斜变形作用下框架梁边柱端上侧附加应变

(a)物理试验模型中框架梁边柱端附加应变;(b)有限元模型中框架梁边柱端附加应变

分析图 6-43～图 6-45 的曲线变化规律可以看出,框架梁边柱端受竖向地表变形影响的变化趋势与物理试验是相似的。不考虑支座装置作用时,有限元模拟所得的结果要略小于物理试验所得结果,主要原因是试验中支座的安装及试验框架的固定等都需要通过吊车提升,框架在起吊过程中,起吊点位置设计有欠缺,引起框架梁中产生一定的附加应力,导致试验中采集的应变偏大,同时由于人工加载的速率不同,柱下支座的响应灵敏度对结构梁附加应变的结果也有影响。

比较有限元模拟三组带支座和不带支座装置框架结构的梁边柱端的附加应变变化规律结果可知,支座有限元模型的建立也是比较合理的,在不均匀沉降差大于5mm 时候,支座对减小框架结构附加应变效果显著,达到 70%以上,与试验中得到的结论一致,一方面验证了支座单元的定义和选择是合理的,另一方面再次显示了支座具有良好的自适应不均匀沉降变形效果(表 6-5)。

表 6-5 **框架梁边柱端附加应变随竖向地表加载值回归公式对比**

地表变形	框架类型	物理试验模型	有限元模型
正曲率变形	SFe	$\varepsilon=-0.0547S+0.0079$	$\varepsilon=0.0145S^2-0.147S+0.0131$
	SFb	$\varepsilon=0.0025S^2-0.0221S+0.0014$	$\varepsilon=\begin{cases}-0.05S(S\leqslant 5)\\-0.89(S>5)\end{cases}$
负曲率变形	SFe	$\varepsilon=0.0773S+0.017$	$\varepsilon=-0.016S^2+0.154S-0.0181$
	SFb	$\varepsilon=0.0035S^2+0.0612S+0.0027$	$\varepsilon=\begin{cases}-0.045S(S\leqslant 5)\\0.081(S>5)\end{cases}$
倾斜变形	SFe	$\varepsilon=-0.0037S-0.0011$	$\varepsilon=-0.0021S-0.0005$
	SFb	$\varepsilon=0.0037S^3+0.0018S^2+0.0049S+0.0004$	$\varepsilon=\begin{cases}0.011S(S\leqslant 5)\\0.053(S>5)\end{cases}$

针对带支座装置框架结构在梁边柱端附加应变的变化曲线进行物理试验和有限元模拟结果的对比分析，发现物理试验所得结果虽然呈折线段波动变化，但是在地表不均匀沉降量增大时，能够保证梁中的附加维持在变化范围不超过10%的应变状态，有利于结构的正常工作；有限元模拟中的框架结构附加应变能保持水平直线变化，该状态是非常理想的，即框架结构完全消除不均匀沉降带来的不利影响，目前在机械的机构运动方面较难实现。

通过有限元模拟和物理试验的对比，可以得到以下结论：

①物理试验中三组数据曲线出现数值波动，从整体变化趋势分析，和有限元模拟结果是吻合的，表明用 LINK 10 单元和 COMBIN 39 单元组合能较好地模拟支座装置的特性。

②物理试验的基础位移-附加应变曲线有数值波动，是因为支座装置受拉伸长时拉伸弹簧带动机构产生机械运动，而有限元计算中用弹簧单元来模拟该特性，数值模拟不能够表现支座装置的灵敏度以及机械运动的过程。

③通过对数值模拟结果的提取和对比，发现支座装置有效减小了地表不均匀沉降对框架结构的不利影响，上部框架结构基本实现均匀沉降。通过上述分析，可以发现钢框架梁柱附加应变和结构变形都很小，说明支座装置有效地保护了框架结构。

④从有限元模拟和物理试验结果对比来看，当地表变形形式不同时，有限元模拟中支座装置的响应一致，三种变形作用下支座装置都能够发挥良好作用。而从物理试验结果分析可以看出，带支座装置框架结构在地表不均匀沉降变形作用和正曲率变形作用下，支座装置的响应灵敏度更高，地表变形对框架结构影响显著降低。

6.5 采动区框架结构自适应变形的设计要点

采动区地表变形对建筑物有较大影响，造成建筑物不同程度的损害甚至破坏，因此必须在建筑物中采取适当的抗变形措施。在设计中考虑地表变形影响而增大上部结构的刚度和强度是不经济、不合理的做法，而且上部结构强度和刚度过大，也不利于建筑物的施工和抗变形。

6.5.1 采动区建筑现有保护措施

采动区地表不均匀沉降变形对建筑物产生极大的损害，不仅门窗洞口等薄弱部位会被破坏，甚至墙体都会产生裂缝，影响建筑物使用，严重时可能会发生建筑物倒塌。而地质条件、开采方式及建筑物的基础、结构形式和地基条件的多样性和复杂性,使得采动区建筑物保护研究一直受到制约,现有的抗变形保护措施主要有刚性和柔性两种。

(1)刚性抗变形保护措施

刚性抗变形保护措施是通过提高建筑物整体或局部的强度和刚度,从而提高建筑物抗变形能力。采取的抗变形设计具体保护措施主要有设置顶底圈梁、设窗下加强带、设基础连系梁、设构造柱等。建筑物基础是设计的重点,应增加其埋深、强度和刚度,减小基础和地基土体的接触面积,将基础设计成三角形以减小附加应力。目前,在采取这类保护措施时,存在的主要问题是不论建筑物的刚度多大,只要地表变形增大,就得定性增大建筑物的刚度,以至于当地表变形过大时,设计的结构构件配筋因太大而无法施工。从原理上说,刚性抗变形保护措施不能从根本上消除和减缓地表变形,是一种被动保护措施。

(2)柔性抗变形保护措施

柔性抗变形保护措施的实质是引导变形集中,吸收大部分地表变形能,减小地表变形对建筑物的影响。具体做法是在建筑物上部结构或地基基础上设计弱面,用以吸收部分(甚至全部)采动引起的地表变形,或阻断地表变形的传递和扩展,使房屋具有一定的地表变形适应性,从而减小房屋结构中的附加内力和附加变形。主要的柔性抗变形保护措施有设置变形缝、变形补偿沟、水平滑动层等。

①设置变形缝是将较长的建筑物分成几个相互独立的单体,使各单体单独均匀沉降,从而提高建筑物适应地表变形的能力。变形缝技术在采空区建筑物和非采空区建筑物中都得到广泛应用。

②设置变形补偿沟是减少地表水平压缩变形对建筑物影响的有效而经济的措施。变形补偿沟深度一般取 1.3～1.6 倍的基础埋深(H),沟宽一般取 0.8～1.2m,用以吸收地表压缩变形。

③为了减小地表水平变形作用于建筑物的附加应力,在基础圈梁和基础之间设置水平滑动层。常用两层沥青油毡中夹水平滑动层可很好地阻隔地表水平变形向建筑物的传递。

6.5.2 采动区建筑自适应变形的设计

对采动区框架结构建筑物进行抗变形设计时,很难解决采动区地表不均匀沉降变形对建筑物的破坏影响。因此,在对采动区框架结构建筑物进行抗变形设计时,应考虑以下几种设计措施。

①在采动区的地基土能够满足建筑物所需承载力的条件下,合理弱化地基土。采动区引起的地表变形是缓慢移动的过程,弱化地基土可以使建筑物易于切入地

基土，以达到基础和地基的变形能够相互协调。弱化地基土，增强地基-基础-上部结构的相互作用使应力重新分布，可以吸收部分地表变形，减小对建筑物的破坏。

②建筑物的平面尺寸越大，受地表变形影响越大。对抗地表变形来说，建筑物平面宜布置为矩形，建筑物长度较长时宜设置变形缝，划分成不相连的抗变形单元。

③上部结构可以是具有较强塑性变形能力的钢框架结构。钢框架结构在一定情况下可以有远大于设计规范规定的位移变形，从而仍然具备一定的结构能力。因此，采动区宜采用抗变形能力更强的钢框架结构。

④竖向不均匀沉降对建筑结构损害比较大，而现在常用的抗变形措施对减小框架结构建筑物不均匀沉降变形影响效果不明显。采用自适应变形装置，可以达到很好的抗变形效果，同时可以降低建筑物的建设造价，且安装非常方便。在建筑上安装自适应不均匀沉降变形支座装置，通过支座自动伸长弥补框架结构柱脚下的不均匀沉降，可以有效减小采动区地表变形对结构的损害，并且可以适应各种不同的地质环境。

⑤采动区地表变形不仅要考虑竖向不均匀沉降的影响，还要考虑水平压缩或水平拉伸作用，因此抗变形设计时的情况尤为复杂。目前，机械抗变形支座装置能够同时响应水平和竖向地表变形，在设计上非常困难。通过设置自适应变形支座，可以减小竖向不均匀沉降对框架结构的影响；设置水平滑动层，可以有效阻隔地表水平变形向上部结构传递。因此，在基础圈梁和基础之间设置水平滑动层，在框架柱和独立基础之间设置自适应变形支座，这两种抗变形措施相结合可以达到很好的抗变形效果。

7 矿区框架结构住宅的抗变形技术应用

7.1 工程概况

淮南矿区具有近百年开采历史，开采了大量煤炭，为国家的经济建设和社会发展做出了较大贡献，后期因煤源枯竭，有两个矿分别于1978年和1982年闭坑。两矿的开采破坏了大量的土地资源，造成土地塌陷、耕地面积减少、人地矛盾突出、环境污染、生态失调等现象，已严重影响了当地人民的生产和生活，制约着当地社会经济的持续发展。

为加快塌陷地的综合治理，改善本区域的生态环境与人居环境，提升淮南市的城市形象，淮南市人民政府和淮南矿业集团本着"宜林则林、宜建则建"的原则，委托淮南市建筑勘察设计研究院(简称设计院)和中国矿业大学对某塌陷区进行地质环境勘察与塌陷稳定性论证。根据勘察和论证成果，该区域为基本稳定区，适宜进行一般低层、多层建筑工程建设，但由于拟建场区位于淮南煤田复向斜的东南翼，西近舜耕山断层，周边还有一些地方小煤矿正在采煤，有可能引发断层"活化"。为确保建筑物的安全，中国矿业大学受淮南矿业集团生态环境开发有限责任公司委托，对其拟建的住宅楼进行地表变形影响分析，并提出考虑地表变形影响的设计建议。

7.1.1 工程地质情况

淮南市建筑勘察设计研究院受淮南矿业集团生态环境开发有限责任公司委托，对原采动影响区进行了岩土工程勘察，拟建工程重要性等级为三级，场地复杂程度为二级，地基复杂程度为二级，岩土勘察等级为乙级，地基基础设计等级为二级。

第7章彩图

(1)勘察成果资料

①拟建场区地层构成简单,且分布稳定,多以中～低压缩性土为主,为中硬型Ⅱ类场地,本区的抗震设防烈度为7度,设计基本地震加速度值为0.10g,设计地震分级为第一组,属抗震有利地段,适宜进行本工程的建设。

②土层厚度变化大,固结强度低;土层位于浅部,压缩变形高,且强度较低,不宜直接作为天然地基土使用;第1、2、4层土层物理力学性能相对较差;第3层土层分布稳定,沉积厚度大,物理力学性能好,为良好的天然地基土;第5、6层土层物理力学性能好,为良好的下卧层。

(2)地质勘查建议

①拟建场区第3层土层大部分地段埋深较浅,物理力学强度较高,选用该土层作为地基持力层较为适宜。

②根据淮南市建筑勘察设计研究院及中国矿业大学对该区域进行的地质灾害评估,采取以下防治措施:拟建建筑物长轴方向沿东西方向,建筑物的单体长度一般以40.00m为宜,基础类型应按抗变形建筑设计。

③鉴于第1、2层土层固结强度低,在基槽(坑)开挖过程中应采取适当的放坡或支护措施,严禁周边堆土或置重载荷,影响基坑的稳定。

④对5层或6层住宅楼建议进行沉降观测,以确保建筑物的安全及正常使用。

⑤基础施工时,必须遵守施工规范,若采用天然地基机械开挖,应预留0.30m厚土层,改用人工开挖,对坑内积水可采用简易的集水明排法排水,严禁土质长时间暴晒及浸泡,以免降低土的强度。

⑥基槽开挖后,会同有关方面做好地基验槽工作,如发现地质异常,应及时做好地基补勘工作。

7.1.2 矿区沉陷稳定性评价

淮南矿业集团生态环境开发有限责任公司委托中国矿业大学开采损害及防护研究所进行了“安徽省淮南市××矿区沉陷稳定性论证”研究。研究成果表明:某煤矿开采后对地面的总影响面积为2.89km^2。在这一范围内分两种情况圈出不宜建筑区,其余部分为可建筑区。第一种情况是小煤窑在开采期间不越界开采,主要考虑小煤窑开采可能引起老采空区断层的“活化”及滑移。在小煤窑开采直接或间接影响区,F1断层露头区上方(露头线向北40m,向南20m)为不宜建筑区,其余部分为可建筑区。不宜建筑区计2.21 km^2,可建筑区为0.68km^2。第二种情况是小煤窑全部关闭一年后,主要考虑老采空区残余沉降,以及建筑物荷载对老采空区“活化”的影响。根据计算分析,残余变形主要集中在煤层露头正上方的位置,可建筑区要求残余变形小于0.5mm/m;建筑物荷载对老采空区“活化”的影响,是由建筑物荷载作用引起采动破碎岩土体"活化"的临界采深确定的,临界采深至少应为建筑荷载地基最大扰动深度和垮落断裂带最大高度之和,经计算,临界采深应为136m,即必须保证建筑物位置距下方垮落断裂带上界面有66m的完整岩体。此时,不宜建筑区计1.66km^2,可建筑区为1.23km^2。

在研究成果的基础上,针对采动影响区提出如下技术措施:

①在工程地质勘查时,应当注意到本厂区曾受到开采沉陷的影响,应当分析沉陷扰动土的承载能力,选择合适的持力层。

②由于发生过不均匀沉降,原始水平的土层现在已经倾斜,必须采取适当措施(换土等)调整地基局部的不均匀性,以防产生不均匀沉降。

③建筑物长轴方向沿东西方向最好,适当考虑减小建筑物的单体长度(40m以下),建筑物以4层以下为最好,适当提高建筑物结构的刚度和强度。

④由于区内断层都受到过煤矿开采的扰动,部分断层露头附近出现了明显的台阶或塌陷坑,因此要求:北部F1断层露头向北40m至N5煤层露头向北40m的适宜区内按抗变形建筑设计;南部靠近适宜区北边界的各断层露头附近的建筑也按抗变形建筑设计。

⑤进行必要的沉降观测。

7.1.3 研究内容

结合拟建项目的特点和建设方的需求,我们确定的主要研究内容有三点。①基于最大地表变形值不超过:倾斜6mm/m,曲率$0.4\times10^{-3}m^{-1}$,水平变形4.0mm/m时对建筑物的安全性进行分析,提出有针对性的建筑结构抗变形措施;②建立三维有限元计算模型,研究由于上述地表变形引起的建筑物附加内力和附加变形规律;③研究地表变形引起的建筑物附加应力集中部位,提出有效的抗变形措施。

针对上述研究内容,本项目的开展采用理论分析和数值模拟相结合的研究方法,对拟建住宅建筑开展采动变形分析和沉陷治理研究。

首先,收集和整理拟建住宅建筑的基本工程资料,分析场地变形特征、地质勘查资料和结构基本方案,为开展采动变形分析和沉陷治理研究提供参考依据。然后,综合考虑地区工程地质条件和拟建异形柱框架结构住宅建筑的特点,建立地基-基础-异形柱框架结构共同作用的数值计算模型,分析不同地表变形影响下的结构附加内力和附加变形分布规律,优化现有的设计方案。最后,根据地基-基础-框架结构共同作用分析研究结果,结合工程现场实际情况,并综合考虑治理成本和减小对现有建设规划的影响,完成结构抗变形设计研究。

研究结果为设计院提供相关的抗变形建议，但不能取代设计院的设计。此外，本研究仅针对最大单一地表变形值不超过：倾斜 6mm/m，曲率 $0.4\times10^{-3}m^{-1}$，水平变形 4.0mm/m 时建筑物的安全分析。由于地震引起塌陷区内地表变形及断层“活化”的加剧所引起的地表变形超过本次研究的最大地表变形值而造成的建筑物破坏不在本研究范围之内。

7.2 框架结构抗变形设计方案研究

7.2.1 原设计方案

设计院最初提供的住宅楼建筑结构设计方案 1 的基础平面图及二层结构模板图如图 7-1 所示。

7.2.2 地基-基础-框架结构共同作用的分析模型

采用有限元软件 ANSYS，按照设计院提供的建筑结构布置和构件尺寸，建立地基-基础-框架结构共同作用的有限元计算模型。在计算模型中，地基土选用空间 8 节点等参单元 SOLID 45 模拟，地基土的性质使用 Druker-Prager（DP）材料模式来模拟；混凝土基础采用 SOLID 65 单元模拟；混凝土基础和地基土体之间采用面-面接触单元来模拟；框架梁柱采用线性 BEAM 188 单元模拟。相关单元的描述见第 4 章，此处不再重复。

由于本模型考虑地基土的存在，因此基本模型的约束条件为土体四边单向约束（即 XY 面内约束 U_Z，XZ 面内约束 U_Y，YZ 面内约束 U_X），施加变形时将不需要的约束解除，如图 7-2 所示。荷载及地基变形根据实际情况施加，如图 7-3 所示。基本工况及变形描述如表 7-1 所示。其中，自重荷载通过定义材料密度和重力加速度考虑，楼板面荷载和梁上墙体线荷载直接施加，以该荷载情况作为基本分析工况；每种地基变形情况的荷载情况与基本工况相同，仅在基本工况的基础上改变地基土约束条件。分析中考虑了土体的初始应力，采用读入初始应力的方法消除该影响。采用上述方法，建立原设计方案的地基、基础和上部结构整体计算模型，如图 7-4 所示。

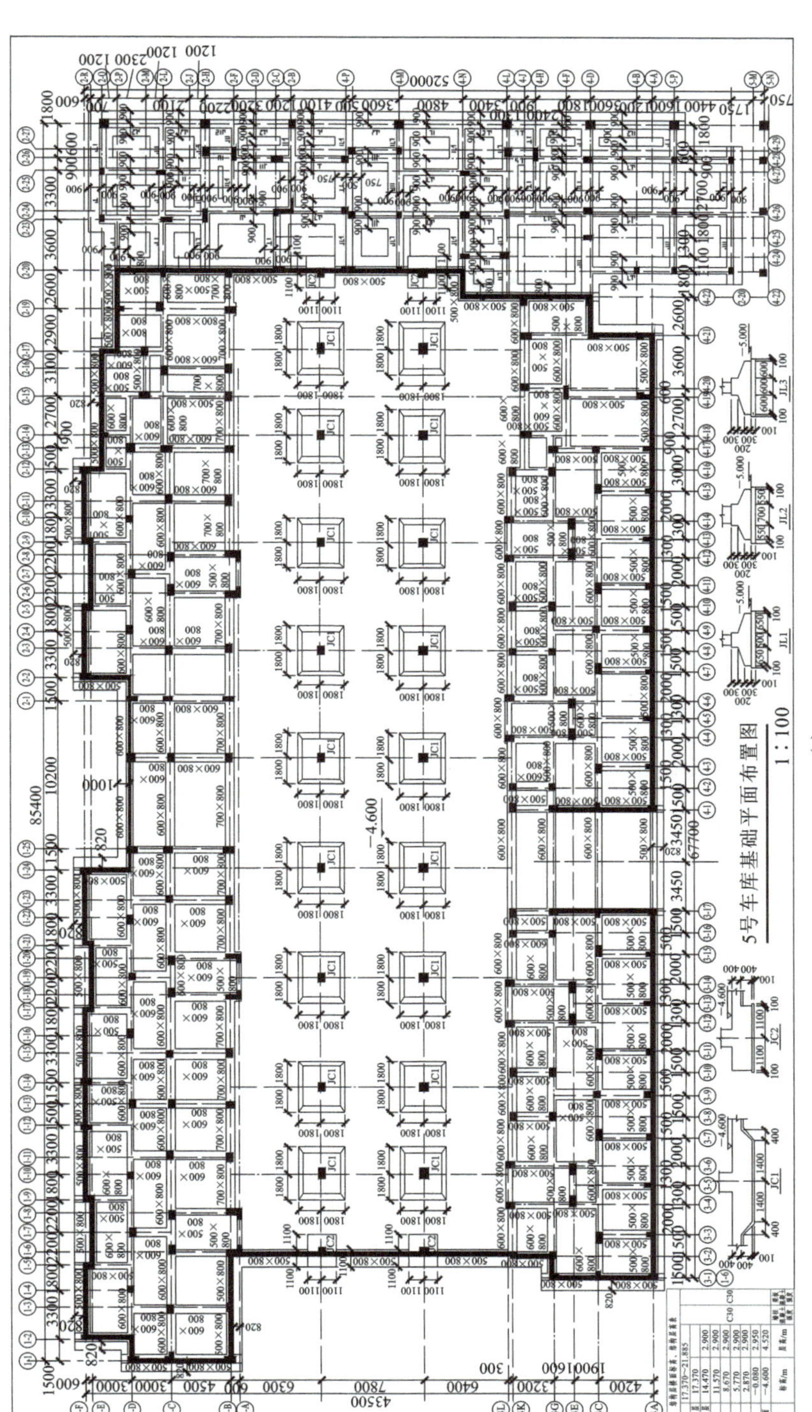

(a)

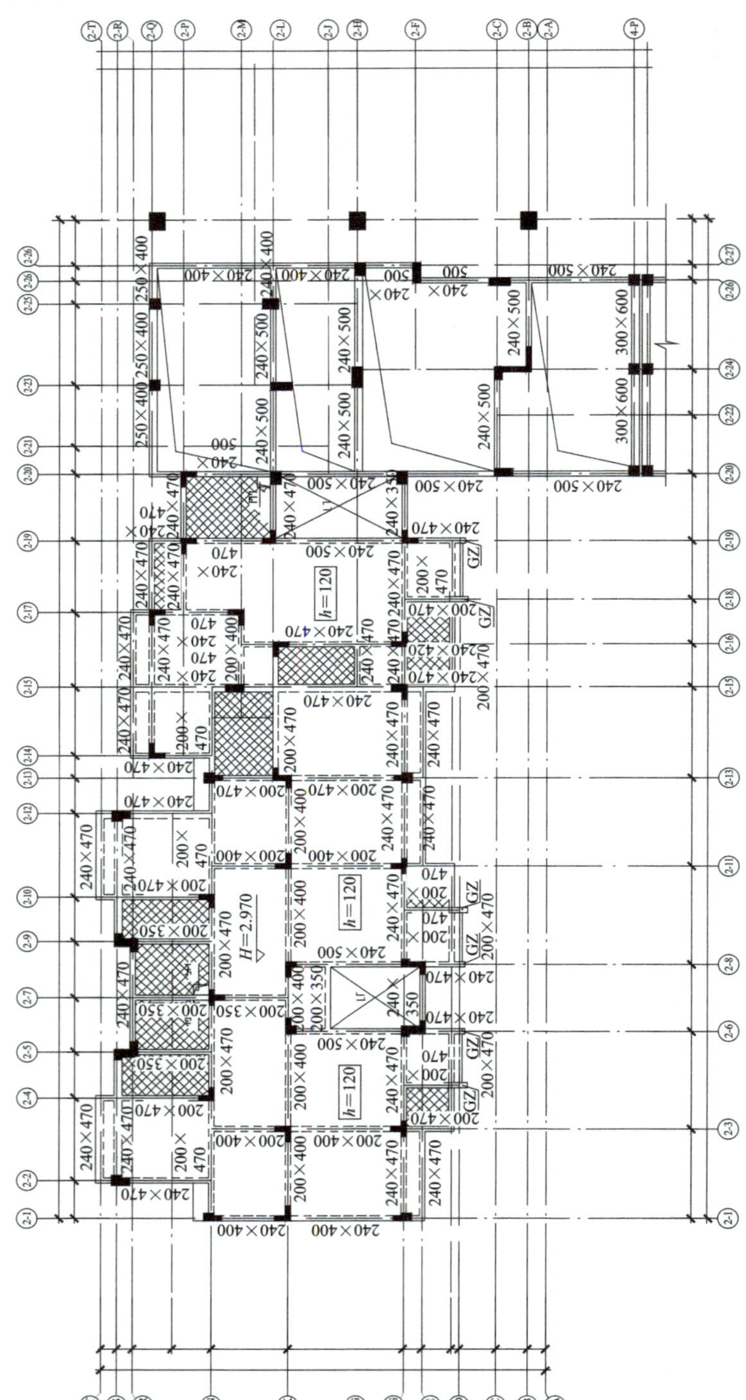

27号楼二层结构模板图 1：100

(b)

图 7-1 原设计方案基础平面图及二层结构模板图

（a）住宅楼基础平面图（原设计方案）；（b）住宅楼二层结构模板图（原设计方案）

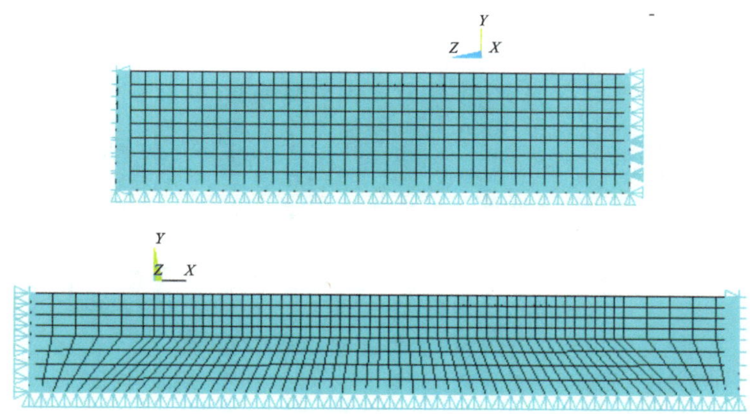

图 7-2 约束方案

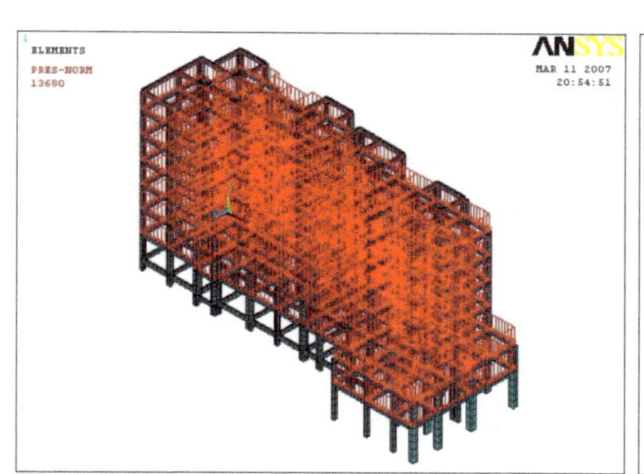

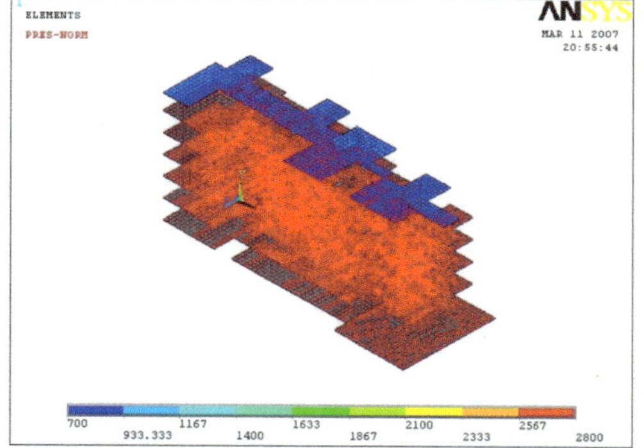

图 7-3 加载方案

表 7-1 基本工况及变形描述

类型	基本工况	变形 1	变形 2	变形 3	变形 4	变形 5
约束条件	底部 U_Y，左右 U_X，前后 U_Z	底部负曲率，四周单向约束	底部正曲率，四周单向约束	底部 U_Y，左右拉伸，前后 U_Z	底部 U_Y，左右压缩，前后 U_Z	底部倾斜，四周单向约束
荷载	g、q_b、q_s	g、q_b、q_s	g、q_b、q_s	g、q_b、q_s	g、q_b、q_s	g、q_b、q_s
变形	—	负曲率 $-0.4\times10^{-3}\mathrm{m}^{-1}$	正曲率 $0.4\times10^{-3}\mathrm{m}^{-1}$	水平拉伸 4mm/m	水平压缩 −4mm/m	不均匀沉降

注：①“约束条件”栏中，“前后”对应 XY 平面，“左右”对应 YZ 平面；

②“荷载”栏中，g 表示施加结构自重和活荷载，q_b 表示梁上线荷载，q_s 表示板上面荷载。

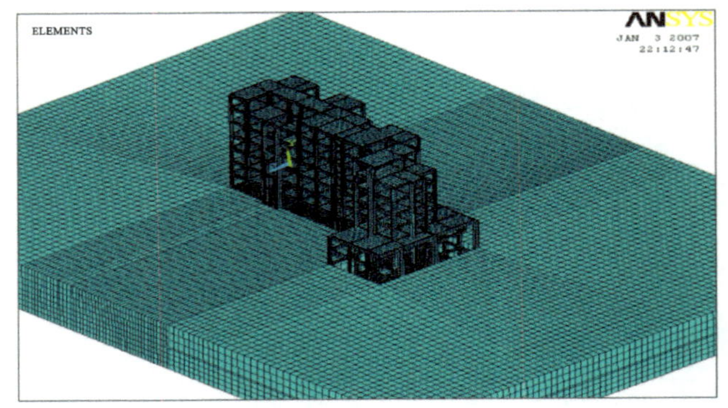

图 7-4 原设计方案住宅楼地基-基础-框架结构有限元计算模型

7.2.3 结构抗变形设计方案优化

为了分析原设计方案的抗变形能力，在原设计方案的地基-基础-框架结构共同作用分析模型的基础上，进行了结构的抗变形分析。为了节省篇幅，本节仅对比了无地表变形和有负曲率变形时的分析结果，如图 7-5～图 7-11 所示。

由图 7-5～图 7-11 可见，在没有地表变形影响时，原设计方案的最大竖向变形和水平变形分别为 64.6mm 和 10mm；在负曲率变形作用下的结构最大竖向变形和水平变形则分别高达 515mm 和 30.6mm。在无地表变形作用下，住宅建筑结构梁柱的最大轴力、弯矩分别为 1080kN、818.2kN·m；在负曲率变形作用下，住宅建筑结构梁柱的最大轴力、弯矩分别为 1540kN、1070kN·m。上述内力最大值均出现在 21、22 轴线结构错层柱位置，因此首先建议取消结构错层。此外，原设计方案中的住宅楼与相邻的 3 个楼基础连成整体做地下停车库，住宅部分基础为筏板式基础，底层商业建筑部分为条形基础。根据上述研究成果，为减小地表变形对建筑物的影响，建议取消整体式车库，以减小荷载的不均匀性和结构的不连续性，并将基础形式统一为柱下条形基础，以加强结构整体性，提高结构的抗变形能力。

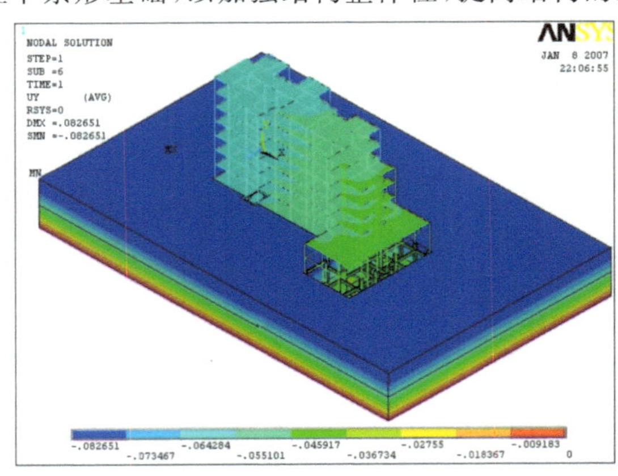

(a)

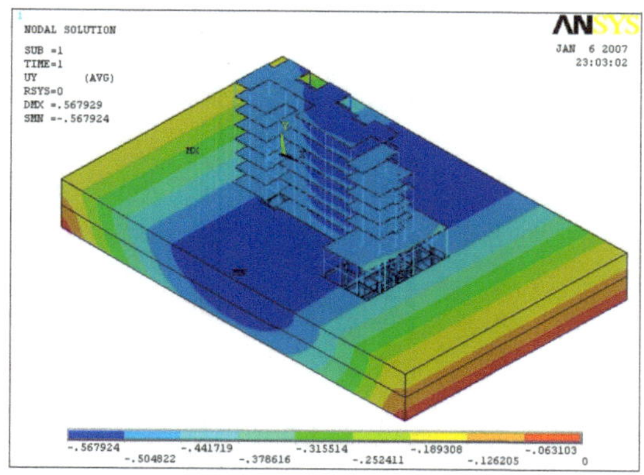

(b)

图 7-5 原设计方案整体 U_Y 结果图

(a)无地表变形;(b)负曲率变形

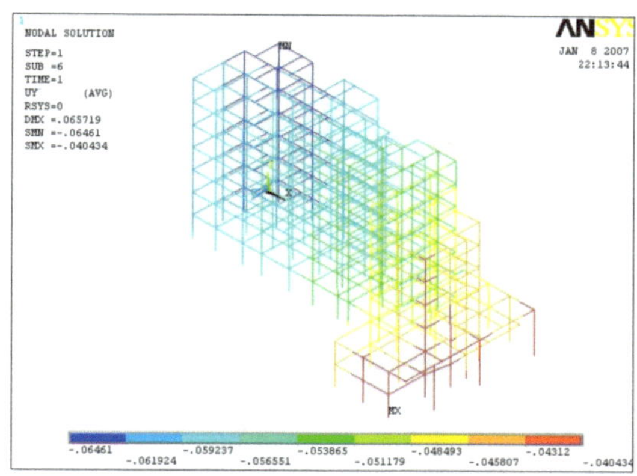

(a)

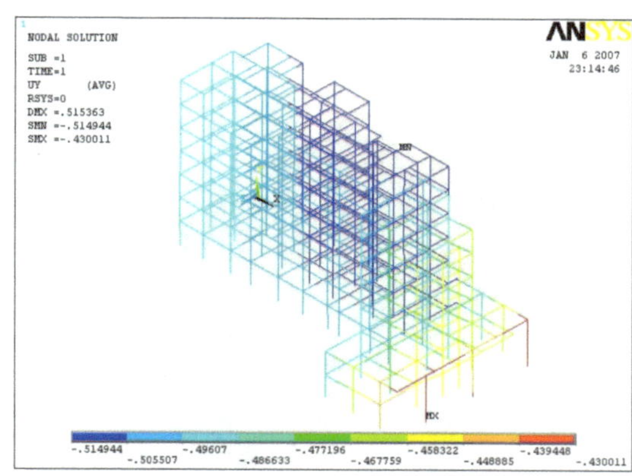

(b)

图 7-6 原设计方案框架竖向位移对比

(a)无地表变形;(b)负曲率变形

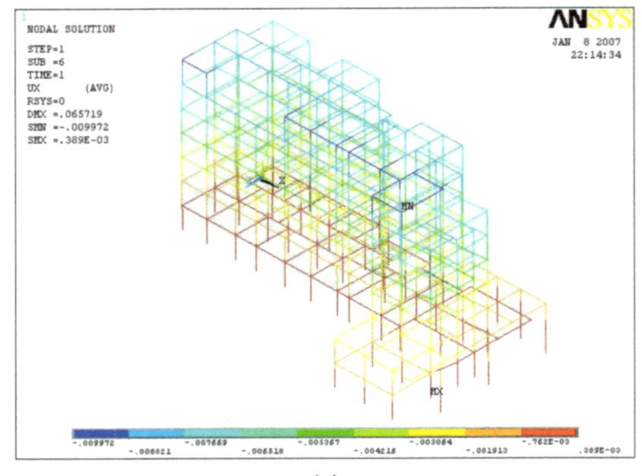

(a)

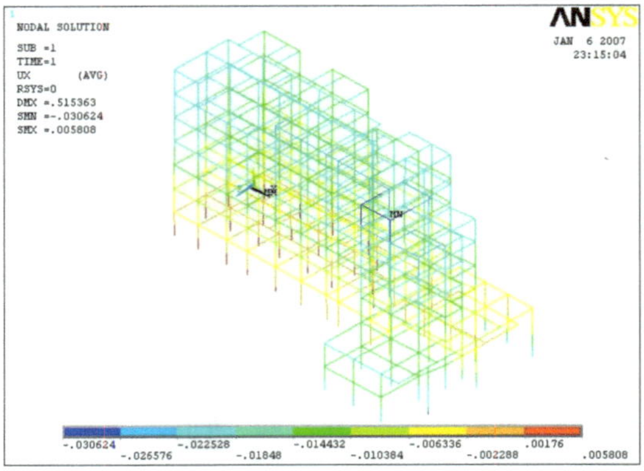

(b)

图 7-7　原设计方案框架 *X* 向水平位移对比

(a)无地表变形;(b)负曲率变形

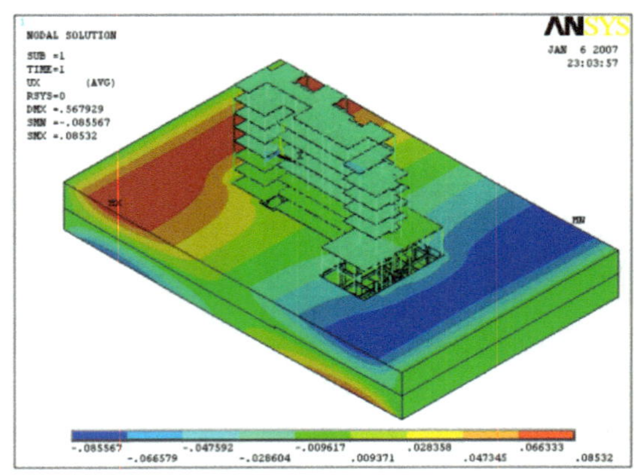

图 7-8　负曲率变形下的 *X* 向位移

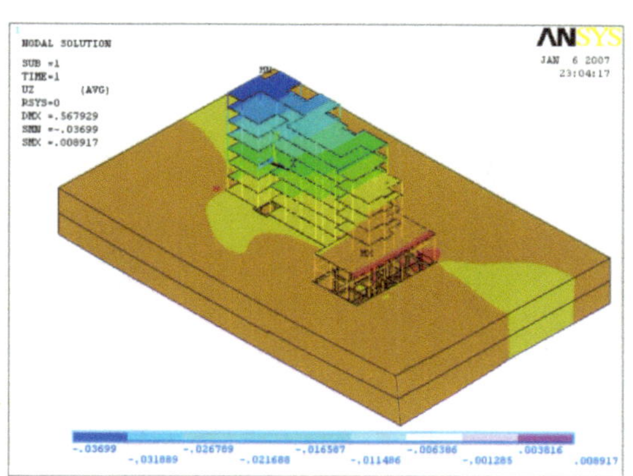

图 7-9　负曲率变形下的 Z 向位移

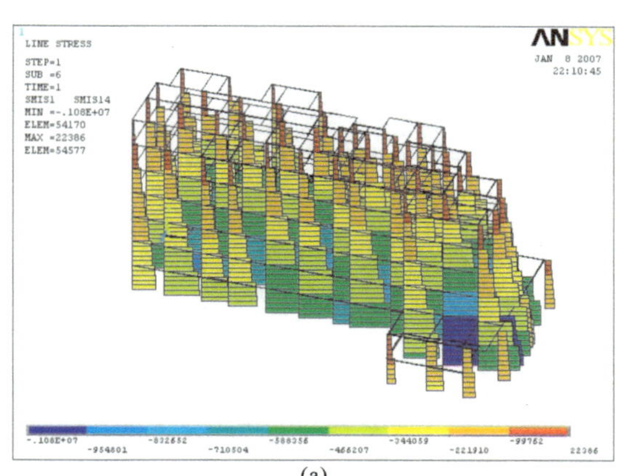

(a)

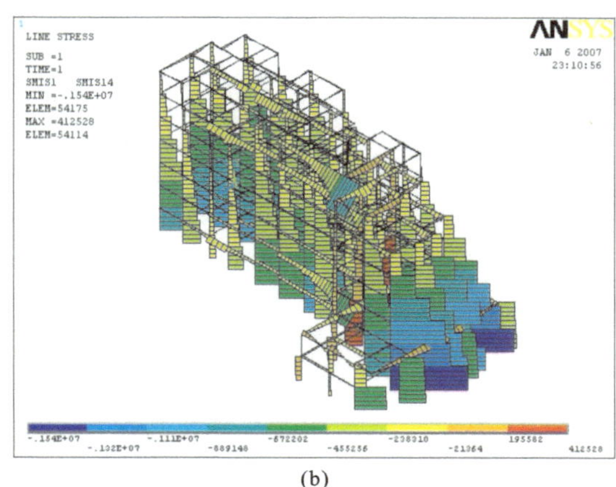

(b)

图 7-10　原设计方案框架轴力对比

(a)无地表变形；(b)负曲率变形

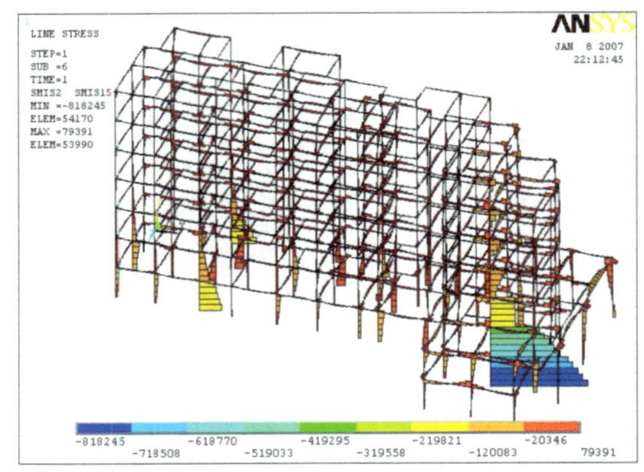

(a)

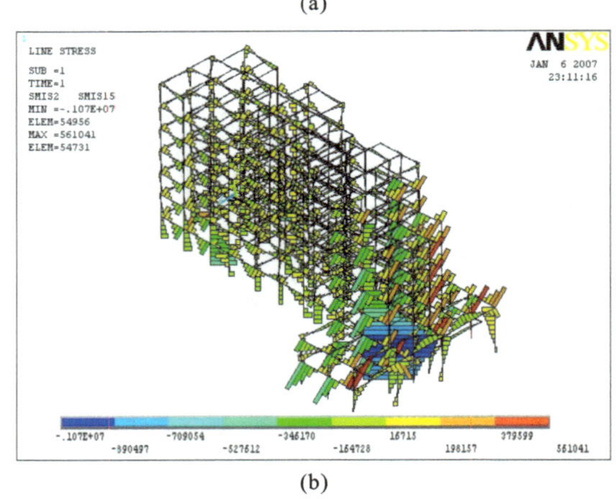

(b)

图 7-11 原设计方案框架剪力对比

(a)无地表变形;(b)负曲率变形

根据我们的研究结果,设计院进行了二次设计,取消了结构错层和整体式车库,并将基础形式统一改为柱下条形基础。新设计方案的基础平面图及二层结构模板图如图 7-12 所示,我们重新建立了地基-基础-框架结构三维有限元计算模型,如图 7-13 所示。修改方案的分析结果显示,修改后的建筑结构方案抗变形能力显著提高,结构的附加内力和附加变形均显著降低。

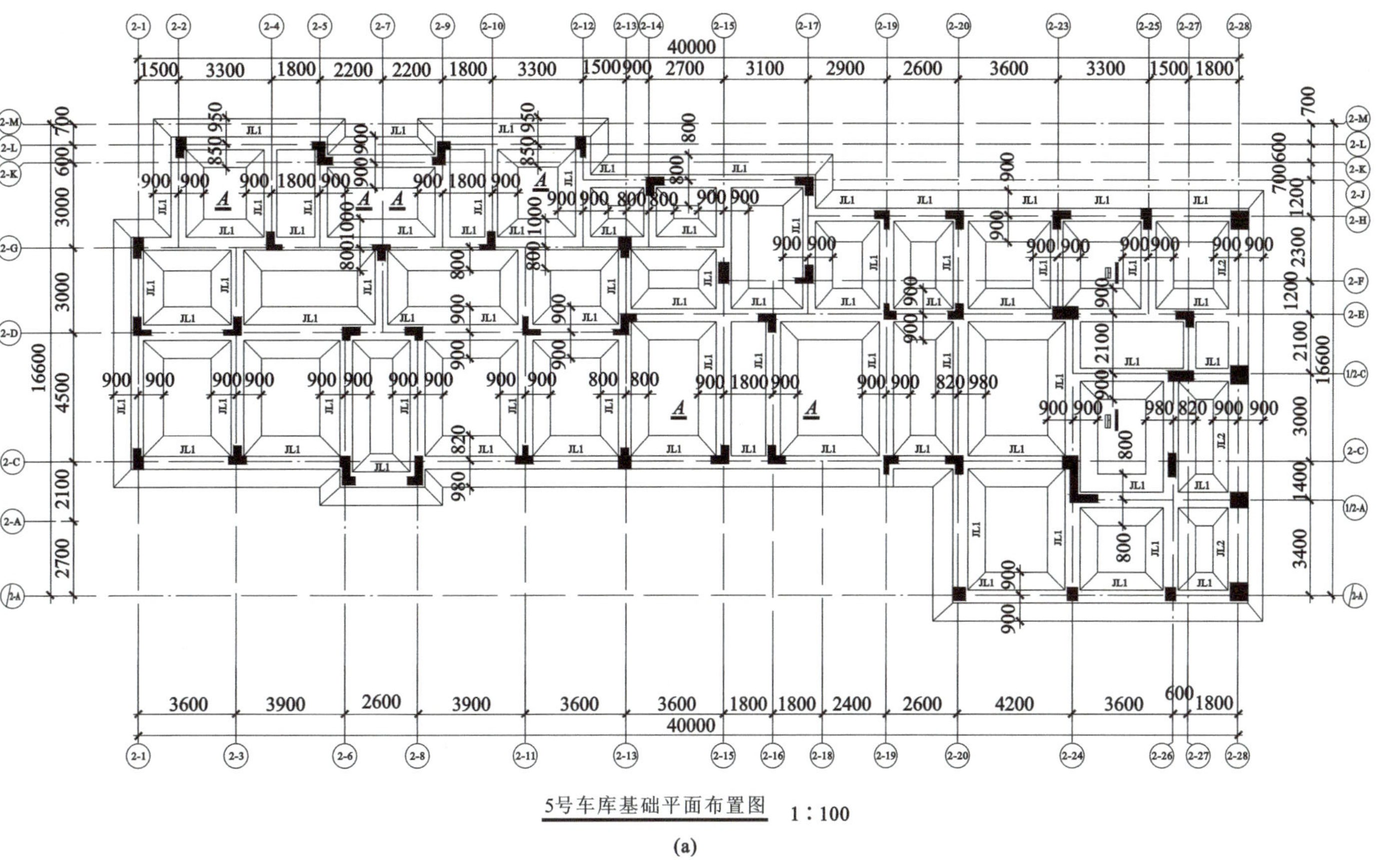

5号车库基础平面布置图 1∶100

(a)

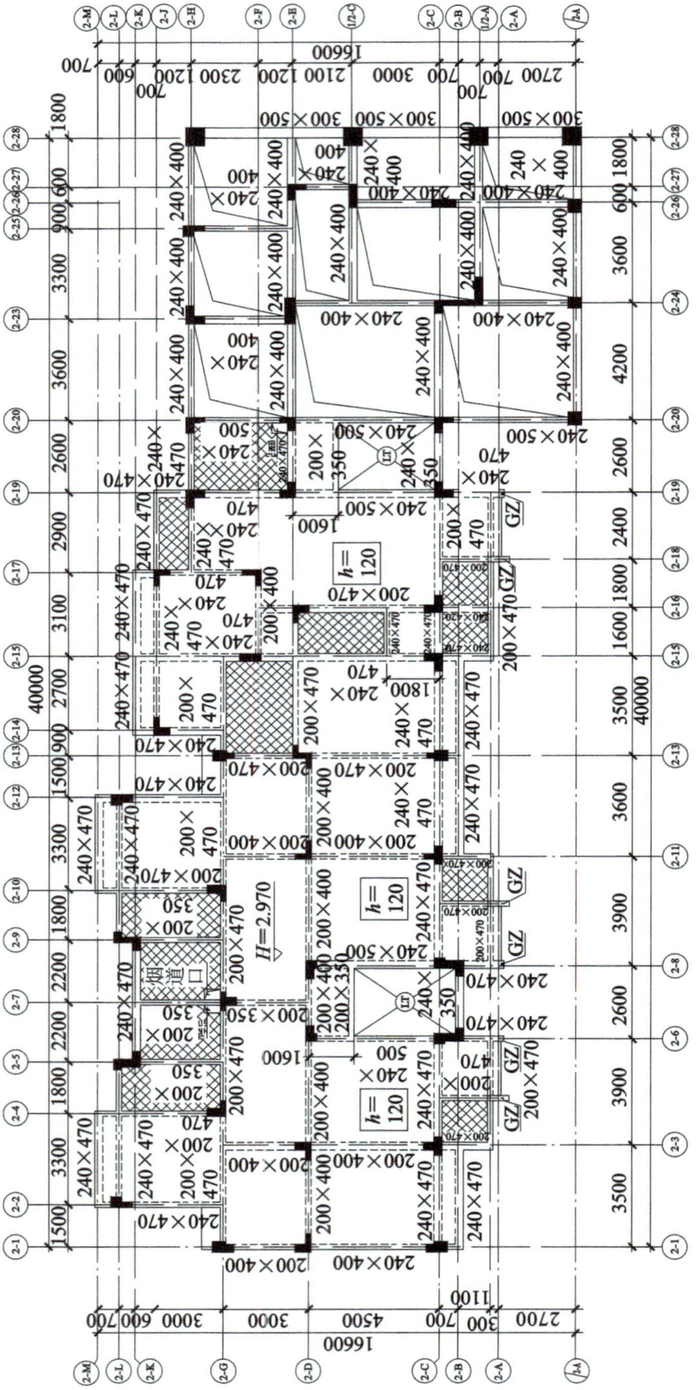

27号楼二层结构模板图　1：100

(b)

图 7-12　优化后设计方案基础平面图及二层结构模板图

（a）住宅楼基础平面图（优化后设计方案）；（b）住宅楼二层结构模板图（优化后设计方案）

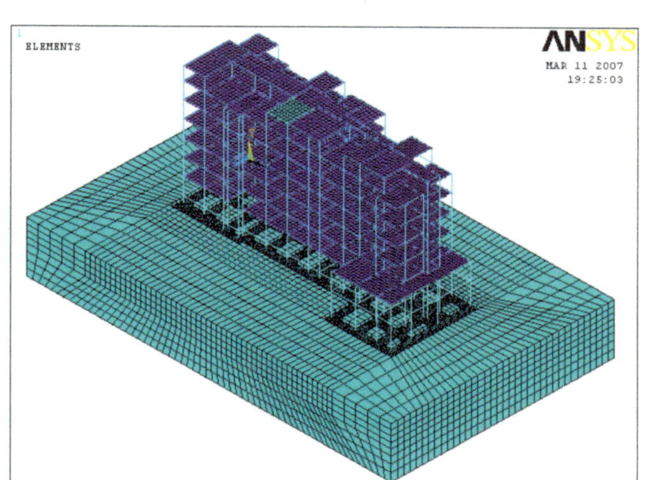

图 7-13 新方案整体有限元模型图

7.3 地表变形对框架结构内力的影响规律

7.3.1 地表变形对框架弯矩的影响

根据优化后设计方案整体有限元模型,计算得到各种工况下框架结构的弯矩分布情况,并提取框架结构的最大弯矩值,将相关结果列于表 7-2。

表 7-2 各工况框架最大弯矩对比 (单位:kN·m)

类型	最大正弯矩	位置	最大负弯矩	位置
基本工况	125.3	0 层,01/A-28 柱	−241.1	1 层,1/A-24 柱
负曲率	674.88	1 层,26~28 梁	−586.18	1 层,1/A-24 柱
正曲率	412	0 层,D-6 柱	−419.73	0 层,D-3 柱
水平拉伸	278.02	0 层,D-3 柱	−291.92	1 层,C-24 柱
水平压缩	181.1	1 层,C-24 柱	−217	1 层,1/A-24 柱
不均匀沉降	1040	0 层,D-3 柱;C-15 柱	−803.68	0 层,D-6 柱;C-24 柱

注:①表中各轴线编号见图 7-12,基本工况及变形描述详见表 7-1,楼层位置见图 7-14。

②此处 0 层是指住宅部分的地下室梁柱,1 层是指自然层。

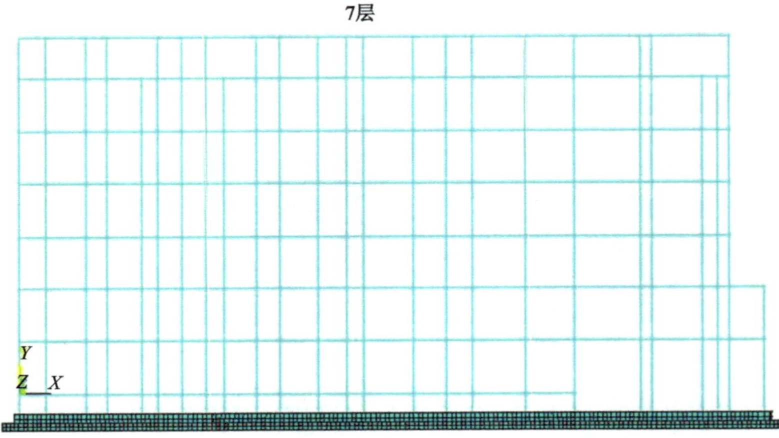

图 7-14　框架结构楼层位置示意图

为了进一步对比、分析地表变形对框架结构弯矩的影响规律，将各种工况下的框架结构各层弯矩计算结果列入表 7-3～表 7-8，部分弯矩计算结果见图 7-15～图 7-23。由框架弯矩图及最大弯矩对比分析可知：

①变形 1 为地基土底部负曲率变形，由于变形最大值施加在土体中部，造成建筑物左右端支撑的情况出现，因此左右端的梁柱弯矩都明显增大；而右端 24～28 轴线为底部大空间 2 层商店，故其内力较基本工况增大明显。

②变形 2 为地基土底部正曲率变形，最大值施加在土体中部，造成建筑物中间支撑左右端悬空，在基础-地基有脱离趋势的位置，基础受到较大水平拉力，因此柱弯矩增大明显。

③变形 3 和变形 4 为沿 *X* 方向的拉伸变形和压缩变形，由于土体刚度较小，拉压变形对上部结构内力的影响小于曲率变形情况，仅改变最大值的出现位置。

④变形 5 为沿 *X* 方向的不均匀沉降变形，该变形情况对结构内力的影响最大，主要是由于不均匀沉降造成结构倾斜，产生荷载偏心。

⑤对比所有的弯矩结果可以看出，梁上弯矩受变形的影响都较小，地基土的各种变形主要影响了柱的弯矩，可以推断最不利的位置在 1/A-24 轴线，原因是该位置布置了“Z”形的异型柱，柱截面面积较大且处于层高转换的位置。

表 7-3　　**基本工况下各层弯矩对比**　　(单位:kN·m)

层数	最大正弯矩	位置	最大负弯矩	位置
0 层	125.3	01/A-28 柱	−54.67	C-1～3 梁
1 层	123.66	C-24 柱	−241.15	1/A-24 柱
2 层	120.3	1/C-28 梁	−96.5	01/A-20 柱

续表

层数	最大正弯矩	位置	最大负弯矩	位置
3层	107.3	01/A-24柱	−98.8	C-24柱
4层	86.2	C-24柱	−86	C-24柱
5层	86.8	C-24柱	−80.3	C-24柱
6层	85.9	C-24柱	−78.9	C-24柱
7层	55.4	C-24柱	−80.5	C-24柱

注:此处0层是指住宅部分的地下室梁柱,1～7层则分指各自然层。

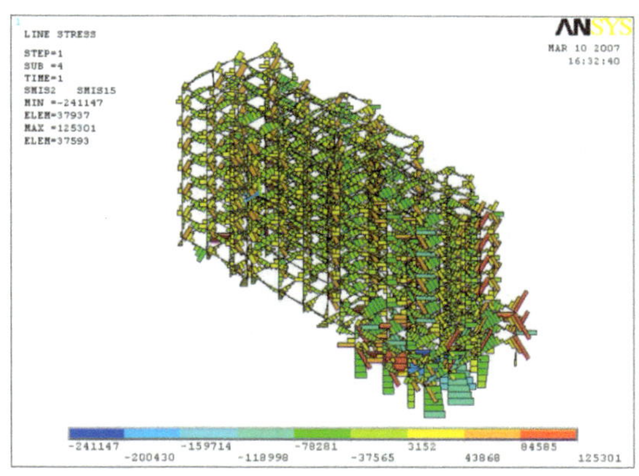

图 7-15 未施加变形(基本工况)整体弯矩图

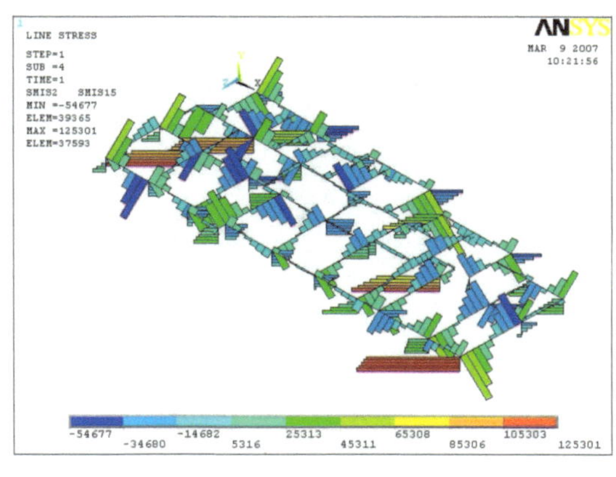

(a)

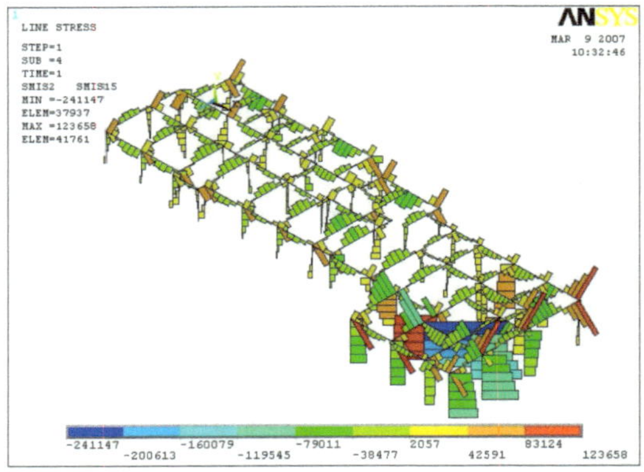

LINE STRESS
STEP=1
SUB =4
TIME=1
SMIS2 SMIS15
MIN =-241147
ELEM=37937
MAX =123658
ELEM=41761
ANSYS
MAR 9 2007
10:32:46
-241147
-200613
-160079
-119545
-79011
-38477
2057
42591
83124
123658

LINE STRESS
STEP=1
SUB =4
TIME=1
SMIS2 SMIS15
MIN =-96503
ELEM=37642
MAX =120340
ELEM=41615
ANSYS
MAR 9 2007
10:42:56
-96503
-72409
-48316
-24222
-128.153
23966
48059
72153
96247
120340

LINE STRESS
STEP=1
SUB =4
TIME=1
SMIS2 SMIS15
MIN =-98855
ELEM=37908
MAX =107318
ELEM=37943
ANSYS
MAR 9 2007
10:51:34
-98855
-75947
-53039
-30131
-7223
15685
38594
61502
84410
107318

(b)

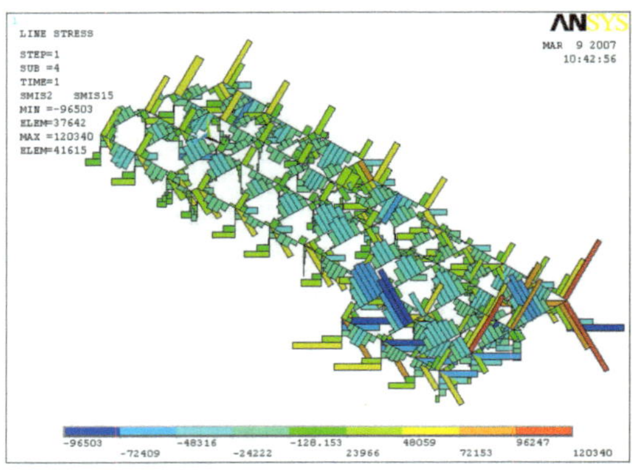

(c)

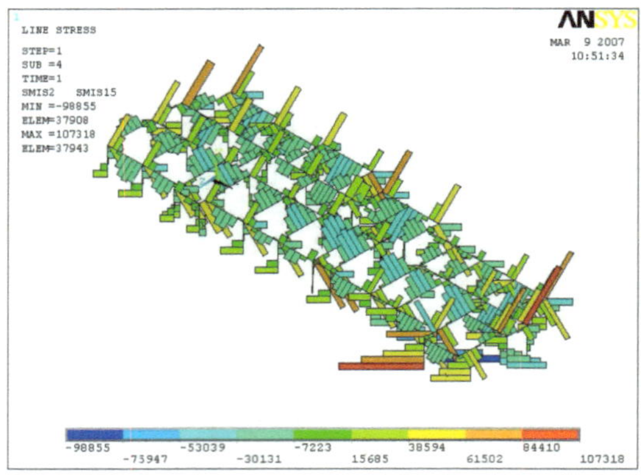

(d)

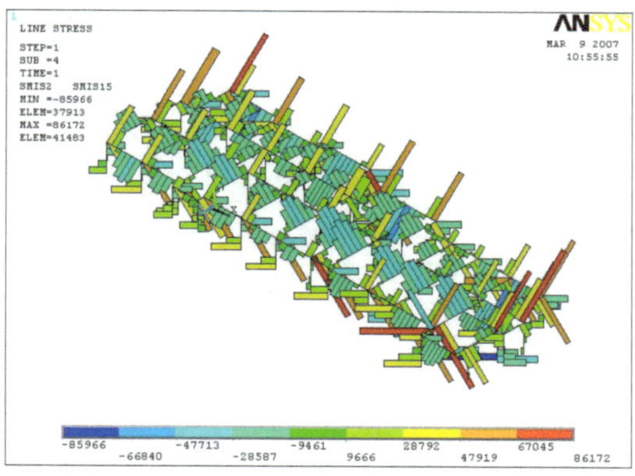

LINE STRESS
STEP=1
SUB =4
TIME=1
SMIS2 SMIS15
MIN =-85966
ELEM=37913
MAX =86172
ELEM=41483
ANSYS
MAR 9 2007
10:55:55
-85966 -66840 -47713 -28587 -9461 9666 28792 47919 67045 86172

LINE STRESS
STEP=1
SUB =4
TIME=1
SMIS2 SMIS15
MIN =-80275
ELEM=37918
MAX =86853
ELEM=41486
ANSYS
MAR 9 2007
10:59:19
-80275 -61705 -43135 -24566 -5996 12574 31144 49713 68283 86853

LINE STRESS
STEP=1
SUB =4
TIME=1
SMIS2 SMIS15
MIN =-78874
ELEM=37923
MAX =85909
ELEM=41489
ANSYS
MAR 9 2007
11:01:18
-78874 -60565 -42255 -23946 -5637 12672 30981 49291 67600 85909

(e)

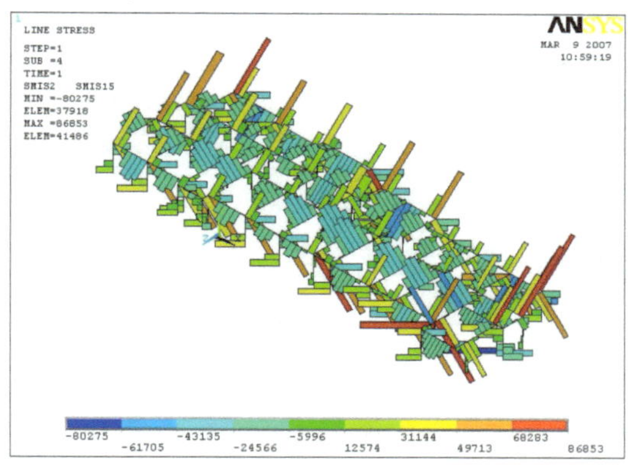

(f)

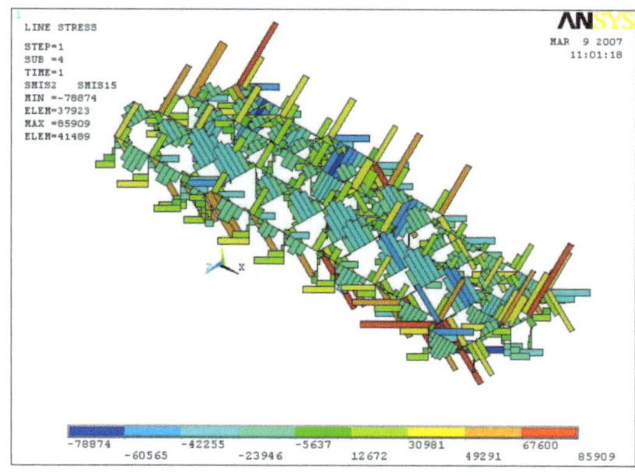

(g)

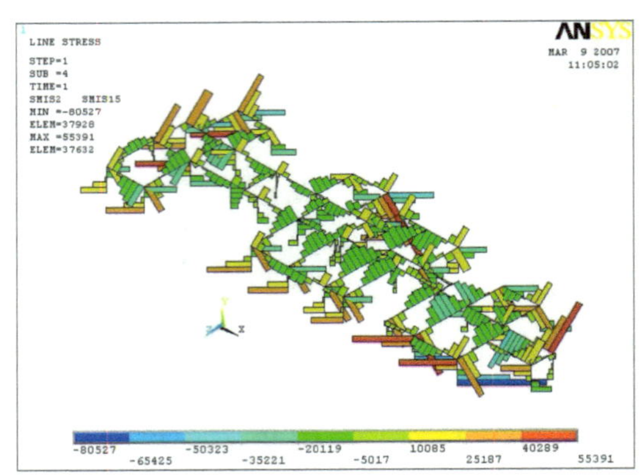

(h)

图 7-16 未施加变形(基本工况)分层弯矩图

(a)0 层弯矩;(b)1 层弯矩;(c)2 层弯矩;(d)3 层弯矩;(e)4 层弯矩;
(f)5 层弯矩;(g)6 层弯矩;(h)7 层弯矩

表 7-4 **负曲率变形(变形 1)作用下各层弯矩对比** (单位:kN·m)

层数	最大正弯矩	位置	最大负弯矩	位置
0 层	640.8	D-3 柱	−512.5	D-6 柱
1 层	674.9	26~28 梁	−586.2	1/A-24 柱
2 层	464.7	E-24~27 梁	−423.2	E-24~27 梁
3 层	453.0	E-24~27 梁	−406.2	E-24~27 梁
4 层	444.0	E-24~27 梁	−402.3	E-24~27 梁
5 层	444.8	E-24~27 梁	−403.4	E-24~27 梁
6 层	408.4	E-24~27 梁	−329.9	E-24~27 梁
7 层	315.6	E-24~27 梁	−260.6	E-24~27 梁

注:此处 0 层是指住宅部分的地下室梁柱,1~7 层则分指各自然层。

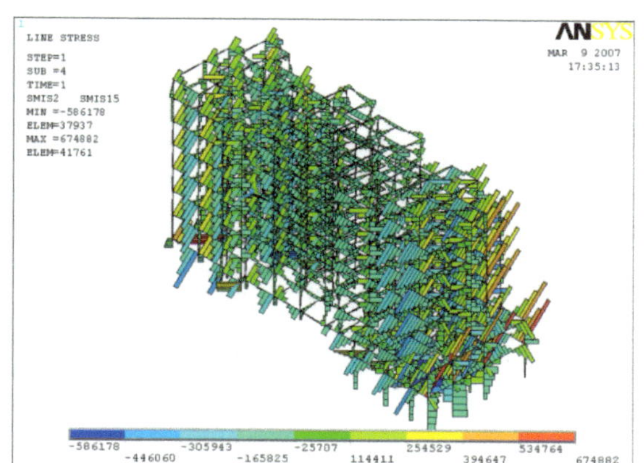

图 7-17　负曲率变形(变形 1)作用下的整体梁柱弯矩图

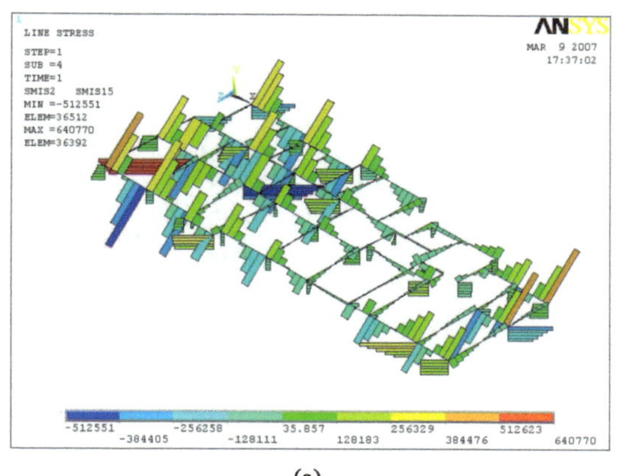

(a)

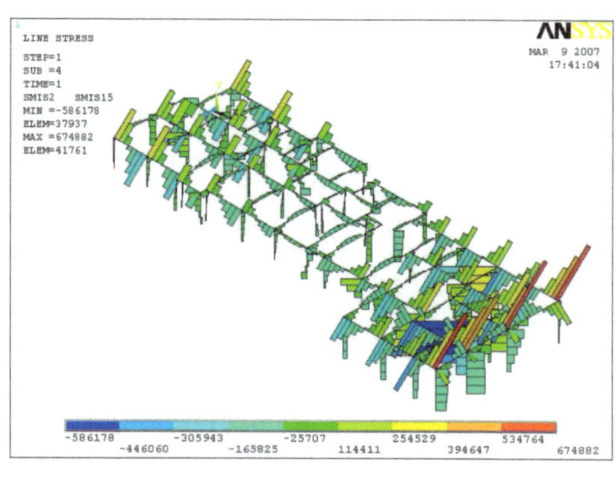

(b)

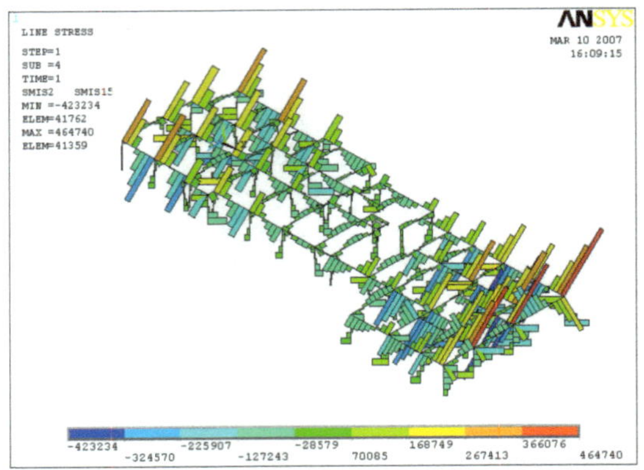

LINE STRESS
STEP=1
SUB =4
TIME=1
SMIS2 SMIS15
MIN =-423234
ELEM=41762
MAX =464740
ELEM=41359
ANSYS
MAR 10 2007
16:09:15
-423234
-324570
-225907
-127243
-28579
70085
168749
267413
366076
464740

LINE STRESS
STEP=1
SUB =4
TIME=1
SMIS2 SMIS15
MIN =-406226
ELEM=41312
MAX =452986
ELEM=41480
ANSYS
MAR 10 2007
16:10:42
-406226
-310758
-215290
-119822
-24354
71114
166582
262050
357518
452986

LINE STRESS
STEP=1
SUB =4
TIME=1
SMIS2 SMIS15
MIN =-402321
ELEM=41320
MAX =444035
ELEM=41483
ANSYS
MAR 10 2007
16:12:01
-402321
-308282
-214242
-120203
-26163
67876
161916
255956
349995
444035

(c)

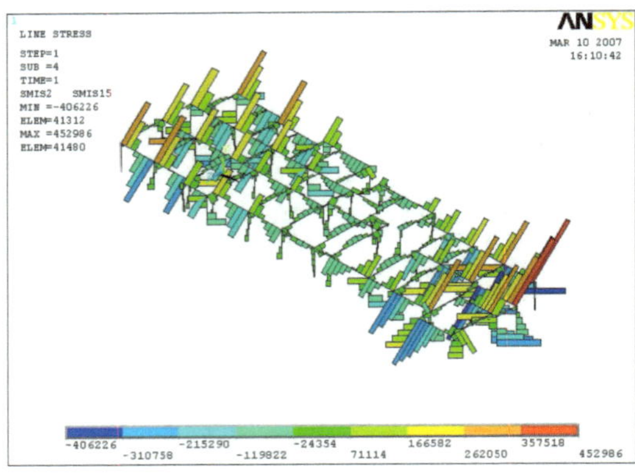

(d)

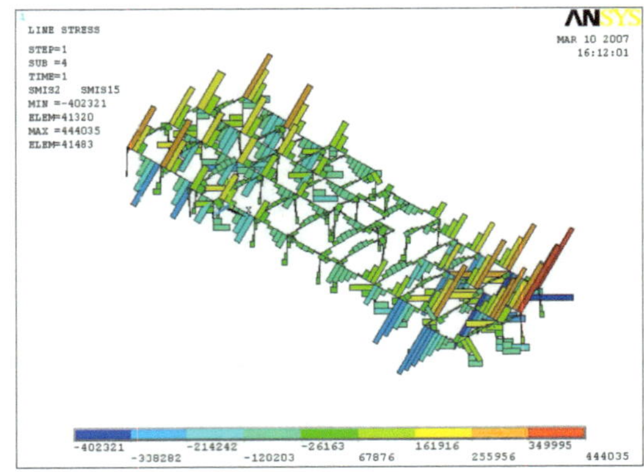

(e)

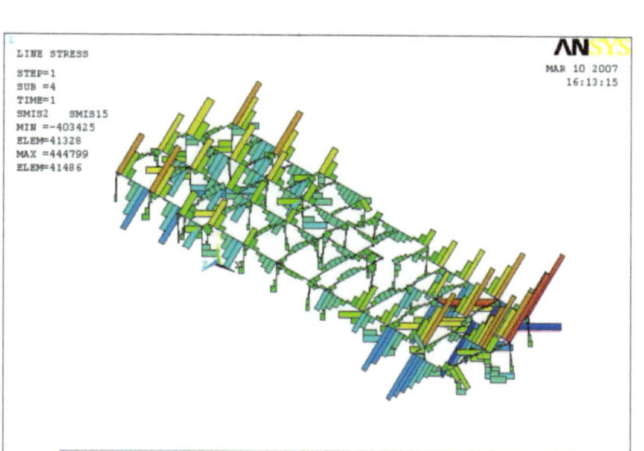

(f)

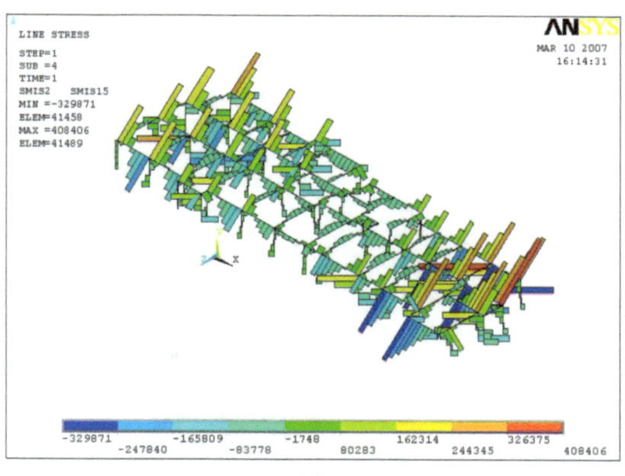

(g)

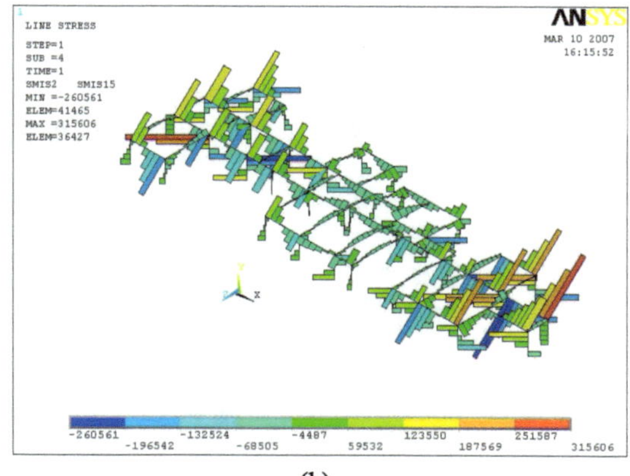

(h)

图 7-18 负曲率变形(变形 1)作用下的分层弯矩图

(a)0 层弯矩;(b)1 层弯矩;(c)2 层弯矩;(d)3 层弯矩;(e)4 层弯矩;
(f)5 层弯矩;(g)6 层弯矩;(h)7 层弯矩

表 7-5　　正曲率变形(变形 2)作用下各层弯矩对比　　(单位:kN·m)

层数	最大正弯矩	位置	最大负弯矩	位置
0 层	412.0	D-6 柱	−419.7	D-3 柱
1 层	284.8	20～24 梁	−337.0	26～28 梁
2 层	285.5	24～26 梁	−217.3	24～26 梁 C-1～6 梁
3 层	279.7	20～26 梁	−236.6	20～26 梁
4 层	279.5	20～26 梁	−228.4	20～26 梁
5 层	273.8	20～26 梁	−229.2	20～26 梁
6 层	249.2	20～26 梁	−260.0	20～26 梁
7 层	222.1	E-20 柱	−190.6	E-20 柱

注:此处 0 层是指住宅部分的地下室梁柱,1～7 层则分指各自然层。

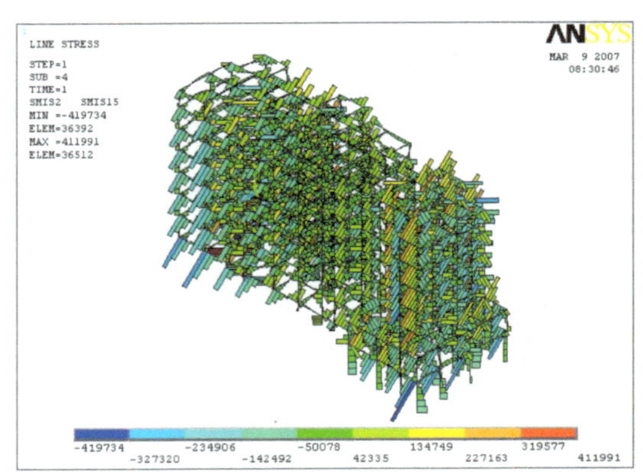

图 7-19　正曲率变形(变形 2)作用下梁柱整体弯矩图

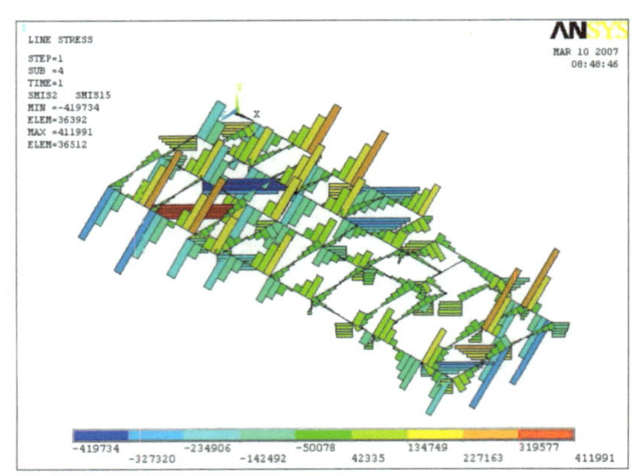

(a)

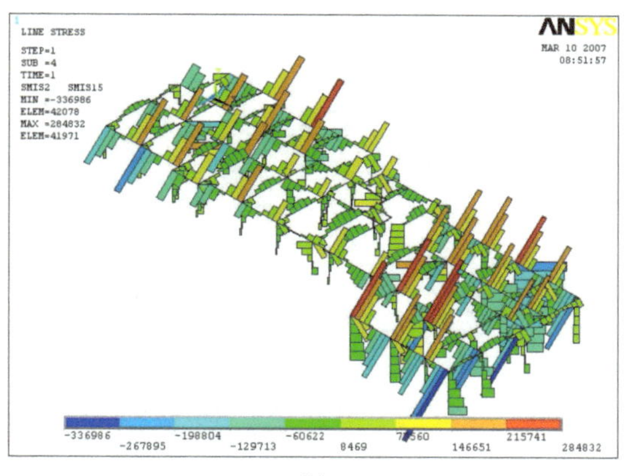

LINE STRESS
STEP=1
SUB =4
TIME=1
SMIS2 SMIS15
MIN =-336986
ELEM=42078
MAX =284832
ELEM=41971
ANSYS
MAR 10 2007
08:51:57
-336986
-267895
-198804
-129713
-60622
8469
146651
215741
284832

LINE STRESS
STEP=1
SUB =4
TIME=1
SMIS2 SMIS15
MIN =-217270
ELEM=39429
MAX =285473
ELEM=41980
ANSYS
MAR 10 2007
08:53:11
-217270
-161409
-105549
-49689
6171
62032
117892
173752
229613
285473

LINE STRESS
STEP=1
SUB =4
TIME=1
SMIS2 SMIS15
MIN =-236617
ELEM=41319
MAX =279723
ELEM=41989
ANSYS
MAR 10 2007
08:55:06
-236617
-179246
-121875
-64504
-7133
50239
107610
164981
222352
279723

(b)

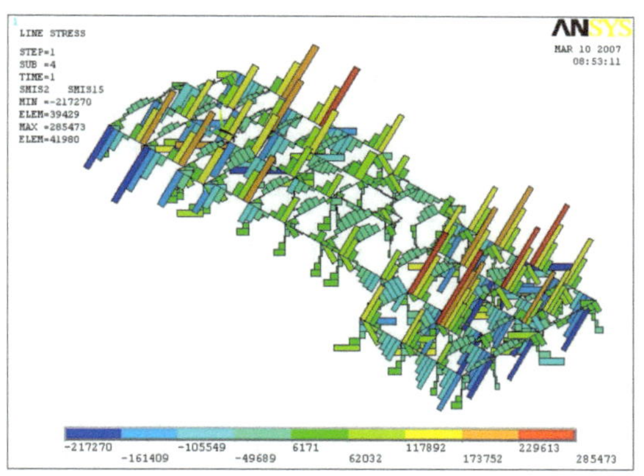

(c)

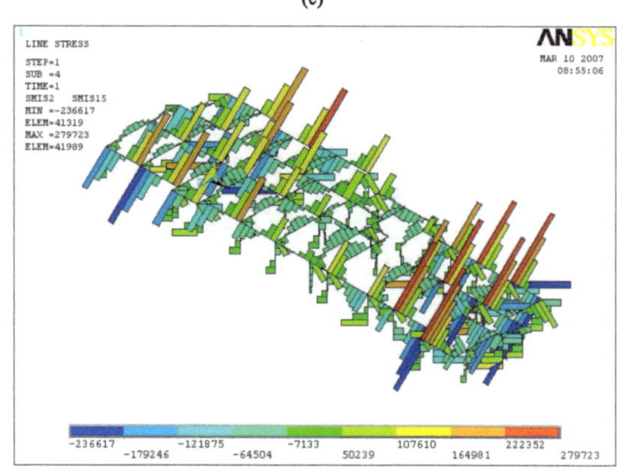

(d)

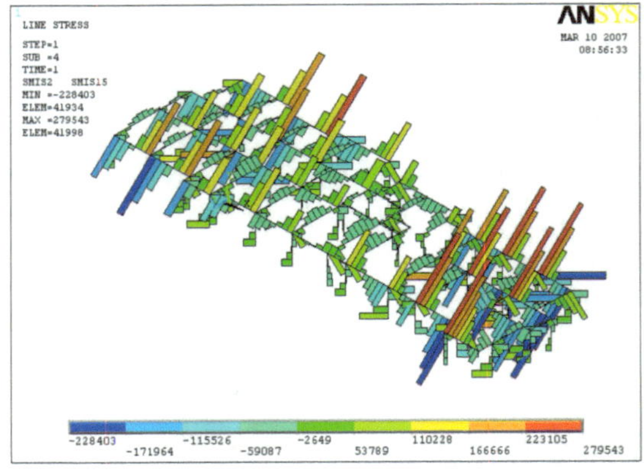

LINE STRESS
STEP=1
SUB =4
TIME=1
SMIS2 SMIS15
MIN =-228403
ELEM=41934
MAX =279543
ELEM=41998
ANSYS
MAR 10 2007
08:56:33
-228403
-171964
-115526
-59087
-2649
53789
110228
166666
223105
279543

LINE STRESS
STEP=1
SUB =4
TIME=1
SMIS2 SMIS15
MIN =-229185
ELEM=41335
MAX =273849
ELEM=42007
ANSYS
MAR 10 2007
08:58:11
-229185
-173292
-117399
-61507
-5614
50279
106171
162064
217957
273849

LINE STRESS
STEP=1
SUB =4
TIME=1
SMIS2 SMIS15
MIN =-259995
ELEM=37672
MAX =249215
ELEM=42016
ANSYS
MAR 10 2007
08:59:16
-259995
-203416
-146837
-90258
-33679
22900
79479
136057
192636
249215

(e)

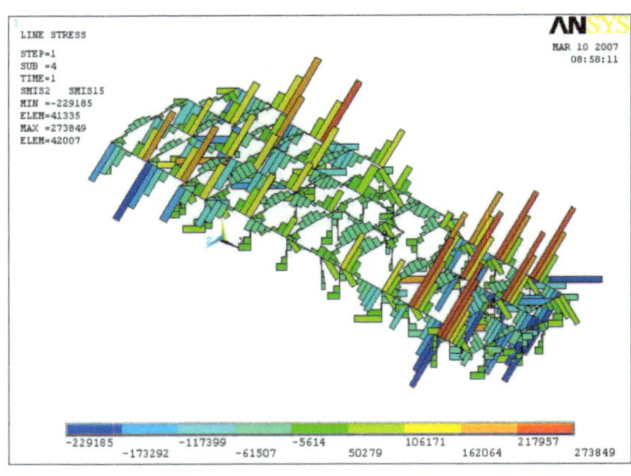

(f)

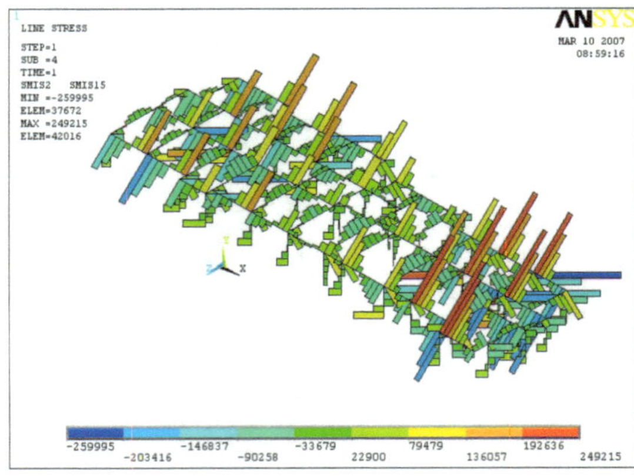

(g)

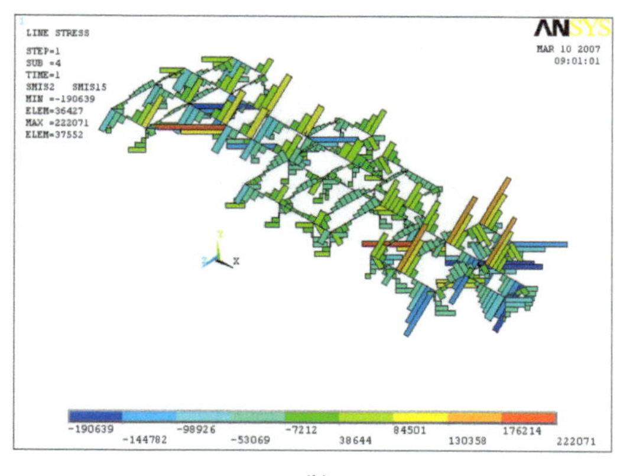

(h)

图 7-20　正曲率变形(变形 2)作用下分层弯矩图

(a)0 层弯矩;(b)1 层弯矩;(c)2 层弯矩;(d)3 层弯矩;(e)4 层弯矩;
(f)5 层弯矩;(g)6 层弯矩;(h)7 层弯矩

表 7-6　　**水平拉伸变形(变形 3)作用下各层弯矩对比**　　(单位:kN·m)

层数	最大正弯矩	位置	最大负弯矩	位置
0 层	278.0	D-3 柱	−98.6	G-1 柱
1 层	174.8	1/A-24 柱	−291.9	C-24 柱
2 层	138.6	26～28 梁	−126.2	01/A-20 柱
3 层	173.1	1/A-24 柱	−87.3	C-24 柱
4 层	131.8	24～26 梁	−93.6	24～26 梁
5 层	132.3	24～26 梁	−82.2	24～26 梁
6 层	128.2	24～26 梁	−79.5	24～26 梁
7 层	89.5	1/C-26～28 梁	−82.9	C-24 柱

注:此处 0 层是指住宅部分的地下室梁柱,1～7 层则分指各自然层。

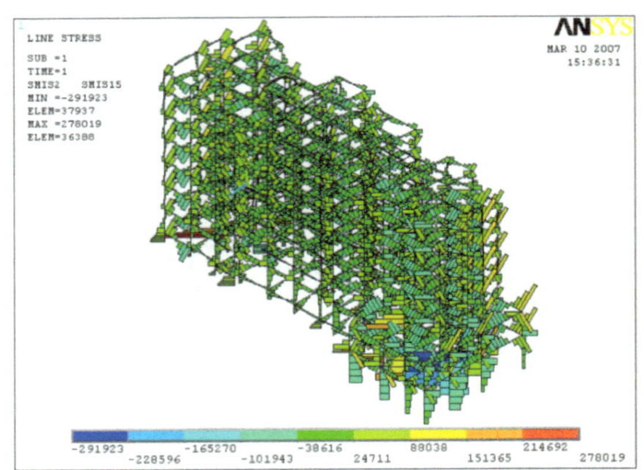

图 7-21 水平拉伸变形(变形 3)作用下梁柱整体弯矩图

表 7-7 水平压缩变形(变形 4)作用下各层弯矩对比 (单位:kN·m)

层数	最大正弯矩	位置	最大负弯矩	位置
0 层	158.3	J-14 柱	−118.8	C-20 柱
1 层	181.1	C-24 柱	−217.0	1/A-24 柱
2 层	128.6	H-28 柱	−109.7	H-28 柱
3 层	74.0	C-24 柱	−108.7	C-24 柱
4 层	75.2	C-24 柱	−75.6	C-24 柱
5 层	76.0	C-24 柱	−77.9	C-24 柱
6 层	81.4	C-24 柱	−76.8	C-24 柱
7 层	56.2	C-24 柱	−76.6	C-24 柱

注:此处 0 层是指住宅部分的地下室梁柱,1~7 层则分指各自然层。

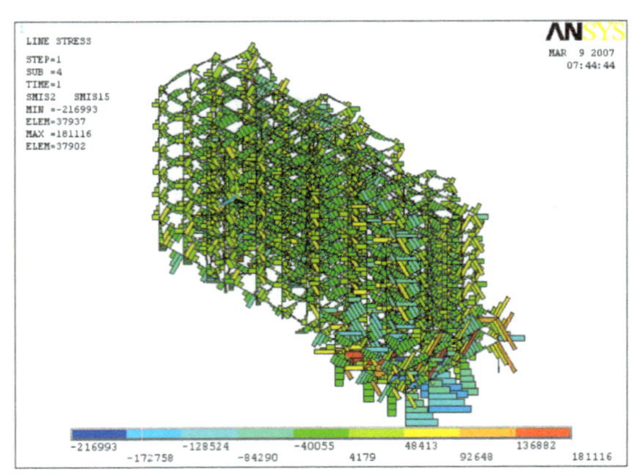

图 7-22 水平压缩变形(变形 4)作用下梁柱整体弯矩图

表 7-8　　不均匀沉降变形(变形 5)作用下各层弯矩对比　　(单位:kN·m)

层数	最大正弯矩	位置	最大负弯矩	位置
0 层	1040.0	D-3 柱;C-15 柱	−803.7	D-6 柱;C-24 柱
1 层	375.4	1/A-24 柱	−585.4	H-23 柱
2 层	359.0	1/A-24 柱	−105.4	C~H 梁
3 层	214.3	1/A-24 柱	−153.7	C-24 柱
4 层	94.1	C-24 柱	−100.7	C-24 柱
5 层	85.5	C-24 柱	−91.9	C-24 柱
6 层	84.8	C-24 柱	−85.5	C-24 柱
7 层	59.7	C-24 柱	−91.4	C-24 柱

注:此处 0 层是指住宅部分的地下室梁柱,1~7 层则分指各自然层。

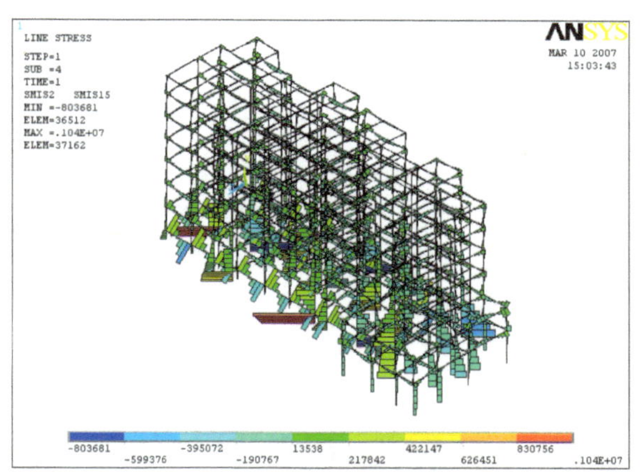

图 7-23　不均匀沉降变形(变形 5)作用下梁柱整体弯矩图

7.3.2　地表变形对框架轴力的影响

各种地表变形引起的框架轴力最大值对比如表 7-9 所示,对应的轴力如图 7-24~图 7-31 所示。由最大轴力对比及轴力分布图可知:

①变形 1 和变形 2 为正、负曲率变形,其中负曲率变形作用造成框架结构两端支承,故最大轴力出现在端部柱;正曲率变形作用造成框架结构中部支承,故最大轴力出现在靠近框架结构跨中的柱中。

②变形 3 和变形 4 为沿 X 向的拉伸变形和压缩变形，从表中可以看出，拉伸变形和压缩变形对框架结构的轴力影响很小。

③变形 5 对框架结构轴力的影响很突出，由于最大沉降值出现在框架结构右端，故造成框架结构右端柱的轴力普遍增大。

④从框架结构梁中拉力结果推断，正、负曲率变形对框架结构梁的拉力增大作用最明显，压缩变形作用和不均匀沉降作用对框架结构梁的拉力影响较小。

表 7-9　**各工况下最大轴力对比**　（单位：kN）

类型	最大压力	位置	最大拉力	位置
基本工况	−1320	D-3 柱；G-4 柱；F-15 柱；J-17 柱（0 层）	152.14	H-20～23 梁（1 层）
负曲率	−2390	C-1 柱；D-1 柱（0 层）	785.2	H-20～23 梁（1 层）
正曲率	−1790	F-15 柱；E-19 柱（0 层）	1010	E-16～23 梁（7 层）
水平拉伸	−1410	D-1 柱；F-15 柱；J-17 柱（0 层）	498.5	C-19～20 梁（0 层）
水平压缩	−1360	D-3 柱；G-4 柱；F-15 柱（0 层）	108	1/A～1/C-28 梁（1 层）
不均匀沉降	−1880	1/A-24 柱（1 层）	144.6	C～E-24 梁（1 层）

注：①表中各轴线编号见图 7-12，基本工况及变形描述详见表 7-1。

②此处 0 层是指住宅部分的地下室梁柱，1 层、7 层是指自然层。

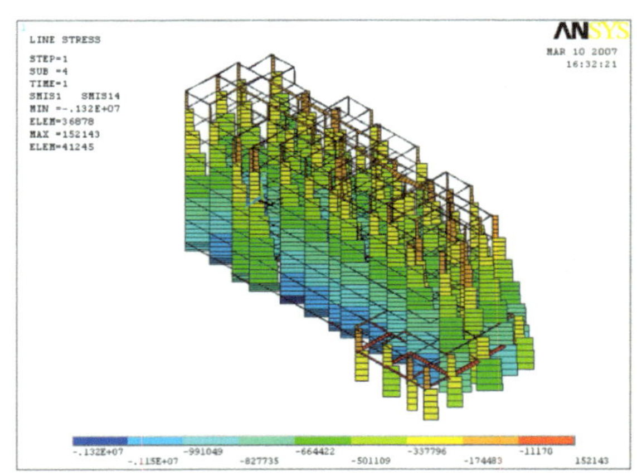

图 7-24　基本工况下框架整体轴力图

LINE STRESS
STEP=1
SUB =4
TIME=1
SMIS1 SMIS14
MIN =-.132E+07
ELEM=36878
MAX =28709
ELEM=41165
ANSYS
MAR 9 2007
10:19:19
Y
X
-.132E+07
-.117E+07
-.102E+07
-868880
-719282
-569684
-420086
-270488
-120889
28709

(a)

LINE STRESS
STEP=1
SUB =4
TIME=1
SMIS1 SMIS14
MIN =-.131E+07
ELEM=36883
MAX =152143
ELEM=41245
ANSYS
MAR 9 2007
10:32:26
-.131E+07
-.115E+07
-983207
-821014
-658821
-496628
-334435
-172242
-10050
152143

(b)

LINE STRESS
STEP=1
SUB =4
TIME=1
SMIS1 SMIS14
MIN =-.111E+07
ELEM=36888
MAX =11290
ELEM=40887
ANSYS
MAR 9 2007
10:40:48
-.111E+07
-983078
-858782
-734486
-610190
-485894
-361598
-237302
-113006
11290

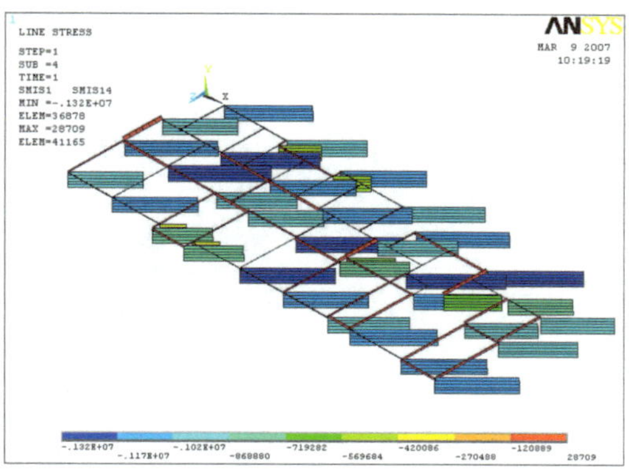

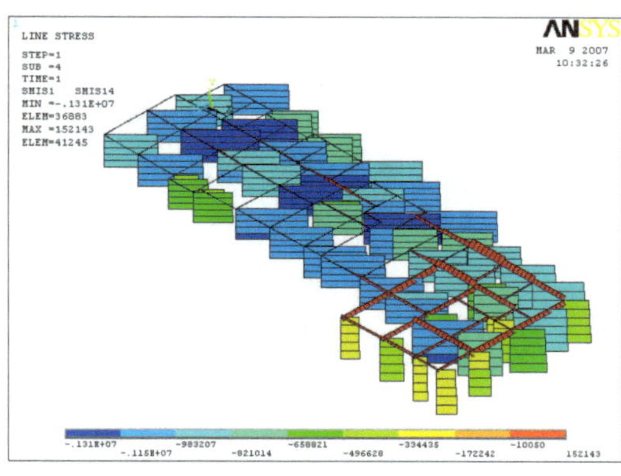

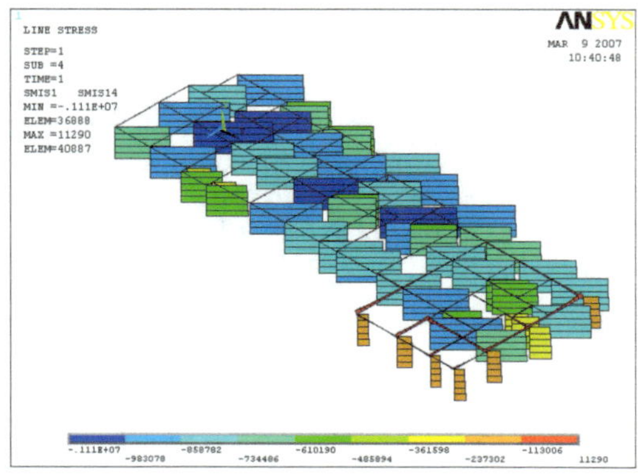

(c)

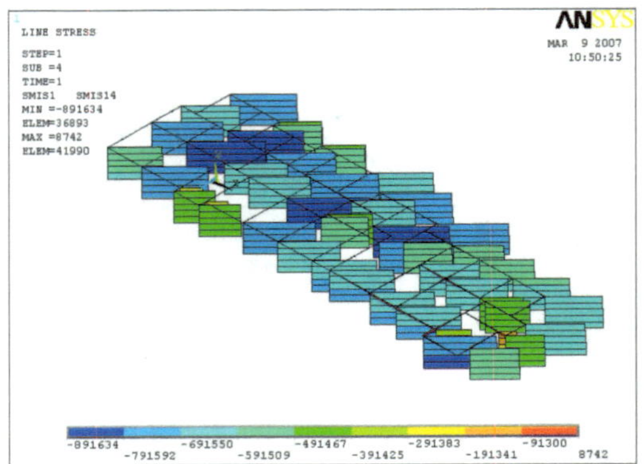

(d)

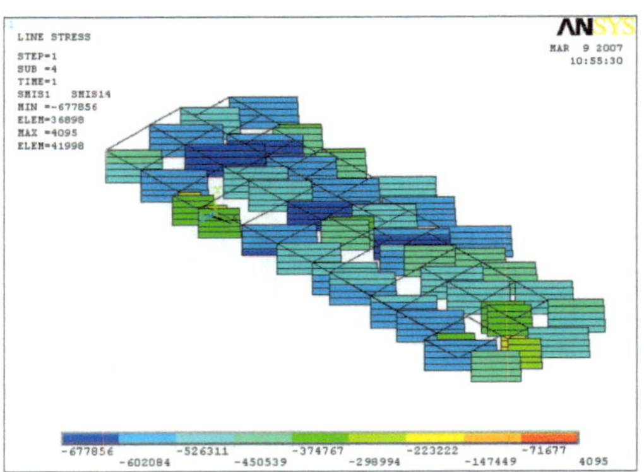

(e)

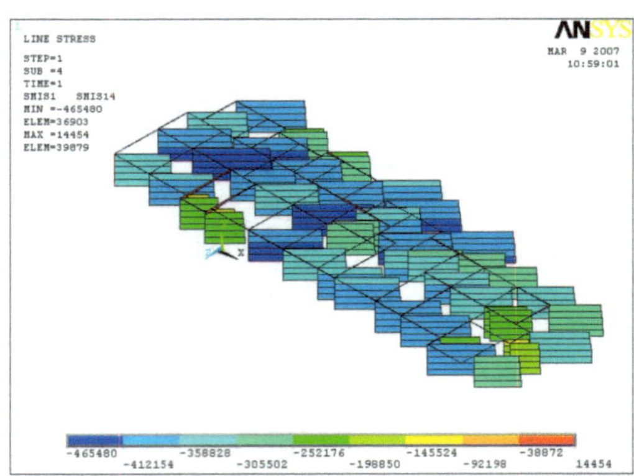

LINE STRESS
STEP=1
SUB =4
TIME=1
SMIS1 SMIS14
MIN =-891634
ELEM=36893
MAX =8742
ELEM=41990
ANSYS
MAR 9 2007
10:50:25
-891634
-791592
-691550
-591509
-491467
-391425
-291383
-191341
-91300
8742

LINE STRESS
STEP=1
SUB =4
TIME=1
SMIS1 SMIS14
MIN =-677856
ELEM=36898
MAX =4095
ELEM=41998
ANSYS
MAR 9 2007
10:55:30
-677856
-602084
-526311
-450539
-374767
-298994
-223222
-147449
-71677
4095

LINE STRESS
STEP=1
SUB =4
TIME=1
SMIS1 SMIS14
MIN =-465480
ELEM=36903
MAX =14454
ELEM=39879
ANSYS
MAR 9 2007
10:59:01
-465480
-412154
-358828
-305502
-252176
-198850
-145524
-92198
-38872
14454

(f)

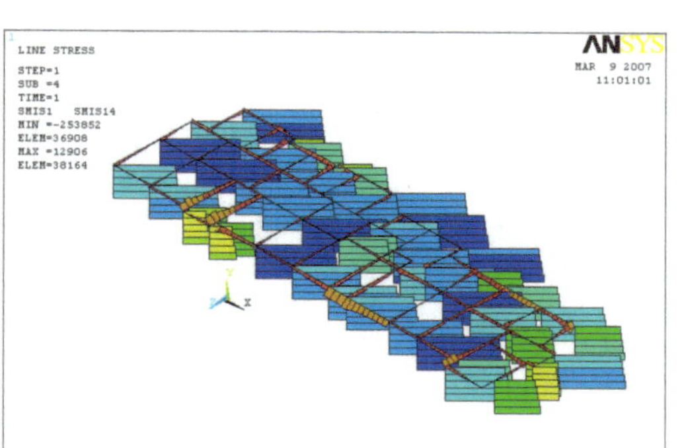

(g)

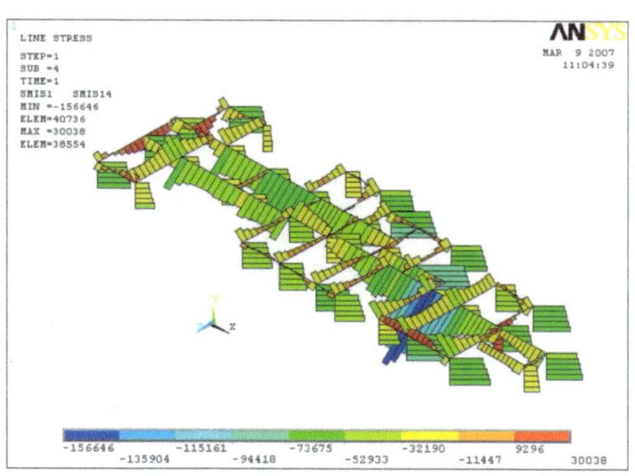

(h)

图 7-25 基本工况下分层轴力图

(a)0 层轴力;(b)1 层轴力;(c)2 层轴力;(d)3 层轴力;(e)4 层轴力;(f)5 层轴力;(g)6 层轴力;(h)7 层轴力

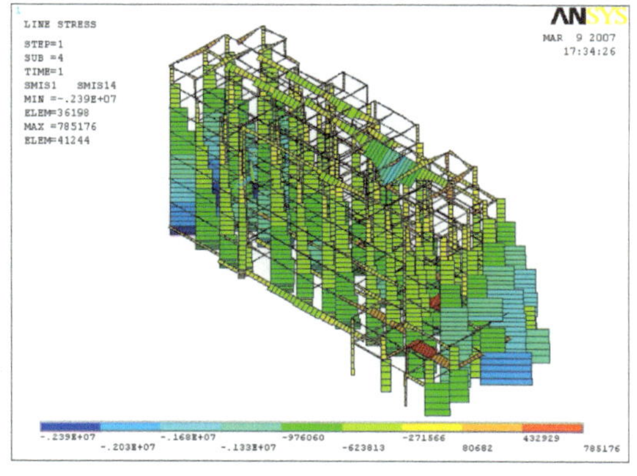

图7-26 负曲率变形(变形 1)作用下框架整体轴力图

LINE STRESS
STEP=1
SUB =4
TIME=1
SMIS1 SMIS14
MIN =-.239E+07
ELEM=36198
MAX =34296
ELEM=40157
ANSYS
MAR 9 2007
17:36:41
-.239E+07
-.212E+07
-.185E+07
-.158E+07
-.131E+07
-.104E+07
-772152
-503336
-234520
34296

(a)

LINE STRESS
STEP=1
SUB =4
TIME=1
SMIS1 SMIS14
MIN =-.217E+07
ELEM=36203
MAX =785176
ELEM=41244
ANSYS
MAR 9 2007
17:38:36
-.217E+07
-.184E+07
-.151E+07
-.118E+07
-855709
-527532
-199355
128822
456999
785176

(b)

LINE STRESS
STEP=1
SUB =4
TIME=1
SMIS1 SMIS14
MIN =-.183E+07
ELEM=36208
MAX =59186
ELEM=42079
ANSYS
MAR 10 2007
16:08:51
-.183E+07
-.162E+07
-.141E+07
-.120E+07
-992115
-781855
-571595
-361334
-151074
59186

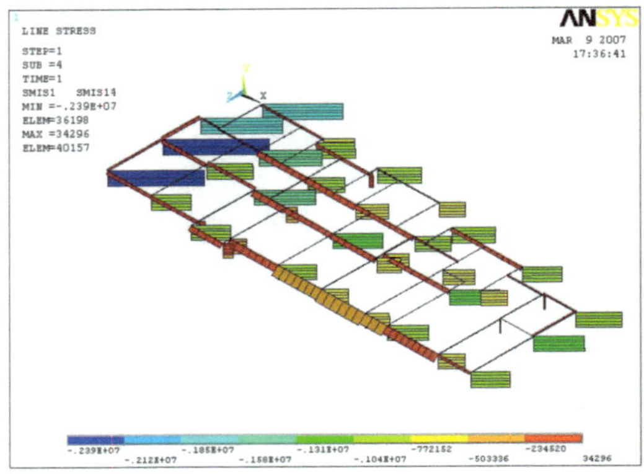

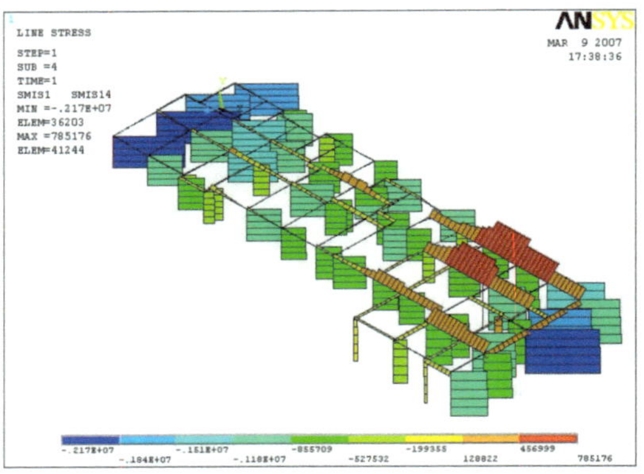

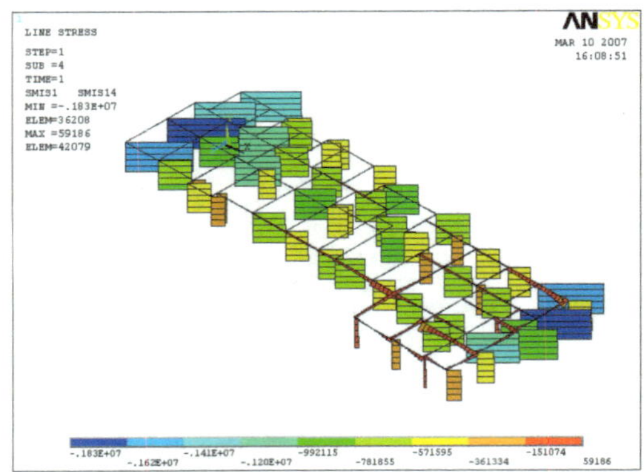

(c)

LINE STRESS
STEP=1
SUB =4
TIME=1
SMIS1 SMIS14
MIN =-.155E+07
ELEM=37798
MAX =65374
ELEM=37837
ANSYS
MAR 10 2007
16:10:17
-.155E+07
-.137E+07
-.119E+07
-.101E+07
-833728
-653907
-474087
-294267
-114446
65374

(d)

LINE STRESS
STEP=1
SUB =4
TIME=1
SMIS1 SMIS14
MIN =-.119E+07
ELEM=37803
MAX =16168
ELEM=41998
ANSYS
MAR 10 2007
16:11:49
-.119E+07
-.106E+07
-922722
-788595
-654468
-520341
-386214
-252087
-117959
16168

(e)

LINE STRESS
STEP=1
SUB =4
TIME=1
SMIS1 SMIS14
MIN =-838478
ELEM=37808
MAX =68792
ELEM=38493
ANSYS
MAR 10 2007
16:13:01
-838478
-737670
-636863
-536055
-435247
-334439
-233631
-132823
-32015
68792

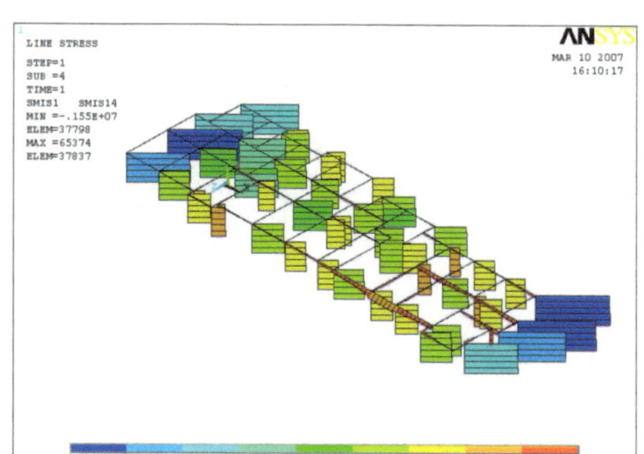

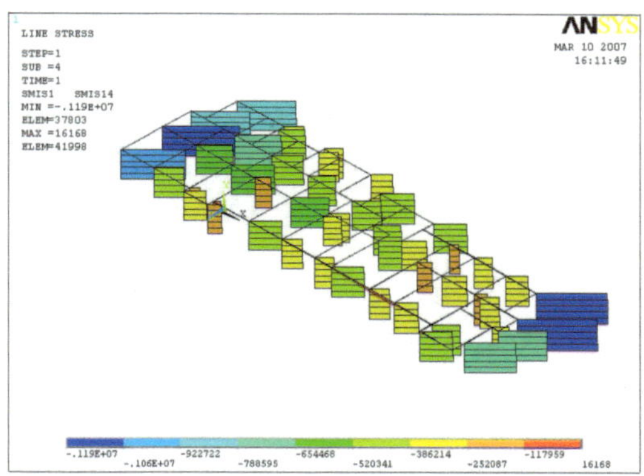

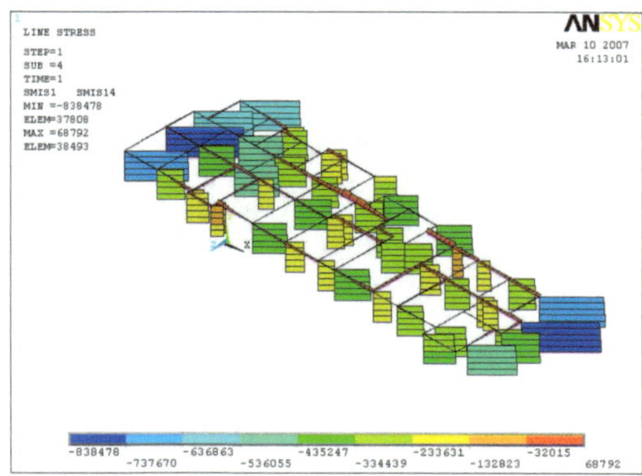

(f)

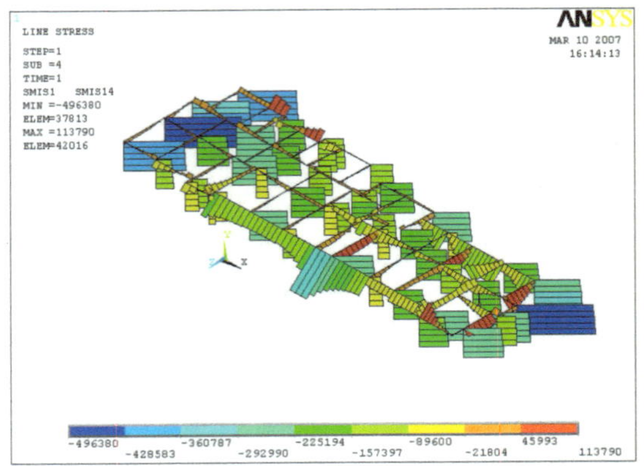

(g)

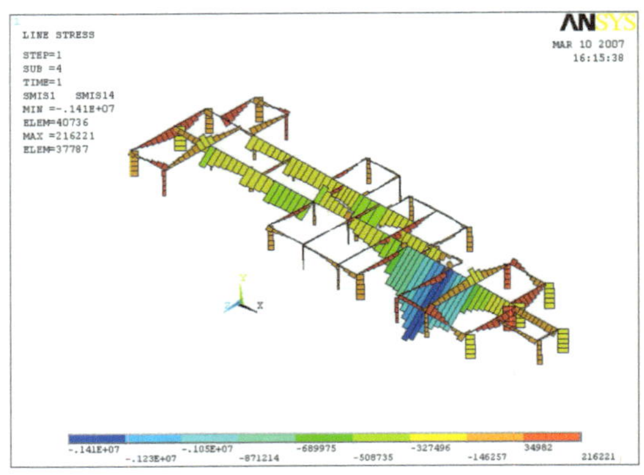

(h)

图 7-27　负曲率变形(变形 1)作用下分层轴力图

(a)0 层轴力；(b)1 层轴力；(c)2 层轴力；(d)3 层轴力；(e)4 层轴力；
(f)5 层轴力；(g)6 层轴力；(h)7 层轴力

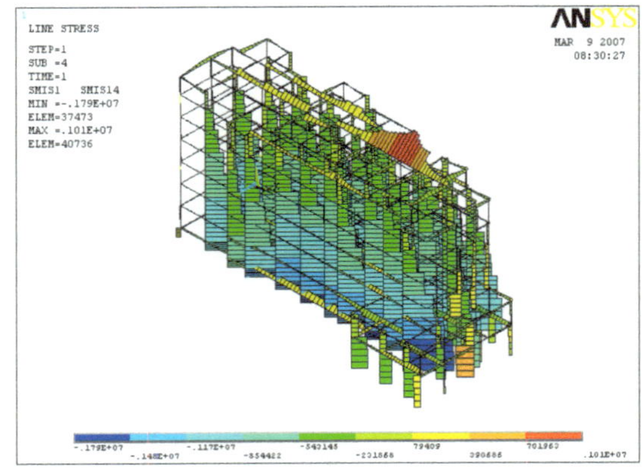

图 7-28　正曲率变形(变形 2)作用下框架整体轴力图

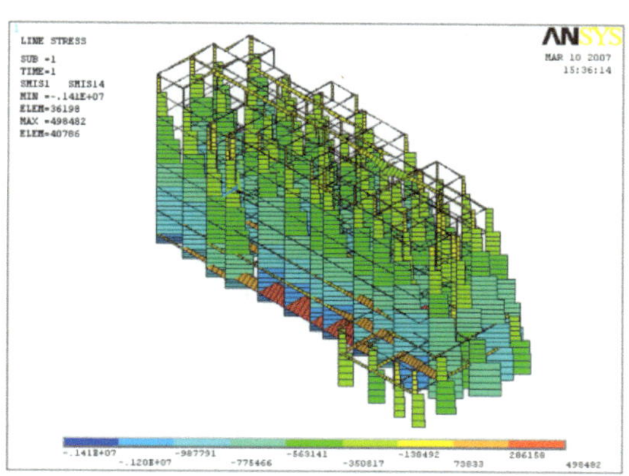

图 7-29　水平拉伸变形(变形 3)作用下框架整体轴力图

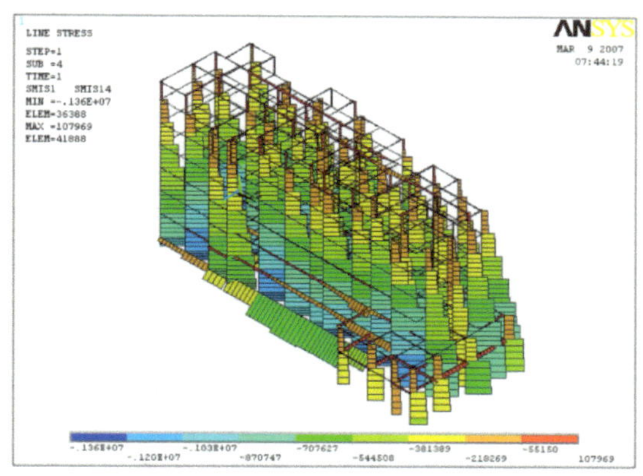

图 7-30　水平压缩变形(变形 4)作用下框架整体轴力图

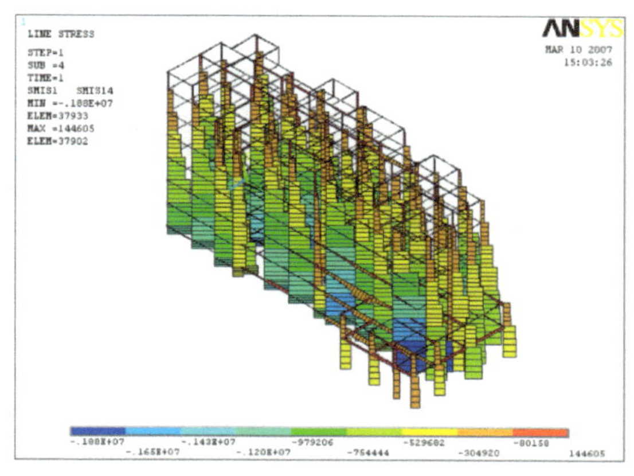

图 7-31　不均匀沉降变形(变形 5)作用下框架整体轴力图

7.3.3 地表变形对框架剪力的影响

各种地表变形引起的框架剪力最大值对比如表 7-10 所示，对应的最大剪力如图 7-32 所示。由此可见，地表变形引起的框架剪力有明显增大，其中最大剪力均出现在 1 层或 0 层梁上，负曲率变形和不均匀沉降变形引起的附加剪力增加幅度最大。

表 7-10　　各工况下最大剪力对比　　(单位:kN)

类型	最大剪力	位置
基本工况	148.9	1/C-27～28 梁(1 层)
负曲率	760.3	1/C-27～28 梁(1 层)
正曲率	368.0	1/C-27～28 梁(1 层)
水平拉伸	197.4	1/C-27～28 梁(1 层)
水平压缩	183.3	1/C-27～28 梁(1 层)
不均匀沉降	610.6	C-15～16 梁(0 层)

注:表中各轴线编号见图 7-12,基本工况及变形描述详见表 7-1。

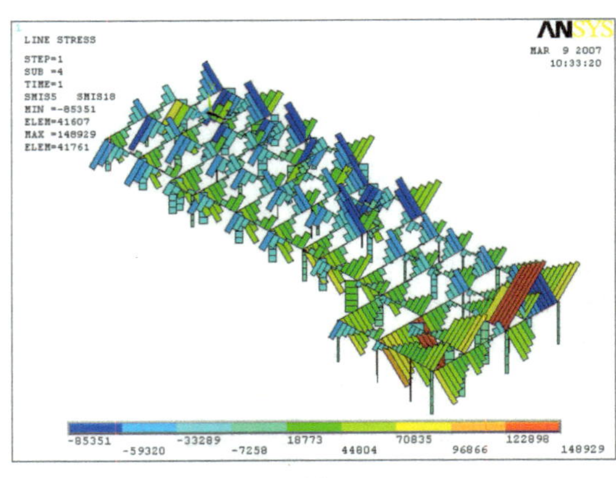

(a)

LINE STRESS
STEP=1
SUB =4
TIME=1
SMIS5 SMIS18
MIN =-234079
ELEM=39366
MAX =760300
ELEM=41761
ANSYS
MAR 9 2007
17:41:20
-234079
-123592
-13106
97381
207867
318354
428840
539327
649813
760300

(b)

LINE STRESS
STEP=1
SUB =4
TIME=1
SMIS5 SMIS18
MIN =-368225
ELEM=41757
MAX =187663
ELEM=38994
ANSYS
MAR 10 2007
08:52:13
-368225
-306460
-244694
-182929
-121164
-59398
2367
64132
125898
187663

(c)

LINE STRESS
SUB =1
TIME=1
SMIS5 SMIS18
MIN =-95027
ELEM=40469
MAX =197440
ELEM=41761
ANSYS
MAR 10 2007
15:40:34
-95027
-62530
-30034
2462
34959
67455
99951
132448
164944
197440

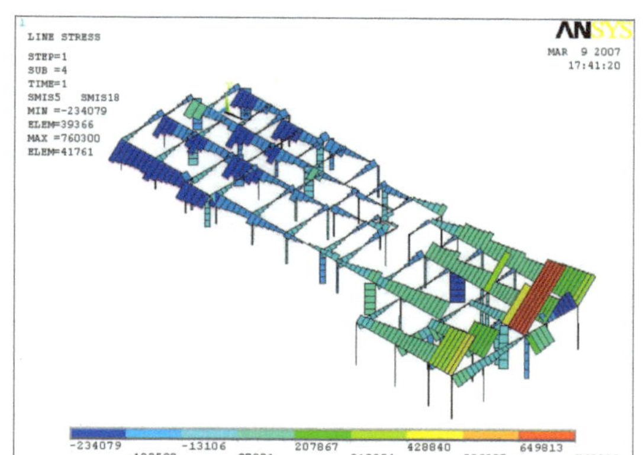

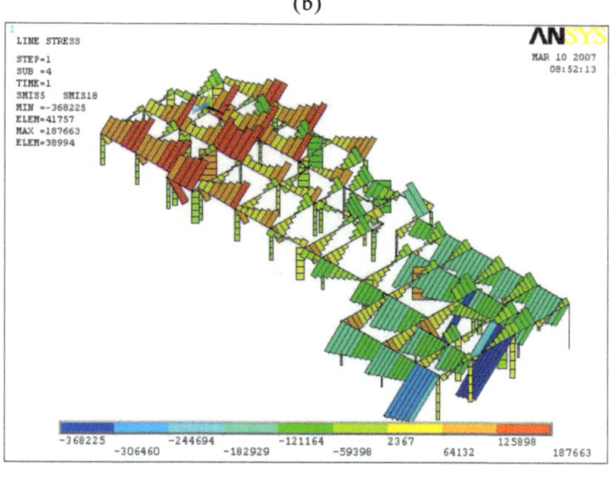

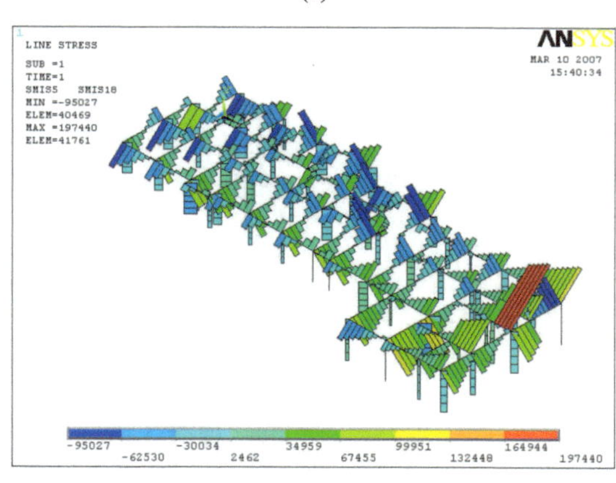

(d)

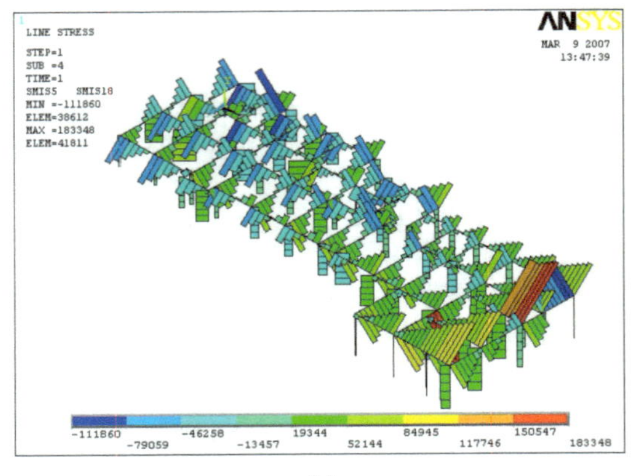

(e)

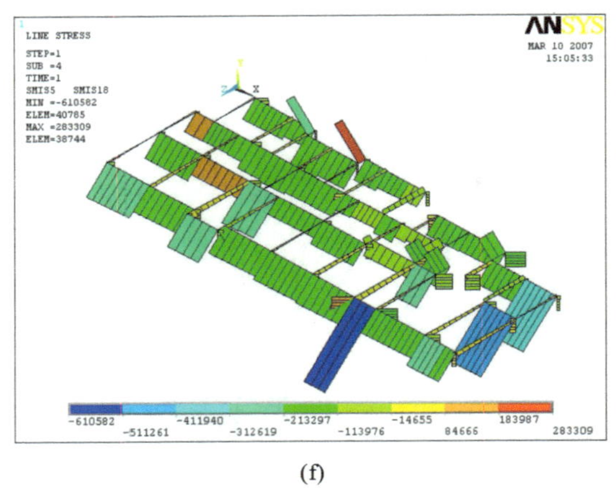

(f)

图 7-32　各工况下最大剪力对比

(a)基本工况 1 层剪力;(b)变形 1(负曲率)1 层剪力;(c)变形 2(正曲率)1 层剪力;(d)变形 3(水平拉伸)1 层剪力;(e)变形 4(水平压缩)1 层剪力;(f)变形 5(不均匀沉降)1 层剪力

7.4　地表变形引起框架结构的附加变形规律

7.4.1　*X* 方向变形规律

结构在各个工况下 *X* 方向的最大水平变形如表 7-11 所示,对应的地基、基础和框架结构的变形如图 7-33～图 7-38 所示。基本工况下结构有向左(*X* 轴负方向)倾斜的趋势,这主要与建筑平面布置有关,一方面该建筑左上角的墙较右下角密集,直接造成荷载偏心;另一方面该建筑物由左边 7 层高住宅楼和右边 2 层高商场组成，层高变化也会带来荷载偏心。在五种变形工况中，不均匀沉降变形引起的结构 X 方向水平侧移最大，其次是拉伸变形和压缩变形，正、负曲率变形引起的水平附加变形相对较小。

表 7-11 **各工况下 X 方向水平变形对比** （单位：mm）

类型	整体最大值	结构最大值	基础最大值	地基最大值
基本工况	4.015	−2.52	0.82	4.015
负曲率	−41.86	−9.05	−9.17	−41.86
正曲率	34.66	7.06	7.15	34.66
水平拉伸	123.60	10.37	11.24	123.60
水平压缩	−123.60	−16.36	−17.30	−123.60
不均匀沉降	126.78	126.78	26.68	30.63

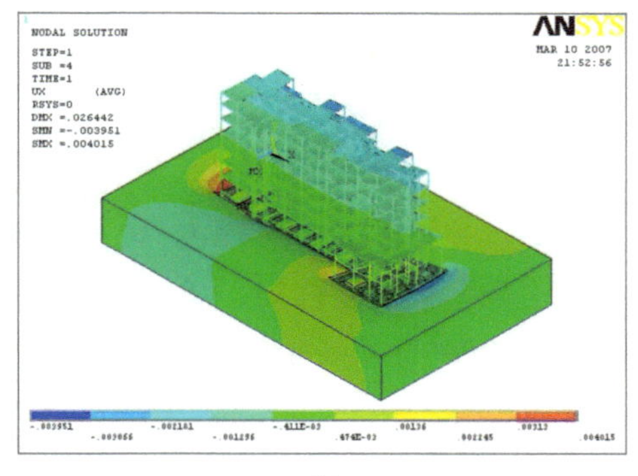

(a)

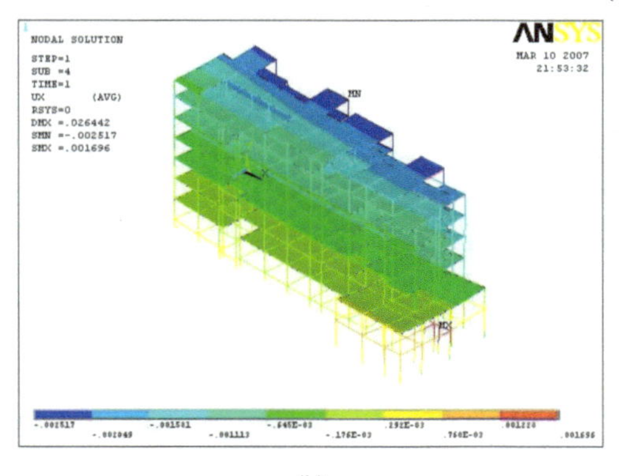

(b)

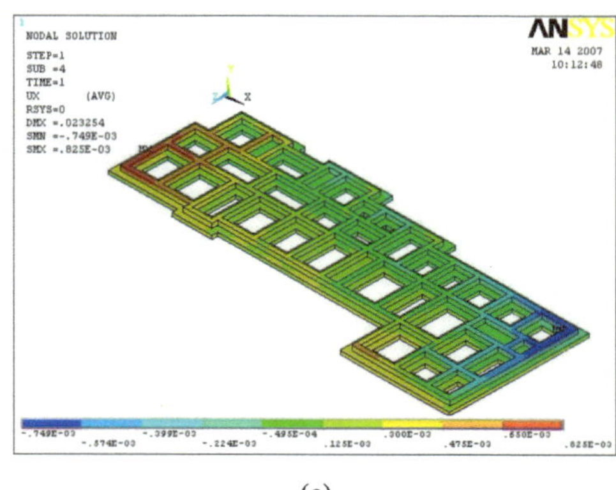

(c)

图 7-33 基本工况下 U_X 结果图

(a)整体；(b)结构；(c)基础

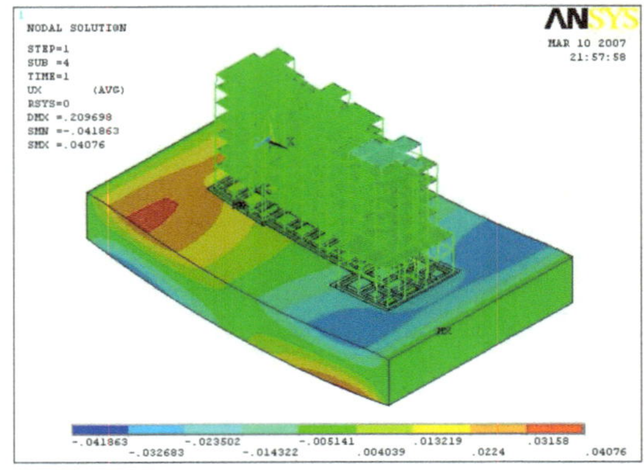

(a)

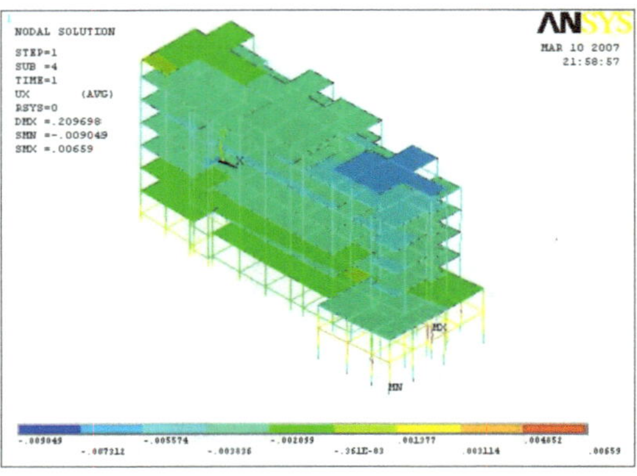

(b)

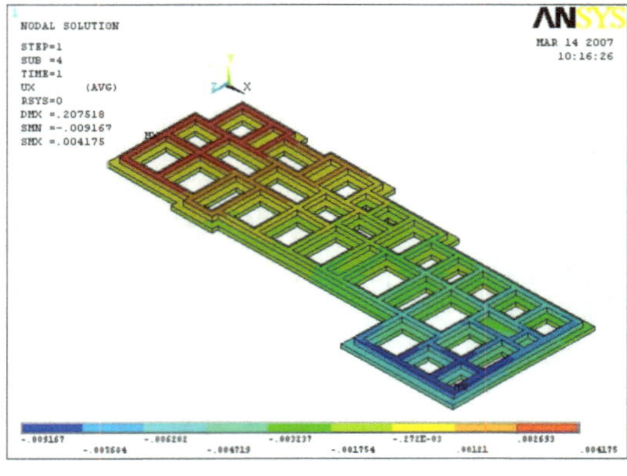

(c)

图 7-34 负曲率变形(变形 1)作用下 U_X 结果图

(a)整体;(b)结构;(c)基础

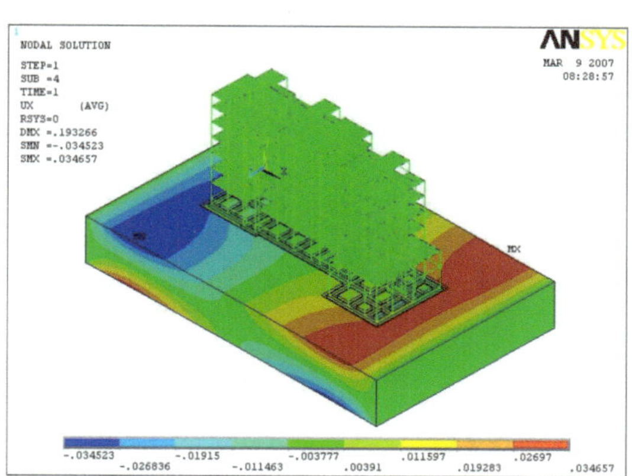

(a)

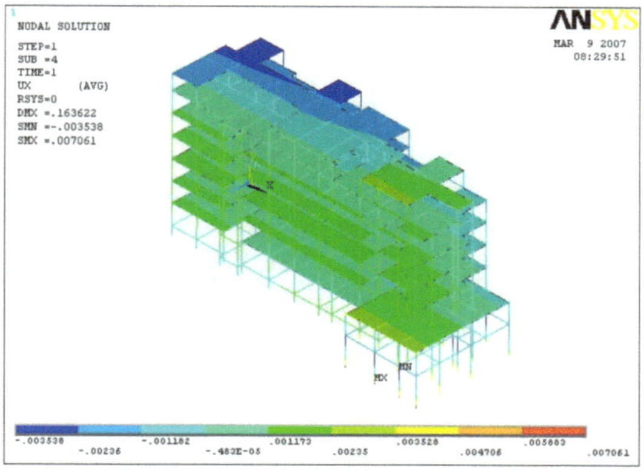

(b)

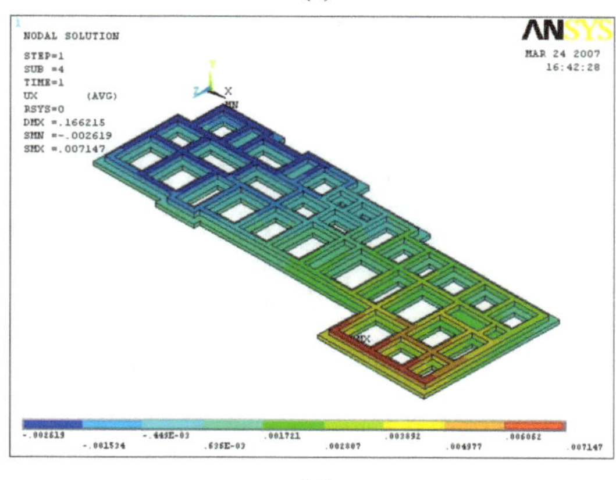

(c)

图 7-35 正曲率变形(变形 2)作用下 U_X 结果图

(a)整体;(b)结构;(c)基础

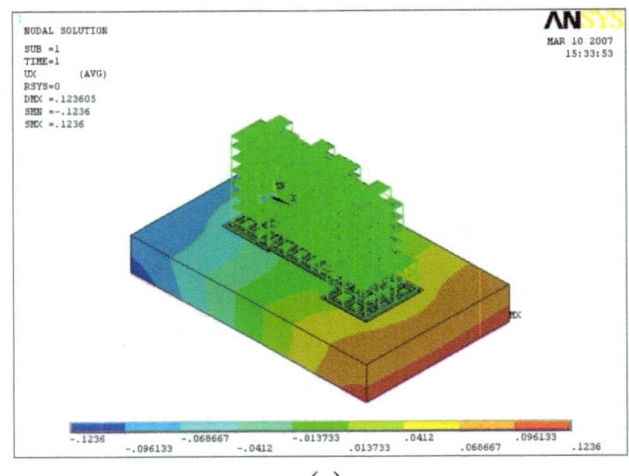

(a)

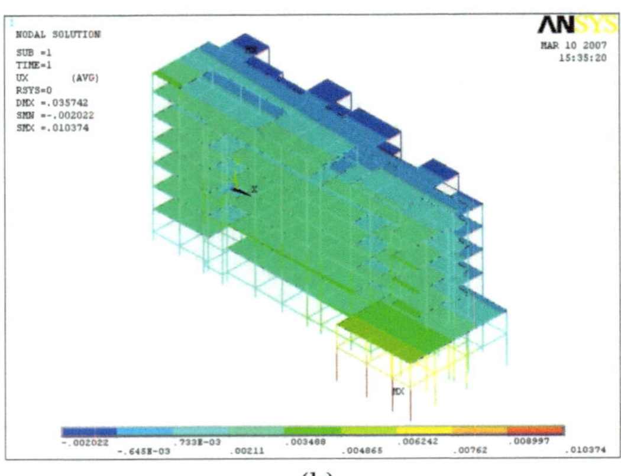

(b)

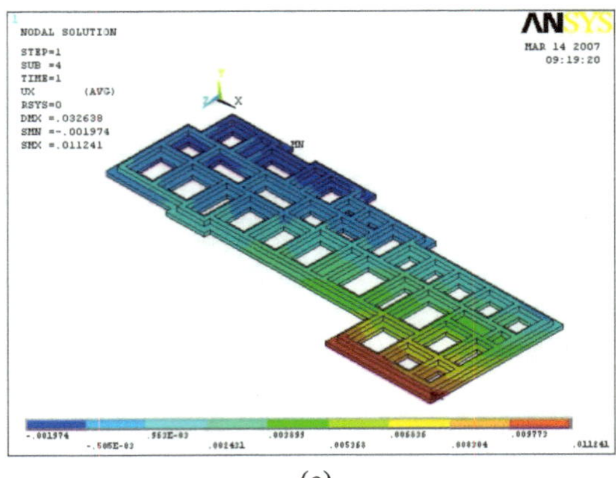

(c)

图 7-36　水平拉伸变形(变形 3)作用下 U_X 结果图

(a)整体;(b)结构;(c)基础

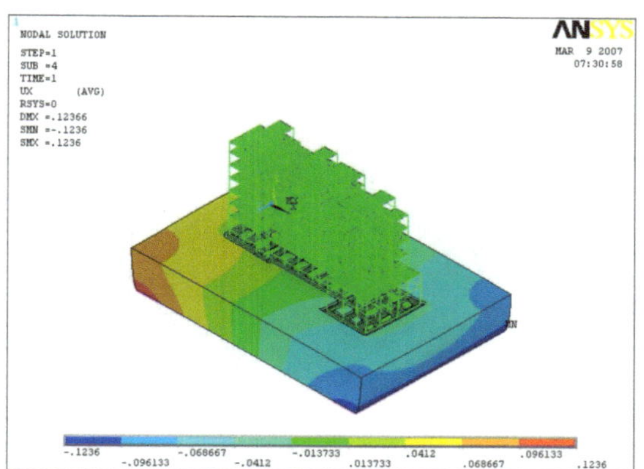

(a)

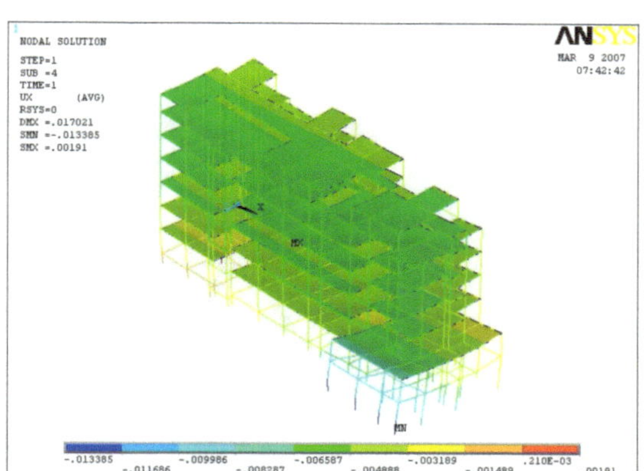

(b)

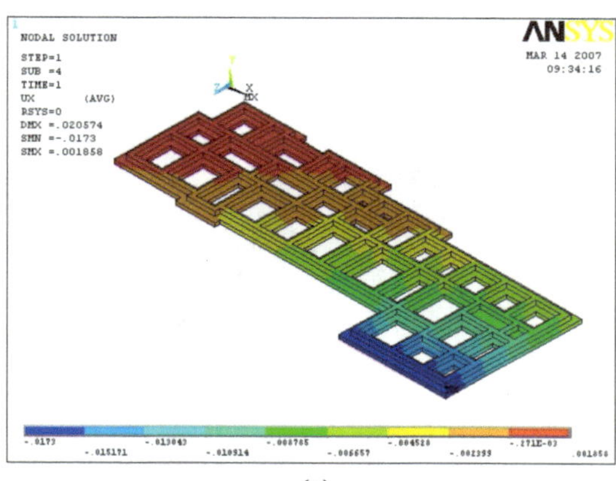

(c)

图 7-37　水平压缩变形(变形 4)作用下 U_X 结果图

(a)整体;(b)结构;(c)基础

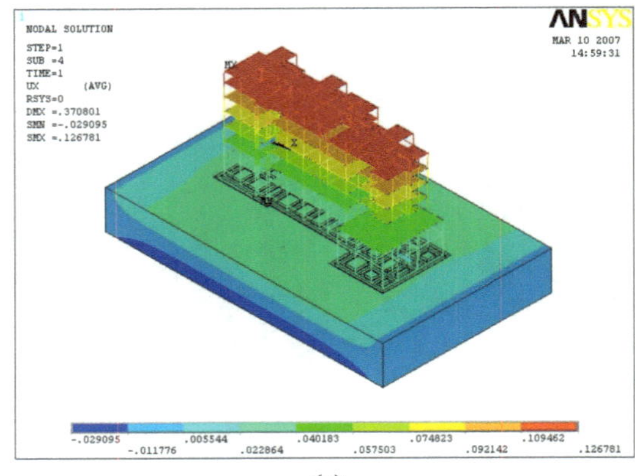

(a)

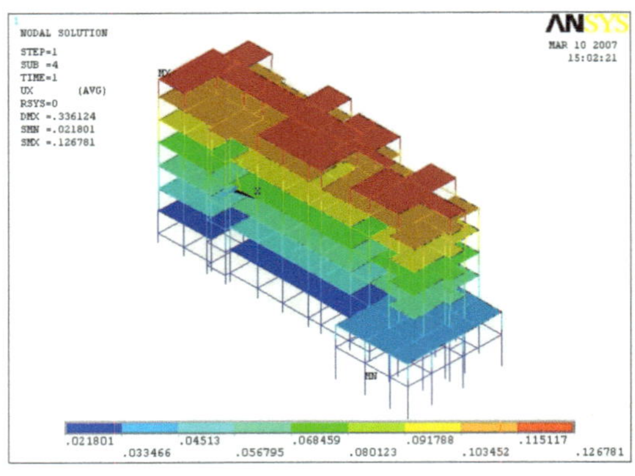

(b)

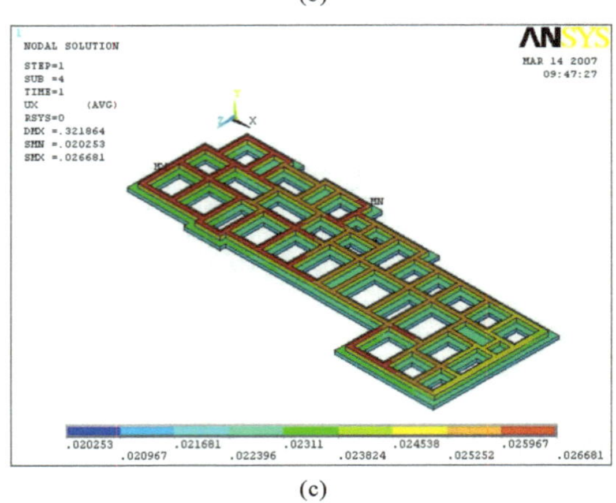

(c)

图 7-38　不均匀沉降变形(变形 5)作用下 U_X 结果图

(a)整体;(b)结构;(c)基础

7.4.2 Y 方向变形规律

结构在各个工况下 Y 方向的最大竖向变形如表 7-12 所示，对应的地基、基础和框架结构的变形如图 7-39～图 7-44 所示。在五种变形工况中，不均匀沉降和负曲率变形引起的结构竖向沉降最大，其次是正曲率变形，拉伸变形和压缩变形对竖向沉降的影响较小。

表 7-12　**各工况下 Y 方向竖向变形对比**　（单位：mm）

类型	整体最大值	结构最大值	基础最大值	地基最大值
基本工况	−26.33	−26.33	−23.24	−22.92
负曲率	−209.63	−209.63	−207.52	−207.26
正曲率	193.27	163.61	166.2	193.27
水平拉伸	−52.75	−35.66	−32.56	−52.75
水平压缩	−23.69	−17.83	−14.85	−23.69
不均匀沉降	−370.80	−318.92	−321.07	−370.8

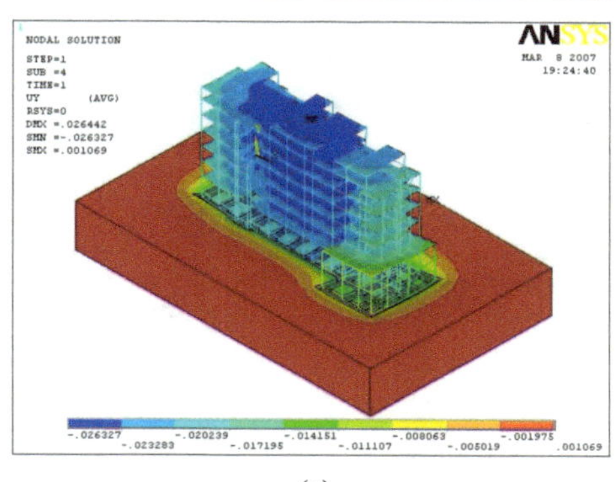

(a)

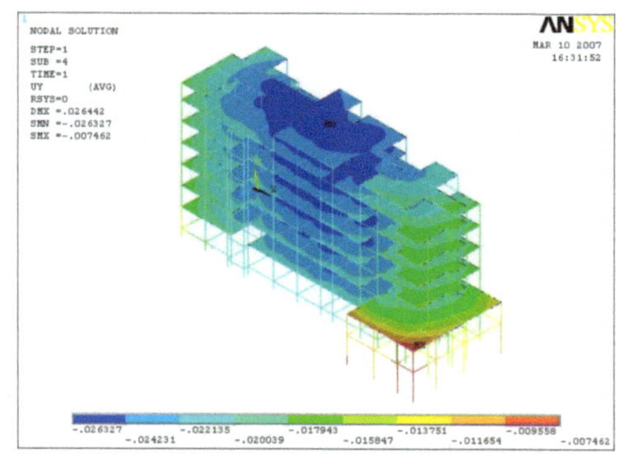

(b)

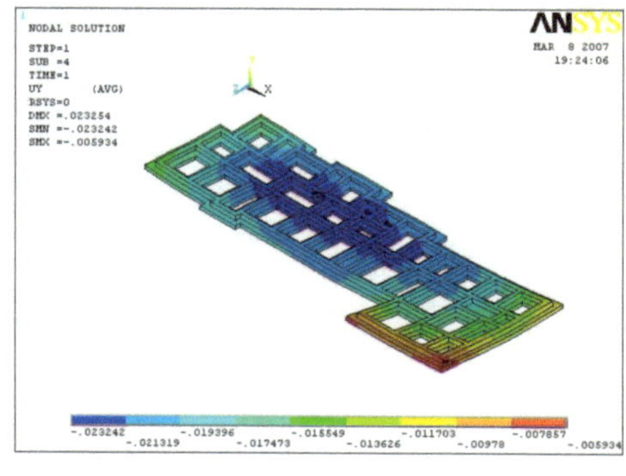

(c)

图 7-39　基本工况下 U_Y 结果图

(a)整体；(b)结构；(c)基础

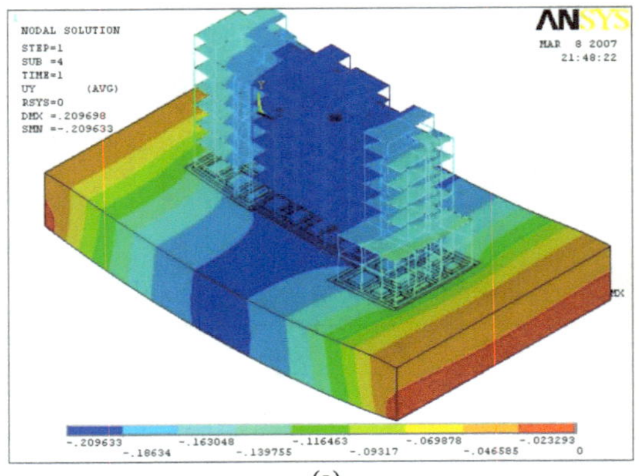

(a)

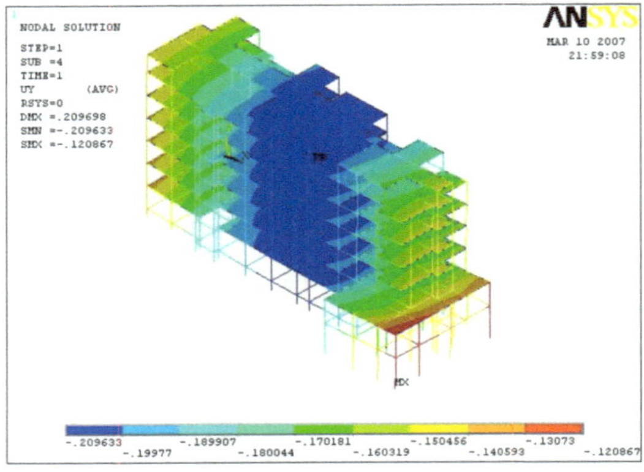

(b)

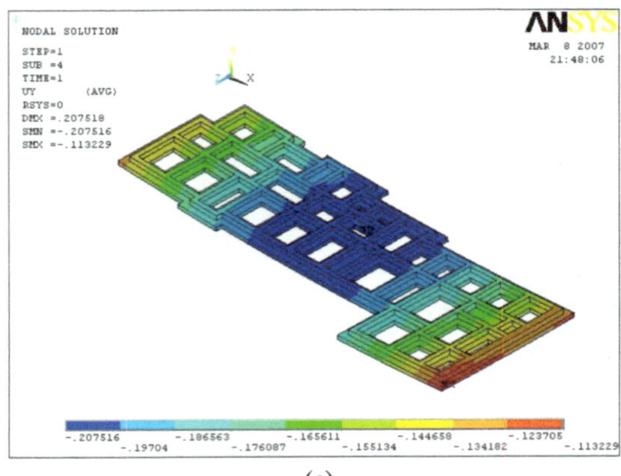

(c)

图 7-40 负曲率变形(变形 1)作用下 U_Y 结果图

(a)整体;(b)结构;(c)基础

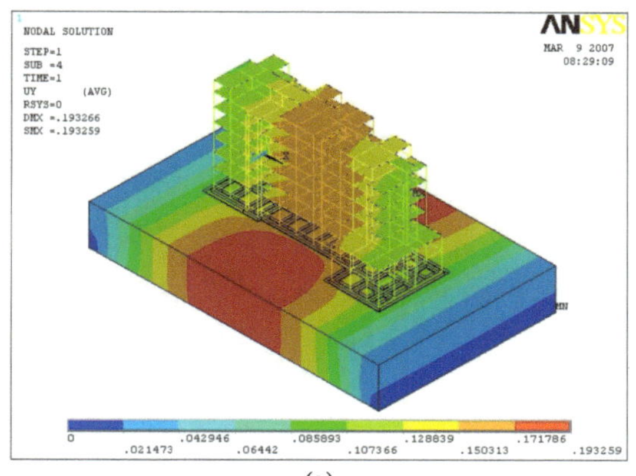

(a)

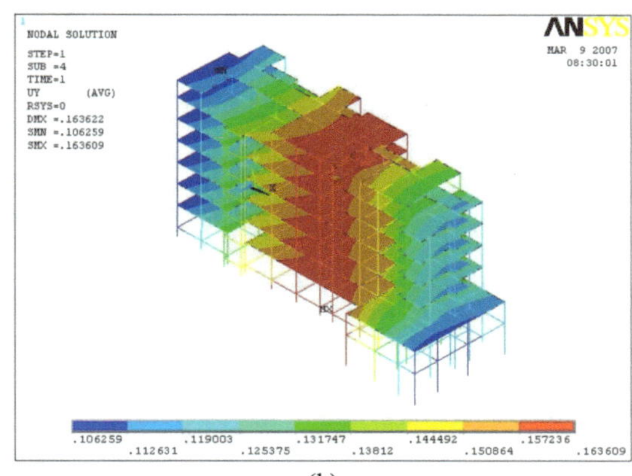

(b)

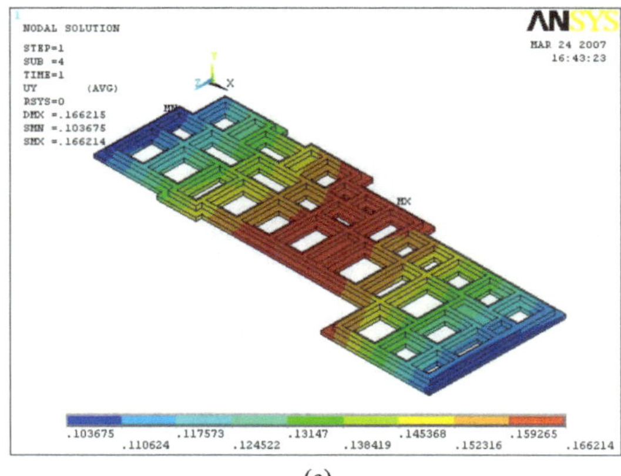

(c)

图 7-41 正曲率变形(变形 2)作用下 U_Y 结果图

(a)整体;(b)结构;(c)基础

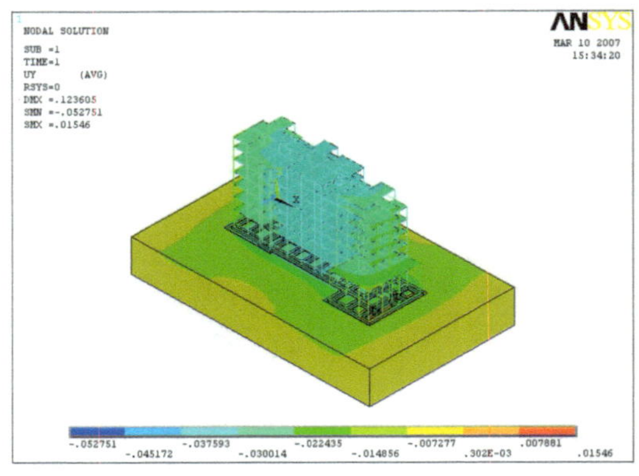

(a)

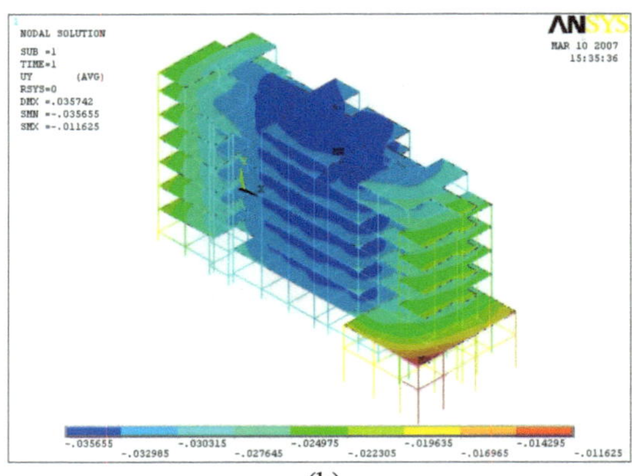

(b)

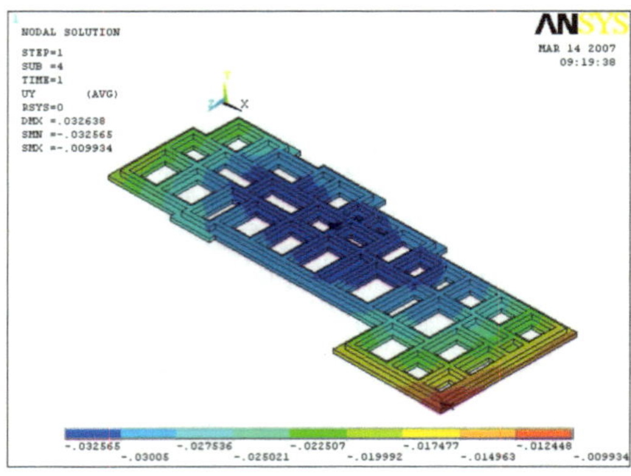

(c)

图 7-42　水平拉伸变形(变形 3)作用下 U_Y 结果图

(a)整体;(b)结构;(c)基础

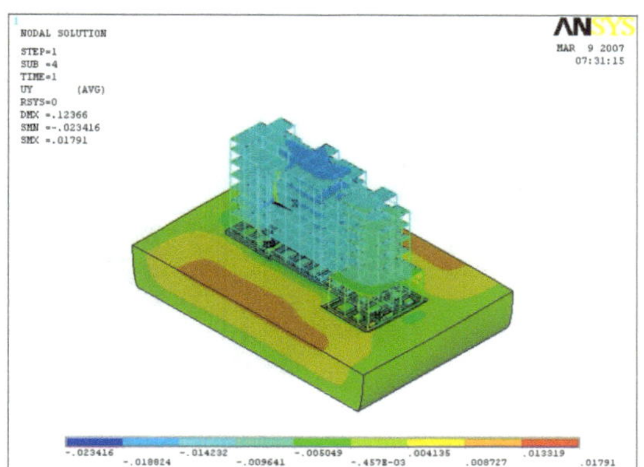

(a)

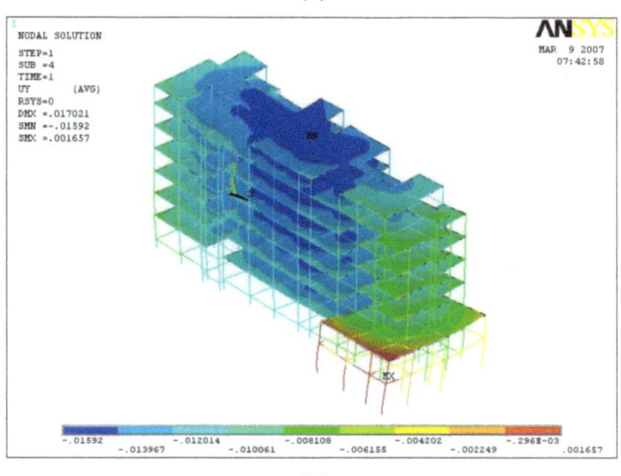

(b)

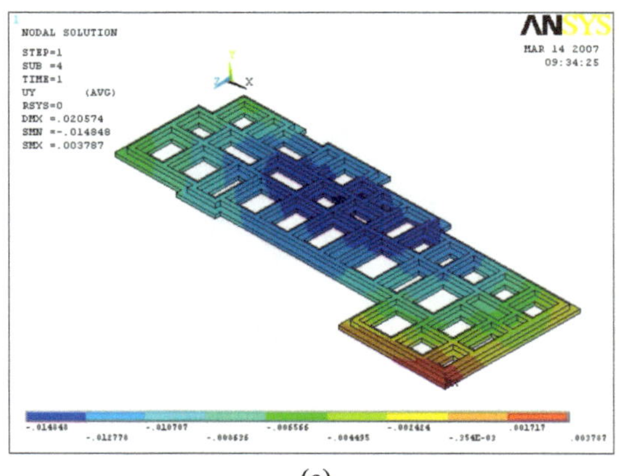

(c)

图 7-43　水平压缩变形(变形 4)作用下 U_Y 结果图

(a)整体;(b)结构;(c)基础

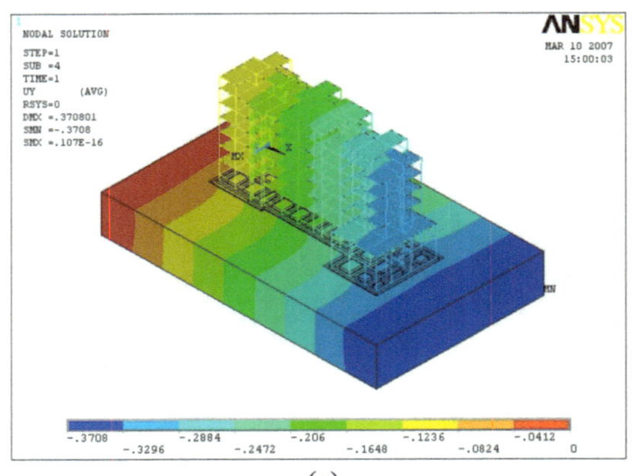

(a)

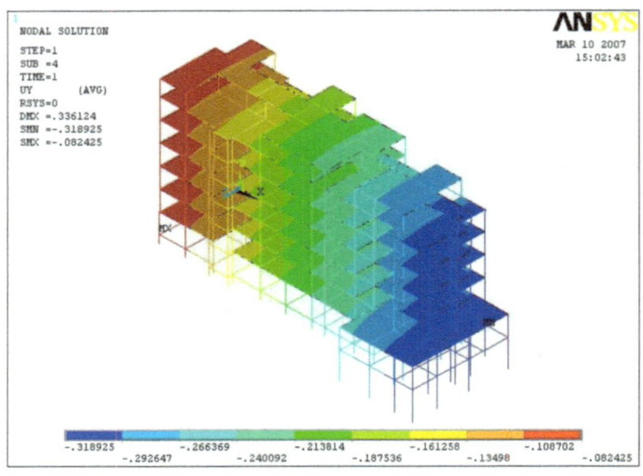

(b)

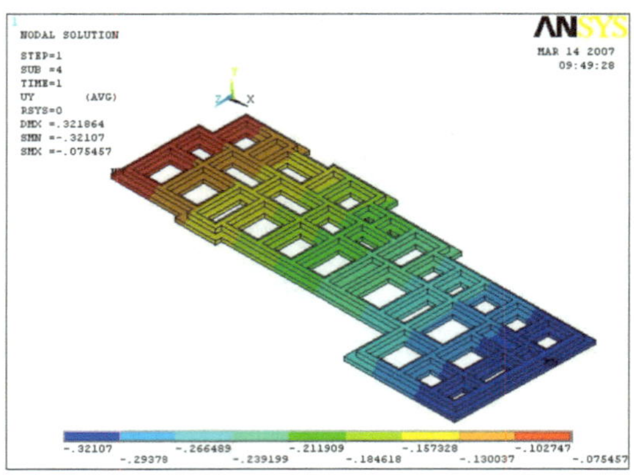

(c)

图 7-44 不均匀沉降变形(变形 5)作用下 U_Y 结果图

(a)整体;(b)结构;(c)基础

7.4.3 Z 方向变形规律

结构在各个工况下 Z 方向的最大变形如表 7-13 所示，对应的地基、基础和框架结构的变形如图 7-45～图 7-50 所示。由图及表格数据可见，X 方向的拉伸变形和压缩变形有可能引起结构的 Z 方向扭转，应引起重视。

表 7-13 各工况下 Z 方向变形对比 （单位：mm）

类型	整体最大值	结构最大值	基础最大值	地基最大值
基本工况	−5.32	−5.32	1.50	5.14
负曲率	8.66	−6.23	3.90	8.66
正曲率	7.49	−6.22	−2.62	7.49
水平拉伸	11.40	−9.99	−7.72	11.40
水平压缩	10.67	9.47	10.67	10.60
不均匀沉降	−6.45	−6.45	1.62	5.37

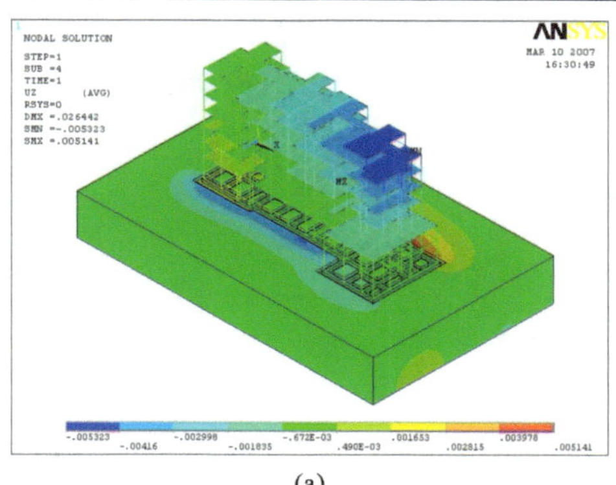

(a)

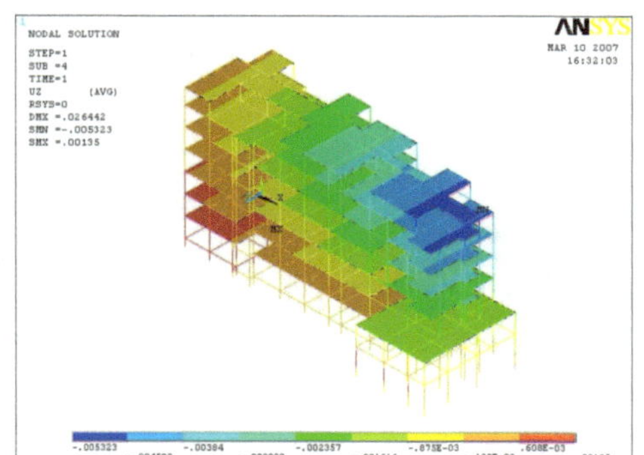

(b)

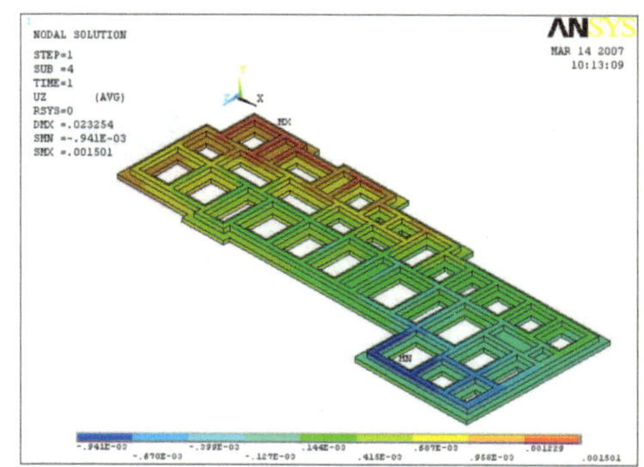

(c)

图 7-45 基本工况下 U_Z 结果图

(a)整体；(b)结构；(c)基础

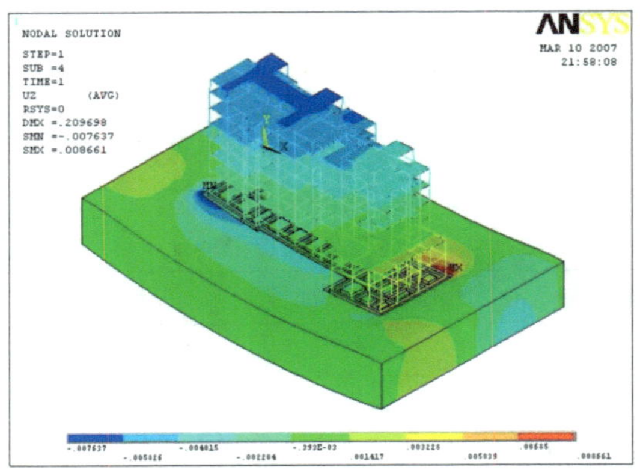

(a)

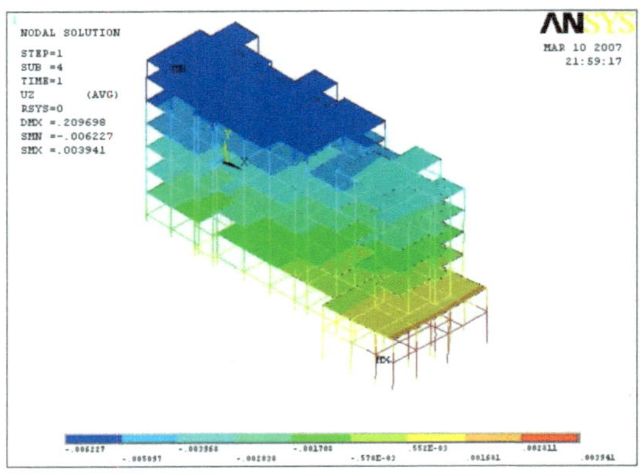

(b)

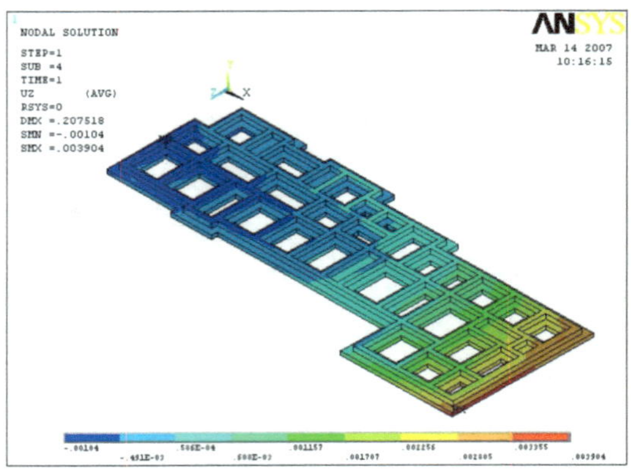

(c)

图 7-46　负曲率变形(变形 1)作用下 U_Z 结果图

(a)整体;(b)结构;(c)基础

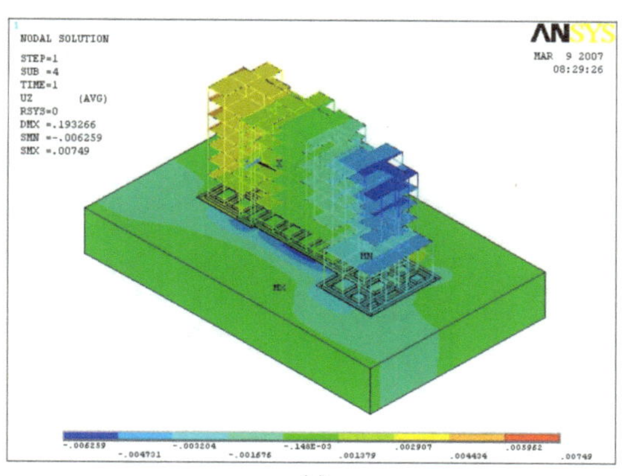

(a)

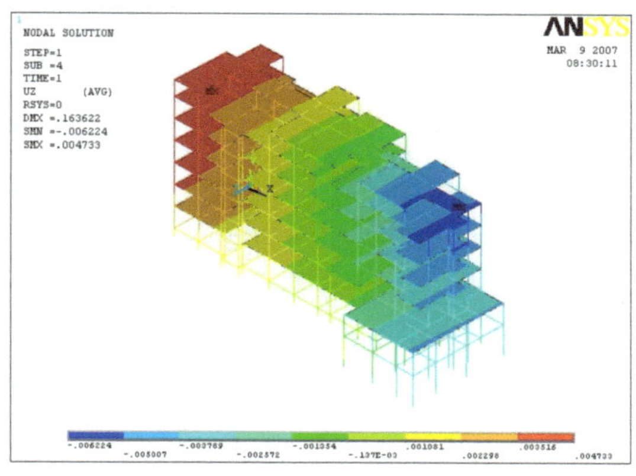

(b)

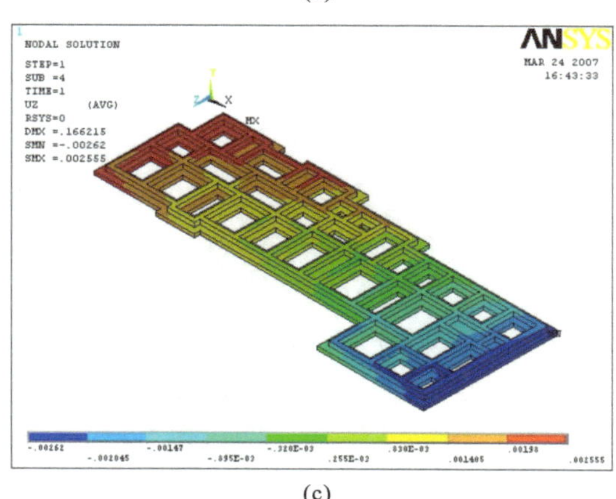

(c)

图 7-47 正曲率变形(变形 2)作用下 U_Z 结果图

(a)整体;(b)结构;(c)基础

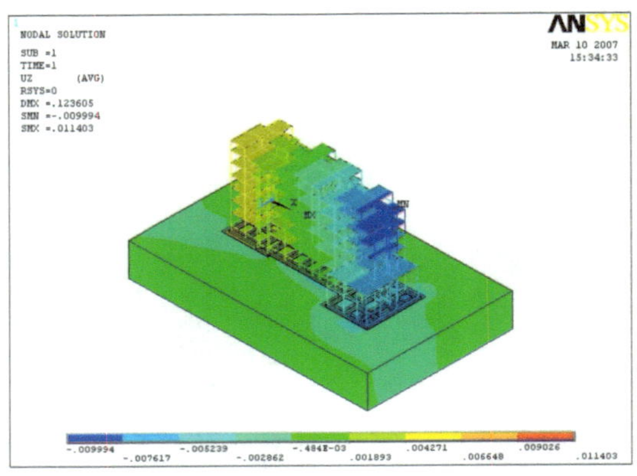

(a)

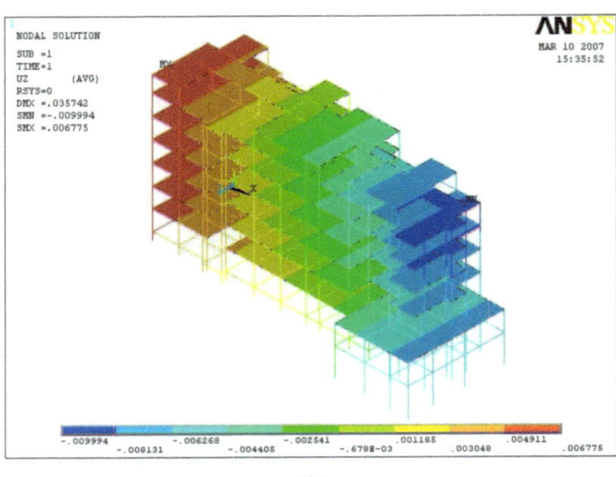

(b)

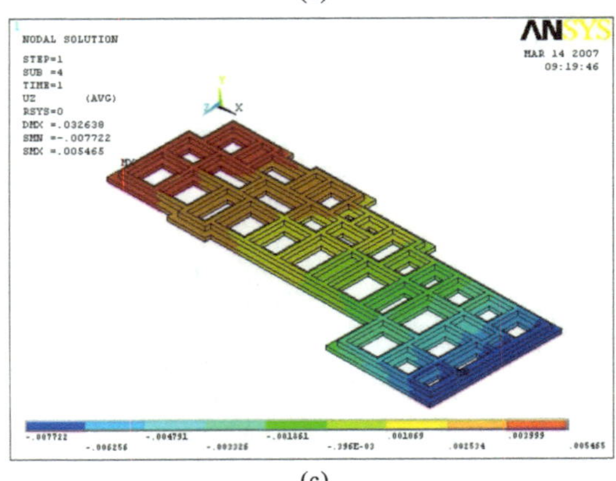

(c)

图 7-48　水平拉伸变形(变形 3)作用下 U_Z 结果图

(a)整体;(b)结构;(c)基础

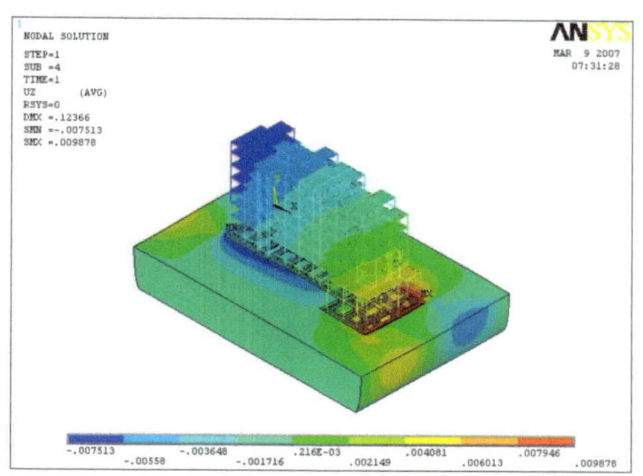

(a)

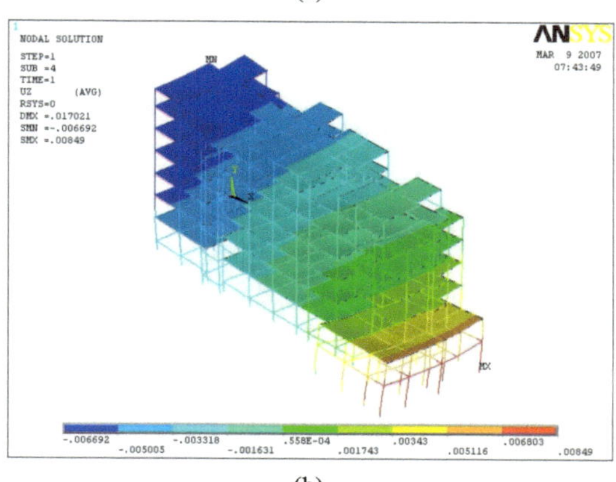

(b)

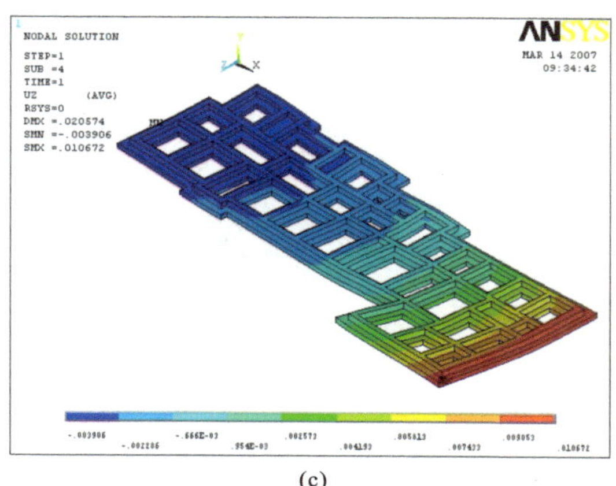

(c)

图 7-49　水平压缩变形(变形 4)作用下 U_Z 结果图

(a)整体;(b)结构;(c)基础

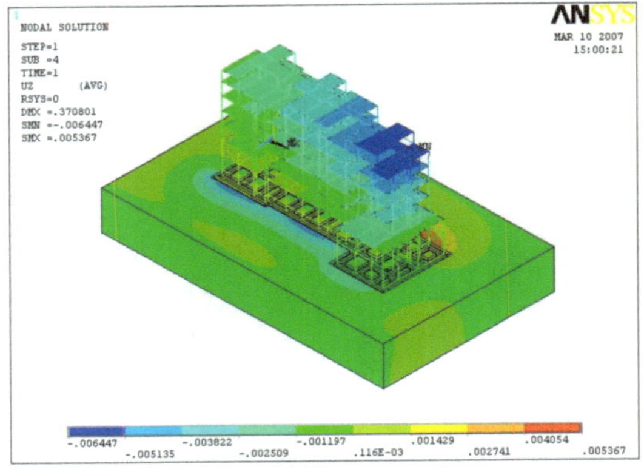

(a)

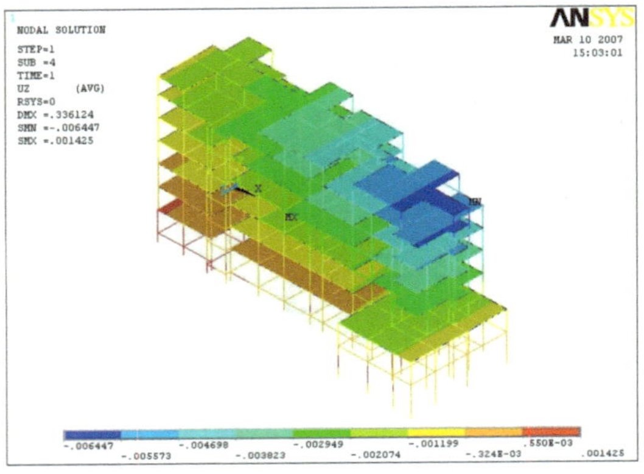

(b)

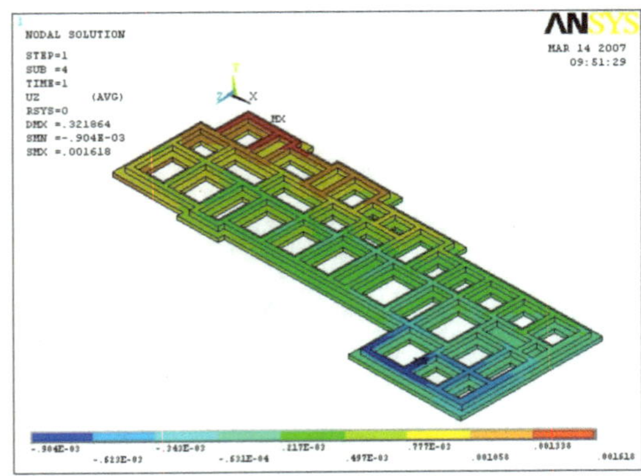

(c)

图 7-50　不均匀沉降变形(变形 5)作用下 U_Z 结果图

(a)整体;(b)结构;(c)基础

7.4.4 建筑物整体侧移及倾斜结果对比

为了说明结构在各个工况下的附加变形情况，表 7-14～表 7-19 给出框架结构各关键参考点的位移值，根据各角点部位柱顶和柱底沿 X、Y、Z 方向的变形可计算出各工况下建筑物的最大相对侧移和最大相对沉降差，列于表 7-20。由表 7-20 可见，不均匀沉降变形 6mm/m 引起的建筑物倾斜（$\Delta U_X/H$）超过《建筑地基基础设计规范》(GB 50007—2011)规定的限值 4‰；相对沉降差（$\Delta U_Y/L$）超过了《建筑地基基础设计规范》(GB 50007—2011)规定的限值 3‰。因此，不均匀沉降变形对框架结构的整体稳定性最为不利。

表 7-14　**基本工况框架各关键点参考变形值**　(单位:mm)

柱顶	U_{X1}	U_{Y1}	U_{Z1}	柱底	U_{X2}	U_{Y2}	U_{Z2}
左上内	−2.13	−18.67	−0.056	左下内	0.50	−17.08	1.07
左上外	−0.44	−17.24	0.227	左下外	0.73	−15.11	0.91
中上内	−2.52	−22.51	−2.16	中下内	0.17	−20.30	1.05
中上外	−0.79	−22.76	−2.41	中下外	0.32	−20.18	0.25
右上内	−2.42	−20.28	−4.70	右下内	−0.59	−15.61	0.30
右上外	−1.27	−17.75	−4.80	右下外	−0.31	−14.29	−0.42

表 7-15　**变形 1 框架各关键点参考变形值**　(单位:mm)

柱顶	U_{X1}	U_{Y1}	U_{Z1}	柱底	U_{X2}	U_{Y2}	U_{Z2}
左上内	−1.36	−148.55	−5.89	左下内	3.82	−137.73	−0.61
左上外	0.33	−139.69	−5.17	左下外	3.47	−135.14	−0.53
中上内	−2.14	−204.26	−5.82	中下内	1.06	−202.76	0.17
中上外	−3.22	−205.20	−5.74	中下外	−0.77	−203.71	−0.36
右上内	−6.51	−174.16	−3.62	右下内	−5.68	−153.06	2.31
右上外	−7.25	−166.88	−3.24	右下外	−7.76	−144.91	1.67

表 7-16　　**变形 2 框架各关键点参考变形值**　　(单位:mm)

柱顶	U_{X1}	U_{Y1}	U_{Z1}	柱底	U_{X2}	U_{Y2}	U_{Z2}
左上内	−3.34	113.26	4.49	左下内	−2.07	107.00	2.26
左上外	−2.11	108.82	4.33	左下外	−1.24	108.89	1.95
中上内	−3.54	159.04	1.18	中下内	−0.76	161.97	1.73
中上外	0.18	159.33	0.71	中下外	0.91	162.99	0.72
右上内	0.50	134.57	−4.76	右下内	3.10	124.48	−1.22
右上外	2.91	132.36	−5.28	右下外	5.19	119.54	−1.96

表 7-17　　**变形 3 框架各关键点参考变形值**　　(单位:mm)

柱顶	U_{X1}	U_{Y1}	U_{Z1}	柱底	U_{X2}	U_{Y2}	U_{Z2}
左上内	−1.41	−23.56	5.95	左下内	−0.10	−20.29	4.97
左上外	3.85	−21.58	6.77	左下外	1.43	−19.12	5.19
中上内	−1.87	−31.29	−0.49	中下内	−0.48	−29.05	2.97
中上外	3.09	−32.36	−1.16	中下外	2.93	−29.78	1.63
右上内	−1.35	−28.20	−7.96	右下内	1.03	−22.25	−4.87
右上外	2.32	−25.38	−8.21	右下外	6.36	−19.73	−6.10

表 7-18　　**变形 4 框架各关键点参考变形值**　　(单位:mm)

柱顶	U_{X1}	U_{Y1}	U_{Z1}	柱底	U_{X2}	U_{Y2}	U_{Z2}
左上内	−4.85	−8.90	−7.22	左下内	0.97	−8.22	−3.57
左上外	−7.33	−7.88	−7.51	左下外	−0.07	−5.84	−3.74
中上内	−5.24	−14.46	−4.04	中下内	−0.14	−12.34	−1.40
中上外	−7.55	−14.54	−3.76	中下外	−4.48	−12.05	−1.55
右上内	−6.19	−10.87	−0.41	右下内	−5.80	−5.51	6.81
右上外	−8.12	−7.82	−0.29	右下外	−12.44	−3.78	6.96

表 7-19 **变形 5 框架各关键点参考变形值** （单位：mm）

柱顶	U_{X1}	U_{Y1}	U_{Z1}	柱底	U_{X2}	U_{Y2}	U_{Z2}
左上内	125.24	−94.60	−1.31	左下内	5.83	−84.53	1.18
左上外	126.78	−84.56	−1.07	左下外	26.52	−82.46	0.95
中上内	124.61	−184.74	−3.23	中下内	25.94	−181.96	1.14
中上外	126.12	−194.32	−3.46	中下外	26.09	−191.42	0.34
右上内	124.26	−285.39	−5.71	右下内	25.03	−301.22	0.27
右上外	125.61	−287.58	−5.83	右下外	25.19	−304.95	−0.40

表 7-20 **各工况最大相对侧移及最大相对沉降差对比(1/1000)**

参数	各工况最大相对侧移及最大相对沉降差					
	基本工况	变形 1	变形 2	变形 3	变形 4	变形 5
$\Delta U_X/H$	0.13	0.26	0.14	0.20	0.36	5.97
$\Delta U_Z/H$	0.25	0.30	0.18	0.17	0.36	0.30
$\Delta U_Y/L$	0.043	0.72	0.63	0.12	0.052	5.34

注：相对侧移的计算，ΔU_X、ΔU_Z 取柱顶、柱底侧移差值；H 取柱高；ΔU_Y 取建筑物两端关键参考点沉降差值；L 取建筑物 X 方向长度。

参考文献

[1] 夏军武.采动区框架结构建筑物稳定机理研究[M].徐州:中国矿业大学出版社,2015.

[2] 夏军武.采动区地基-基础-钢框架结构共同作用机理及抗变形研究[D].徐州:中国矿业大学,2005.

[3] 夏军武,袁迎曙,董正筑.采动区地基、独立基础与框架结构共同作用的力学模型[J].中国矿业大学学报,2007,36(1):33-37.

[4] 夏军武,袁迎曙,董正筑.采动区地基、条形基础与框架结构共同作用机理研究[J].岩土工程学报,2007,29(4):537-541.

[5] 段敬民.矿山塌陷区房屋抗采动理论及加固技术研究[D].成都:西南交通大学,2005.

[6] 周国铨,崔继宪,刘广容,等.建筑物下采煤[M].北京:煤炭工业出版社,1983.

[7] 邓喀中,马伟民,邢安仕,等.基础动态沉陷规律及地基反力[J].煤炭科学技术,1995,23(10):17-20.

[8] Deck O, Heib M A, Homand F. Taking the soil-structure interaction into account in assessing the loading of a structure in a mining subsidence area[J]. Engineering Structures, 2003,25(4):435-448.

[9] Peng S S. Surface subsidence engineering [M]. Colorado: Society for Mining, Metallurgy and Eploration,1992.

[10] Kratzsch H. Mining subsidence engineering[M]. Berlin: Springer-Verlag,1983.

[11] 顾少华,仲继寿.煤矿采动区地表压缩变形区建筑物基础切入地基规律的认识[J].矿山测量,1995(3):29-33.

[12] 煤炭科学研究院北京开采研究所.煤矿地表移动与覆岩破坏规律及其应用[M].北京:煤炭工业出版社,1981.

[13] 谭志祥.采动区建筑物地基、基础和结构协同作用理论与应用研究[D].徐州:中国矿业大学,2004.

[14] 袁迎曙,秦杰,蔡跃,等.移动地表土与砌体结构共同作用的接触模型[J].中国矿业大学学报,1998,27(4):336-339.

[15] 秦杰,袁迎曙,杨舜臣.砌体结构与地基共同作用的研究[J].工业建筑,2000,30(12):22-25.

[16] 梁为民,郭增长.采动区建筑物保护研究现状及展望[J].焦作工学院学报(自然科学版),2000,19(2):86-89.

[17] 夏军武,郭广礼,刘家新.老采空区地基变形与基础协同作用的研究[J].河海大学学报(自然科学版),2001,29(B12):51-53.

[18] 邓喀中,郭广礼,谭志祥,等.采动区建筑物移动变形特性分析[J].中国矿业大学学报,2001,30(4):354-358.

[19] 谭志祥,邓喀中.采动区建筑物地基、基础和结构协同作用模型[J].中国矿业大学学报,2004,33(3):264-267.

[20] 刘长文,刘忠洪,李继红.采动区建筑地基与基础上部作用的有限元计算[J].辽宁工程技术大学学报(自然科学版),2000,19(1):32-34.

[21] Deck O, Anirudh H. Numerical study of the soil-structure interaction within mining subsidence areas[J]. Computers and Geotechnics,2010,37(6):802-816.

[22] 袁迎曙,秦杰,杨舜臣.村镇砖混住宅抗采动变形的结构保护体系研究[J].中国矿业大学学报,1999,28(6):530-534.

[23] 吴侃,葛家新,王玲丁,等.开采沉陷预计一体化方法[M].徐州:中国矿业大学出版社,1998.

[24] 夏军武,王守祥,王宽如,等.位于老采空区上的门式刚架结构抗变形性能分析研究[J].建筑结构,2004,34(5):30-32,35.

[25] 何晖,王云虎,陈翔,等.渭北采动沉陷区地表裂缝规律及村镇抗变形民宅设计分析[J].西安工业学院学报,2002,22(3):249-255.

[26] 张继民.浅谈塌陷区铁路桥涵设计[J].煤矿设计,1995(2):40-42.

[27] 夏军武,于广云,吴侃,等.采动区桥体可靠性分析及抗变形技术研究[J].煤炭学报,2005(1):17-21.

[28] 于广云,夏军武,王东权.采动区铁路桥沉陷加固治理[J].中国矿业大学学报,2004,33(1):59-61.

[29] 于广云,葛新辉.厚表土层下采煤对地表及铁路桥的影响分析[J].地下空间与工程学报,2005,1(Z1):1076-1079,1083.

[30] 焦永超,雷小磊.抗大变形技术在塌陷区公路桥施工中的应用[J].公路与汽运,2008(4):158-159,214.

[31] 邹友峰,邓喀中,马伟民.矿山开采沉陷工程[M].徐州:中国矿业大学出版社,2003.

[32] 郑玉莹.可伸缩支座对建筑物抗变形性能影响规律的研究[D].徐州:中国矿业大学,2009.

[33] 刘小蔚.自伸长支座装置在钢结构抗地表变形中的设计应用研究与性能分析[D].徐州:中国矿业大学,2011.

[34] 朱丽娟.带支撑钢框架抗地表变形性能研究[D].徐州:中国矿业大学,2012.

[35] 唐晓祥.采动区变形预计模块开发及结构土体共同作用研究[D].徐州:中国矿业大学,2014.

[36] 胡炳南,郭文砚.我国采煤沉陷区现状、综合治理模式及治理建议[J].煤矿开采,2018,23(2):1-4.

[37] 常虹.采动区地基与水工结构相互作用机理及加固技术研究[D].徐州:中国矿业大学,2013.

[38] 路振花.采动区新型自伸长支座性能研究及抗变形应用[D].徐州:中国矿业大学,2017.